携手共创阳光心理校园

全省高校心理健康教育“学校—院系—班级—寝室”四级运行体系工具书

心理健康教育“学校—院系—班级—寝室”四级运行体系编委会

编委会主任

汪立夏

主　编

舒　曼

编委会成员（按姓氏拼音为序）

邓开明　何永明　舒　曼　汤泾洪　汪立夏

王敬群　王平风　魏建克　肖德征　张　婵

心理教练

心理健康教育与训练

中共江西省委教育工委
江西省教育厅
编

江西人民出版社
Jiangxi People's Publishing House
全国百佳出版社

图书在版编目（CIP）数据

心理教练：心理健康教育与训练 / 中共江西省委教育工委，江西省教育厅编．—南昌：江西人民出版社，2022.8

ISBN 978-7-210-14003-0

Ⅰ．①心… Ⅱ．①中… ②江… Ⅲ．①大学生—心理健康—健康教育 Ⅳ．① G444

中国版本图书馆 CIP 数据核字（2022）第 103229 号

心理教练：心理健康教育与训练
XINLI JIAOLIAN：XINLI JIANKANG JIAOYU YU XUNLIAN

中共江西省委教育工委
江 西 省 教 育 厅 编

责任编辑：于 珊 章 雷
书籍设计：章 雷

地　　址：江西省南昌市三经路 47 号附 1 号（330006）
网　　址：www.jxpph.com
电子信箱：120708658@qq.com
编辑部电话：0791-86896860
发行部电话：0791-86898815
承 印 厂：南昌市红星印刷有限公司
经　　销：各地新华书店

开　　本：720 毫米 ×1000 毫米　1/16
印　　张：19.75
字　　数：270 千字
版　　次：2022 年 8 月第 1 版
印　　次：2022 年 8 月第 1 次印刷
书　　号：ISBN 978-7-210-14003-0
定　　价：48.00 元
赣版权登字—01—2022—270

* 前言

携手共塑阳光心态

大学生的健康成长和全面发展是关系到中华民族伟大复兴的希望工程，也是关系到中国特色社会主义兴衰成败的战略工程，更是关系到千家万户幸福的民心工程。心理健康教育对大多数学生而言不再是隐性的需求，而是现实的需要。大学生心理健康教育重在发现学生心灵的优势，让健康的学生更健康，使成功的学生更幸福。

习近平总书记针对大学生心理健康问题多次作出重要指示批示，是从培养合格人才、培养社会主义建设者和接班人的高度来统筹考虑这个问题。为深入贯彻落实习近平总书记系列讲话精神，中共江西省委主要负责人亲自决策部署，江西省人民政府办公厅在《关于加强和改进新时代学生心理健康教育工作的实施方案》（赣府厅字【2022】22 号）中指出，要坚持学生主体地位，充分挖掘学生心理潜能，正向积极地面向全体学生开展学生心理健康教育。中共江西省委教育工委、江西省教育厅专题研究，统筹谋划，整合省内外高校专家资源，组织编写了本套大学生心理健康教育工具书，旨在使全省各级各类学校明确工作方向，使心理健康教育更具有可操作性，从而整体提升学生的心理素质。

这套工具书从操作层面上，构建了“校—院—班—寝”全面覆盖、全员互助的工作体系，呼应国家提出的“加强人文关怀，重视心理疏导”的理念。《心理教练：心理健康教育与训练》针对全体学生提出了“心理教育与训练”，通过辅导员开设相关专题讲座，解决了心理健康教育师资不足的问题，保证了全体学生享受“参与式、体验式”心理教育，建立关爱学生心理成长的校园生态环境，确保每一名学生得到成长和发展。

这是一个自助及他助的时代，用餐可以自助，心理也可自助。《心海导航：学生心理自助与拓展》遵循学生成长的规律，根据各学院的特点，正向积极地加强心理健康教育，通过关注自身已有的资源及优势，强化自助的能力。通过构建“自助心理技巧及趣味心灵游戏”一体化的心理教育模式，整体提升学生心理素质。

《心灵伙伴：班级心理委员助人通》及《心花怒放：寝室心理保健好帮手》将心灵关怀的触角伸向校园的每一个角落，以建立和谐幸福的人际关系为基础，一旦心灵从丰富多彩的人际中得到了情感的滋润，就能实现心灵的成长。

贴近生活，亲近学生，是本丛书与其他心理健康教育教材不同的地方，也是其最显著的亮点。

愿本丛书成为我们心灵的伙伴，为我们带来充满智慧的关怀和浸润心灵的温暖。

目录

第一讲

从心开始

成为更好的自己

经常有人疑惑，心理老师经常接受别人的心理垃圾，是不是更容易有心理问题？其实，垃圾是没有及时回收的资源，是放错了地方的金子。

心理导航

【心理互动】

同学全体起立，右手伸出拇指，左手伸出手掌，掌心朝下。右手手指抵住右手边同学的手掌，整个大组串联成一个圈。大家要做的就是尽量让你的手指逃离左手边同学的手掌，同时你的左手去抓住左手边同学的手指，听教师口令后，左手掌要去抓另一人的手指，右手拇指要躲避手掌的抓握。老师与两位同学先示范。老师喊“一二三”大家一起开始。注意安全，不要把手指戳到别人身上，进行两次。

【分享与成长】

（1）你抓到了吗？你躲避成功了吗？

（2）用拇指来进行游戏，从积极心理学角度来思考你有什么启发吗？

（3）抓的寓意又是什么呢？

（4）心理健康教育为什么要强调“知行合一”“在游泳中学会游泳”？

理论解析

一、走进积极心理世界

一谈到心理学，你的第一反应是什么？

许多人对此都感到挺神秘，心理学不是算命的吧？学了心理学能不能猜测对方心思？心理学家会不会催眠？甚至有人觉得心理咨询是帮人指点迷津。事实上，这是对心理学的误解。产生这样的误解大概是因为心理学被商业化包装，造成了大家对心理学的误解。

下面，我们一起来看看生活中现象。

两人聊天时，为何将桌子上的杯子推向对方，会让对方感到紧张？每个人都有自己的个人空间和领地。试想想，如果一个陌生人从远到近，你的生理、心理上会有什么反应？

人们的个体空间需求大体上可分为四种距离：**公共距离、社交距离、个人距离、亲密距离**。从两人的距离可能了解两人的关系。

如某学院的宿舍卫生总是搞不好，不少学生不叠被子，床铺乱七八糟，老师想了个办法，每个学生都在自己的床上贴上名字，检查卫生时，男学生检查女宿舍，女学生检查男宿舍。由于谁也不想在异性同学面前丢丑，因此宿舍卫生大为改观。

男女学生由于性意识的发展，往往非常留心异性同学（特别是自己喜欢的异性学生）的一笑一颦、一举一动，喜欢对异性同学评头论足，同时男女同学又都很重视异性对自己的评价。男女同学在评价对方的同时，当然也一定会注意规范自己，塑造自己，完善自己，“异性效应”这种相互激励就成为男女同学发展的动力和“促进剂”。

何谓积极心理学？

积极心理学是致力于研究及开发人的发展潜力和美德等积极品质的一门科学。因此，积极心理学重在发现个体已有的优势与潜能，使之运用已有的资源，走向更好的未来。

一位学生，在某段时间热情高涨，积极进取；而有时又表现为情绪低落、精神抑郁。如果在消极心理学看来，这个大学生可能具有躁抑倾向；精神科医生可能会对此诊断为双向情感障碍。从积极心理学看来，越是具有发展潜能且极聪明的学生可能都有这样的倾向。在兴奋的时候，大脑被高度使用，表现为精力充沛极具创造力。过一段时间他们会陷入一种莫名其妙的情绪低落中，大脑处于休息状态，在慢慢积聚动力，然后又像烟花那样灿烂绽放。

可见，不同的心理学视野对同样的现象会得出不同的结论。当我们评价一个学生有发展潜能且极具聪明，这正迎合了我们内心深处的渴望，自然能激发潜能走向更好的未来。

首先，积极心理学重视自我成长，自己改变才能影响他人成长。

《传习录》记载：王汝止出游归，先生问曰："游何见？"对曰："见满街人都是圣人。"先生曰："你看满街人是圣人，满街人倒看你是圣人。"

好人眼中人人都是好人，只要我们心中充满仁爱，每个人都是善良且美好的人。积极心理学重视自我成长。诚如家庭教育不是教育孩子，而是教育父母，让父母成为一个更好的人；积极心理学视野下的学校心理健康教育，强调每个人都有积极的心理潜能，每个学生都有向上成长的动力，人人既是受教育者，也是助人者。

心理学说人与人的关系存在一种"投射性认同"，若把信心、希望及积极投射给学生，学生原本没有意识到，结果被你提醒后就感觉到了。为此，学校心理健康教师、辅导员或班主任要重视自我成长，持有积极心理学的理念，每个学生在我们眼中都是可爱的，都具有无限发展的潜能，自然也能赢得学生的喜爱和尊重，正所谓"我见青山多妩媚，青山见我应如是"。

其次，积极心理学强调优势与潜能，激发正向积极的力量。

一个学生迟到了 20 分钟，有的老师会为学生迟了 20 分钟而生气，也有老师为学生尽管迟了 20 分钟但是到了感到高兴。"迟到"是由"迟"与"到"两字组成，我们的心情由我们的注意力而定，如果关注"迟"，自然就会不高兴；如果关注"到"就会感到欣慰。

积极心理学重视学生的优势及做得好的地方，从而促使学生的成长和改变，学生也会因为自己的成长更幸福。一个性格内向的学生，要看到他心细谨密的一面；一个饱受心理困扰的人，要看到具有丰富的内心体验及坚强的意志。只有以正向积极的视角，看到一个人的优势、潜能及美好的品德，才能够激发学生发挥积极的功能和积极的力量，不断增加正向积极的力量，从而提升他们的生活质量。

最后，积极心理学尊重多元取向，要永远充满希望。

“不能对观察的事物有一个确定的结论”正是人类心智进步的结果。事物具有多面性，不是只有好和坏两个方面。人也一样，不能简单地根据一时的表现或一件事情来判断一个人。正如，不能根据情绪的低落来判诊为抑郁症，也不能因为一次考试失误来认定该生是差生。

有些淘气顽皮，不被老师看好的学生，长大后往往颇有出息。不是鼓励淘气顽皮，而是提醒我们不要“以偏概全”“一叶障目，不见泰山”。更不要上心理学决定论的当，学生时代不顺的孩子，将来不一定没有出息。在心理学史上，有一些心理学家曾饱受心理的困扰，最后根据自身生命的体验成为一代心理学大师。

为此，我们要特别警惕不要随意给成长的青少年学生贴负面的标签，一个人不会因为贴上了健康或心理疾病的标签，就能解脱或不得解脱。事实上，“痛苦是我的，但我不是痛苦；欲望是我的，但我不是欲望”。一个人远比我们知觉到的东西更丰富。

个体是极为复杂的，积极与消极同时生成，彼此影响、制约、平衡，关键是理解的视角是什么。老师就像是一个杯子，学生是水，你用什么杯子去盛水，学生看起来就是什么样子。

（一）心理与生理的关系

首先，生理与心理相互影响。

在深山老林，看到一只可怕的动物，你是先逃跑再害怕，还是因为害怕而逃跑？事实上，这涉及生理及心理相关关系的问题，即是因为心理上害怕而产生逃跑的行为，而逃跑的动作更会强化害怕的心理。这就是为什么你当众演讲紧张时，有经验的人会告诉你要目光坚定、脸带微笑、语速放慢。假如你真的按照这样说的去做了，你就能体验到放松和舒适。

其次，生理对心理的影响。

> 假如心情郁闷时，建议假装微笑三分钟，慢慢地我们会感到更加开心和幸福。相反，如果我们皱着眉头，我们会让自己变得更加郁闷。

微笑迫使面部肌肉放松。事实上，面部肌肉活动不仅会改变面部表情的识别能力，而且会改变身体表情的识别，两者都会产生更多积极的情绪。当肌肉说自己很高兴时，你更有可能以积极的方式看到周围的世界。我们发现当一个人强行练习微笑时，它会刺激杏仁核——大脑的情感中心，释放出神经递质，从而促进情绪上的积极状态。同时，还可通过表情和语言向他人和世界传递善意和笑容，你也会收获快乐。这种快乐也许是他人给你的，更多的是来自于自我控制成就感的满足。

再次，心理对生理的影响。

心情愉悦时，身体的免疫力也更强；当我们承受着较大压力时，也容易感冒。“心理问题躯体化”说的是心理问题会以躯体症状表现出来，如压力太大而无法排解时，就会以腰酸背痛或感冒方式呈现；性的放纵可能说明爱的贫乏，酗酒可能只为缓解内在的焦虑；一个青春少女弯腰驼背企图隐藏含苞欲放的青春，这跟恐惧或自卑有关。

最后，大脑与心理的关系。

脑是心理的器官，心理是脑的功能。因此大脑决定心理活动的好坏。大脑有很多规律，其中之一就是只接受正向积极的语言，不接受否定的、负面的词汇。我们都希望自己是一个更加正向积极的人，我们就可以留意自己的语言风格，多用正向积极的语言进行表达。

假如坐上出租车，司机问你去哪里？你说你不去广场、不去公园，司机师傅恐怕会一脸迷惑。假如你直接告诉对方，你要去某个地方，司机师傅立刻就懂你了。

所以，我们要多用正向积极的语言与他人、和自己沟通。

（二）心理与环境的关系

走上讲台有些紧张，这是正常的心理，紧张是因为环境的影响；但有些人却能泰然自若，在积极心理学看来，我们的心态自己说了算，我们始终有自由选择对待一件事情的态度，我们是自己生命的专家，可以成为调节自己心态和生命状态的主人！

我们的生命不缺少挑战和困境，比如面对考试，未知让我们内心充满了恐慌和焦虑，考不好怎么办？如果考试紧张，该如何应对？这些恐惧担心是我们人最正常的心理防御！尊重并感恩我们人的这种本能，这种本能防御对自我是很好的保护，同时人却不能局限于这种本能。

心理学认为：外在的环境或许会剥夺人的一切，但夺不走心灵自由，这就是特定环境里，我们仍有自由选择自己态度！只要我们聚焦未来可能创造的美好，对未来充满希望，就能赋予当下痛苦足够的意义。我们可以把当下所遭受的一切，都当作心理学的研究样本，今后将在讲台上与学生们描述这一切。于是我们从当下的痛苦中解脱了出来，正在经历的成为了过去，承受的所有痛苦也因此充满了意义。

当我们失望、迷茫，找不到目标与方向的时候，积极心理学会助力我们的智慧和选择心态的自由。

我们不妨尝试问问自己，“**我能做什么，让生活充满意义**？”而不只是问“生活的意义是什么？”两个不同的问句，你自己发挥的能量和力量是不同的，一个被环境左右，一个超越环境的限制，看到自己作为生命主人可以发挥的力量！

（三）心理与认知的关系

有一个流传很广的一个故事，讲的是一位老太太有两个儿子，大儿子卖伞，二儿子晒盐。老太太差不多天天愁，愁什么呢？每逢晴天，老太太叹息：这大晴天，伞可不好卖哟！于是为大儿子担忧；每逢阴雨天，老太太又嘀咕：这阴天下雨的，盐可怎么晒？于是为二儿子愁。终于忧虑成疾，病卧在床。

两个儿子很孝顺，四处寻医问药，最后找到一位智者，这位智者对老太太说："晴天好晒盐，老太太应为二儿子高兴；阴雨天好卖伞，老太太该为大儿子高兴才是呀！"老太太依计而行，果然改变了情绪，病也就好了。

这个故事对于我们心理咨询工作者如何引导来访者走出心理困扰很有启发。

心理学家告诫人们，在认识、思考和评价客观事物时，要注意从多方面看问题。如果从某一角度来看，可能会引起消极的情绪体验，产生心理压力，这时只要能够转换一个视角，就能改变对事物的认识和理解，看到另一番景象，解除情绪障碍和心理压力。

这个故事对于引导我们走出心理困扰很有启发。对于同样的问题，**想开了就是天堂，想不开就是地狱**。

二、认识生命本质

心理学是直面生命的教育，积极心理学重视生命的教育。每一个生命都是独特的，生命的每一个阶段都有其独有的规律，我们要学会尊重生命，尊重生命的价值，尊重生命的自主性及生命的选择性。因此，重视心理健康教育，就是要认识生命的本质。

（一）缺憾是生命的本质

其实生命的开始就不是完美的，甚至带着创伤和痛苦。假如我们在高倍显微镜下观察生命的形成过程，精子用头部穿透卵子的外层，最后会留下一个很大的创口。在精子进入以后这个创口就会自动地愈合，一个生命就开始慢慢地产生了。孩子从母体出生的过程伴随着鲜血和疼痛，还有婴儿腹部脐带脱落的伤疤，就是一个例证。

在心理辅导工作中，经常会遇到社交恐惧症的来访者。社交恐惧症的人是因为在他内心有一个超然的、完美的自我。这个超然的、完美的自我绝对不允许他在人际交往中出现任何的一丁点的问题，因此他干脆就不去交往。所以每次面对有社交恐惧症的人，一方面会对他肃然起敬，另一方面，也会告诉他，放过自己吧，谁又能做到完美呢？其实每个人都不是完美的。

（二）接纳是健康的路径

每个人都不是完美的，为何有些人变得更快乐，而有些人却焦灼不已？其中有一个很重要的原因——是否接受不完美的自己。在分享为何要接受不完美自己，自然要讲到一个经典的心理学实验。

心理学家把两只活泼的猴子分别缚在两张电椅上，电流每20秒激发一次。被电击的滋味当然不好受，它们开始号叫挣扎。然而，猴子不愧为灵长类动物，甲猴子很快发现，它的电椅有一个压杆，只要在电流袭来之前压一下压杆，就可免遭电击；而乙猴子却发现，它的电椅上没有压杆。于是，甲猴子就紧张地估算着电流袭来的时间，背负着超强的心理负荷，而乙猴子虽然很无奈，却无忧无虑——最后，甲猴子得了胃溃疡，乙猴子却安然无恙。

心理学家解释说：“当面对无法摆脱的困境而去做无谓的抗争，会引发更大的问题”，正所谓“焦虑不是问题，为焦虑而焦虑才是最大的问题！”

当然，也请学生朋友不要误会，面对困难不是逆来顺受。心理健康教育的目的是让我们懂得：接纳生命中无法改变的痛苦，采取积极有效的行动去完善自己。简而言之，**接受无法改变的，改变可以改变的！**

（三）悦纳是快乐的秘诀

任何生物体面对威胁，要么逃跑，要么战斗。

试想象这么一种情境，假如有人拿我们身高开玩笑，请问你的感受是什么？估计大多数人会产生羞愧或愤怒的负面情绪，却鲜有人这样说：“所有高个的人在我面前都抬不起头。”这是一个绝妙的回应，充分展现了一个人智慧与胸怀。

当然，假如我们做不到这样的幽默，不必为此难受。大多数人都一样，这跟人类的进化是有关系的，人类在进化的过程中，古猿在深山老林看见凶猛的老虎要么逃跑，要么战斗！逃跑，就是一种逃避。

有些沉迷网络的同学，就是通过逃避到网络虚拟的世界里来弥补现实无法获得的快乐;也有些同学总和自己过不去，立誓要让自己变成一个完美的人，**消灭所有的缺点和不足，结果问题没有被消灭，却引发更大的问题**。我们许多人都看过电影里流沙的场景,在流沙中越挣扎陷入得越深。最好的应对方式，就是平躺在上面，才有可能避免陷下去。

三、摒除不当认知

认知心理学认为感觉到的东西是自己的一部分，跟人与事没有太大关系。认知是个体根据自身的经验将感知到的人与事组织成为一种可理解的意义。这是内在的一种固化认知筛选的结果，心理学称为刻板重复模式，人类的许多困扰皆是局限于有限的认知。解决困扰的方法也是摒除不当认知。

（一）他人都比我快乐

我们总是夸大自己的痛苦，认为自己是天底下最不幸的人。

曾经有个学生，他收到学校的补考通知，这个假期过得很不开心，一直在自责："为什么自己会这么倒霉？"他提前几天来到学校复习参加补考。结果他来到学校一看，宿舍的另外三个室友也来了，还有要补考两科的，他瞬间得到了安慰。

当然，不是说要强调进行比较，以阿Q的方式安慰自己，但我们每个人都有一种倾向：夸大了别人的幸福，放大了自己的痛苦。总是认为自己是天底下最不幸的人，如果你细细地了解一下别人的生活，可能会发现各有各的幸福，也各有各的不幸。

（二）能控制负面情绪

这是一个错误的思维，举个例子，你们就会发现情绪其实是无法控制的。

比如说在你的面前有流浪的乞丐，三个月没有洗澡，身上散发着恶臭。如果你能像爱自己的亲人一样爱上他，就可以得到100万人民币，100万啊。当然，你可以拥抱他，甚至假装爱上他，还可以对他说我爱你。但是我想问一下，你的内心真的能够爱上他么？

当我们有负面情绪时，**首先去面对和接纳负面情绪，重建积极的心理防御**。我们要学会接纳这些负面的情绪。有时候，我们并不需要真的去做点什么，只需要让自己和帮助的对象感到被听到、被理解、被支持，就已经非常有帮助了。

相反，假如我们想消灭所有的负面情绪，结果问题不但没有被消灭，反而会引发更大的问题。负面情绪不可怕，可怕的是你都不知道自己处于焦虑状态，就是完全被焦虑所俘虏，这是很危险的。

（三）假如没有就好了

曾有一个学生，她一直过得很不快乐。她认为自己的人生被她的斜视眼毁了，她的口头禅是："假如我没有这个斜视眼病，我的人生会如何如何。"

现在科技发达了，她的眼睛也医治好了。结果她的人生并没有任何的改变，因为之前觉得自己有斜视，她拒绝与人交往，最后养成了孤僻的性格。即使她的斜眼病治好了，但是她孤僻的性格依然无法改变，她的朋友还是非常的少。

与其抱怨，不如改变。当我们去做一些事情的时候，这个行动本身就具有一种酣畅淋漓的快感。“道理讲一千遍，不如亲自做一遍。”心情不好时，我们可以把书房整理一下，可以拎一块抹布，弯下腰，双膝着地，把家里地板的每个角落来回擦拭干净，感受到生命中出现的这些混乱、杂乱及焦虑都被自己擦拭过了，内心也变得清澈明白。弯腰可以让你谦卑。大扫除，擦亮了环境，也擦亮了心灵。

积极的行动可以形成良性循环。心理研究表明：一个人只要体验一次成功的快乐，便会产生喜出望外的激奋心理，从而增强自信心，这又使其去追求更高层次的成功，即形成**“成功——自信——又成功——更自信”的良性循环**，在社会心理学中，这种心理现象被称为“幸福强化效应”。

（四）因为事件才痛苦

有人认为是事件使人痛苦，事实上，**围绕这个事件的看法才是引发痛苦的根源**。

一早出门，你被人撞了一下，你手上的东西很有可能掉在地上，请问一下你的感觉如何？我相信很多人会有愤怒等负面情绪，但是你抬头一看，与你迎面相撞的是一位老人，请问一下，你还有这种感觉吗？恐怕更多的是内疚和自责，而不再是愤怒。

四、掌握积极理论

（一）存在主义

首先，白黑中要学会共存。正向积极并不意味着只是赞美、欣赏和鼓励，同时还包含对困难和问题的接纳。存在主义的心理学认为，白黑是共存的。

我们要避免粗暴积极，为了取悦而夸赞他人;这种取悦，是一种对问题的回避。要学会对人生的经验保持敬重，对人生的真实带着体谅，对生命的困境保持理解和接纳。我们总习惯用强势来掩盖内心的脆弱与问题，其本身就是对自己的不接纳和不认同，这只会让自己陷入自我否定之中，由此形成恶性循环。所以，要想内心强大，先要接纳自己。

其次，白黑中看到更多白。即学会发现优势和例外的经验，正如一张白纸有个小破损，但并不影响这张纸的使用，前提是要看到完好的部分。

再次，白黑中不断发展白。有些心理困扰就像胎记，可能会一直存在。可怕的并非困扰本身，而是执着解决困扰的心态。比如“抑郁”的同学，反复治疗可能情况会更加糟糕。而放松心态，带着这份自我觉察积极生活，大多数人没过多久就好了。

最后，白黑中学会欣赏黑。许多失眠的人之所以会失眠，其中多半的原因是拒绝甚至害怕睡不着，因为对失眠的担心所以引发失眠。假如带着体验的角度来理解睡不着，自然就会睡得更好。

（二）建构主义

建构主义的哲学观认为，现实是被发明而非被发现，这就意味着我们每个人都是根据自己的经验来建构世界，世界构建的过程是一种心理过程，这发生在我们的大脑中。比如，“不善言辞”可以建构为性格内向，也可以理解为“智者，讷言敏行”。

> 曾有一次，笔者作为评委，有一个前来应聘的学生在回答主考官问题时，表现为手足无措、额头出汗。结束时，评委们在讨论，得出两种完全不同的结论：有评委认为这位同学心理素质太差，容易紧张；也有评委认为，这位同学应该录用，理由是他因为重视这次应聘，对单位有认同感，所以才会紧张。到底哪一个是真实的？这就是建构主义基本思想。

我们要经常**训练自己用正向积极的观点来解释一些现象**，那么我们就会越来越阳光。

（三）辩证法

《道德经》首句“道可道,非常道”,按太极思维进行断句——“道可,道非,常道”，是说，一个人有优点有缺点，是正常的事；有人说你好，有人说你不好,这也是常态。正如白天和黑夜,有白天就会有黑夜。一个学生“迟到”了,大多数人只是关注“迟”了，但我们更应关注“到”了。这是一种将意识进行调焦的过程，意识就像手电筒里的光，我们把光束照到哪里，哪里就能在黑暗中被看见。有心理困扰的学生，他们的光束常指向问题，其余都在一片漆黑之中。

正如一个刚刚和父母产生冲突的学生，感觉到被父母责骂是令人伤心的。运用阴阳辩证观点，我们就会懂得亲人为什么要批评我们。其实，批评是一种无法言说的爱。理解了批评背后的动机是爱，看到父母对子女的深情，手电筒的光束照得更宽了，就增强了意识，**看到了“问题”另外一面，也就更加积极乐观**。

> 用积极的语言回答就会拥有积极的心态。黑人司机载了一对白人母子，孩子问：为什么司机伯伯的肤色和我们不同？母亲答：上帝为了让世界缤纷，创造了不同颜色的人。黑人司机感动不已，他说：小时曾问过母亲同样的问题，母亲说我们是黑人，注定低人一等，如果她换成你的回答，今天我定会有不同的成就。

（四）心理视框

心理视框是一种注意力理论。我们走在路上，我们会看到很多不同的人和事，但只有有限的事物才能进入我们的视野。换句话说，只有被我们注意到的，就会被我们所看见，这就是心理学的视框。

不幸的是，我们都是注意问题发现缺陷的高手。因为现代社会是由工业社会发展而来。在工业社会，一个人要照顾很多机器，只有坏了的机器，才需要特殊的关注和修理。因此，我们都长着一双发现问题的眼睛。我们总是挑剔自己及他人的毛病、缺点和不足，而对于优点往往视而不见。一些优点，没有被及时关注就会慢慢消退，为了引起他人的关注，问题行为会越来越多，用行为主义观点来解释，好的行为没有得到强化，是难以形成习惯的行为。

比如身体上偶有不适，若朋友建议你休息。“她对我真好，关心我的身体。”心中就会掠过一阵暖意，你就会对她心存谢意；“她让我回去？无非是怕传染给她。”这样一想，你的心情一下子转阴，愤怒的情绪随即产生。

可见同一件事，心理视框不同，产生的效果也不一样。所以，特别重要的建议就是要改变为积极视框。改变我们对这个事情的想法，也许能帮助我们改变自己的心境。**石头放在头上就是压力，放在脚下就是垫脚石**。

技巧分享

如上所述，积极心理学指出，当我们将注意力放在哪，意识就会被增强。意识像手电筒的光，我们看到危险时，内心就会充满了恐慌，一旦转向机会，就会迎来生机和希望。

1. 积极的心理转换

心理健康教育就是要帮助同学们将手中的手电筒光束照得更宽些，甚至帮助转向看到困难背后的转机。

两个推销员到一个岛上考察，岛上的人都没有穿鞋。一个人说：这岛上的人都还没有穿上鞋，一个说这岛上的人都不穿鞋。这两个人是不同的视角，说“岛上人都还没有穿上鞋”，他会乐观并相信向他们推销鞋一定很多人买；而另一个人“岛上的人都不穿鞋”，言下之意，即使向他们推销鞋也没人买。同样的事情，关注点不同，带来的心理反应自然不同。

2. 关注做对的部分

我们要关注做对的部分，而不是做错的部分，进行积极正向思考。比如一位同学抱怨说：“最近非常焦虑，真是糟糕透了！”面对这样的同学，应引导他看到之前情绪比较好的时候，或者让他认识到焦虑的意义。在辅导时可以这样说：“也就是说，你之前的情绪状态是不错的。”当然，也可以这样追问：“人在进化过程中，发展了一种焦虑的本能，比如在远古时期，人类因为焦虑能更敏锐地躲避丛林里的毒蛇猛兽，我们现在因为焦虑所以遇事会更深思熟虑，会在丰收的年份囤积粮食，以备荒年之需，这些都是焦虑的意义与价值。对你来说，焦虑带给你哪些益处呢？”这样的对话会引导同学们转向美好的时光，来访者越是把注意力放在正向、已有的成功解决方法并迁移到类似情境中，则越能使改变朝好的方向发展。

3. 消极中找到意义

在实际工作中，可以经常使用“虽然……但是”的基本思维，比如，“虽然你说一直处于恐慌之中，但从这一点可以看出，你对健康十分关注”。这可以把从负性情绪的关注，转向积极的觉知。尽管这是一种负性情绪，却转向正向积极的方向，看到负性情绪背后的动机与目的。

4. 淡化事情肯定动机

一位同学十分自责，因为考试舞弊，被学校记过处分，所以一直处于自责自罪之中，觉得在同学面前抬不起头。我们可以这样安抚他：“我不确定你舞弊的真正动机是什么，但我确定你一定希望有一个更好的未来。”这种有力的肯定，可以给予当事人支持。

5. 事情不会一直糟糕

用“至少……起码”类似这样的语句，可以协助来访者看到消极事件中正向的价值。一位出租车司机因为疫情的影响，生意极为惨淡，入不敷出，一个大家庭所有的开支就靠他跑出租。“现在收入没了，这日子真不知道怎么过下去？”我们可以这样回应他:“目前的确受了影响,但起码你们到目前为止，身体都是健康的。”

6. 透过情绪找正向动机

在校期间，有同学因为生活方式不同而在同一个宿舍产生矛盾，有一同学诉说别人不讲卫生。为此，两人产生激烈的争吵。你可以这样说：“从你们争吵看得出来，你还是非常关心寝室卫生的。”透过同学之间表面的摩擦，看到争吵背后彼此的关心。心理学认为，批评是一种无法言说的爱。

7. 相信良善的动机

任何事情的发生都会有一个重要的理由，只是做法不同而已。我们可能会在慌乱和恐惧的驱使下做出一些盲目冲动的行为。我们可以这样给予支持，“之所以这么冲动，一定有一个重要的理由”。这可以让他看到冲动背后良善的动机。

8. 在助人中获得幸福

心理学不是玄学，学习之后一定要积极运用，要去传播和帮助他人，在帮助他人中获得幸福的体验。老师备课时的效果是最好的，因为总想着怎么去分享给学生听，带着助人的心态去工作，这就是一种积极愉快的情绪。我们回想一下曾经在公交车让座给老人的美好体验，我们会体验被人需要的幸福。

有一位成功的商人接受记者采访，记者问他：“你为什么把生意做得这么好？”“因为他们都把生意给我做。”然后记者问：“为什么人家会把好的生意给你做？”商人回答得非常经典：“因为我总是在做生意的时候，想着让别人多赚一点，因为让别人多赚点，别人就更愿意跟我合作。”

有个盲人到亲戚家做客，天黑他点了个灯笼，许多人不解，“你明明看不见，为什么还要打个灯笼？”盲人说：“许多人也在路上走，打着灯笼，别人可以看到我，就不会把我撞到了。”道理是如此简单，但是却说明心理学所倡导的你好我好世界好的基本原则。在疫情期，我们更是有深刻的体会。

自我训练

招聘启事

请大家轻轻地闭上眼睛，一起做一个想象。

在茫茫人海里，我们这里的同学聚到了一起，我们共同走过一段旅程，就好像共同有一段很快乐的学习过程。我们包了一架飞机，也许是去马尔代夫旅游，也许是去一个海滨城市。总之，我们在飞机上非常开心，突然，空姐说：“各位乘客，因为飞机出现故障，在十分钟之后就要坠毁。还有十分钟，请你做完一些事。因为十分钟之后，你没有机会再去陪伴你的父母，没有机会和他们说些悄悄话，没有机会向他们表达一声感谢，只有十分钟，你希望你的父母未来将会怎样，你希望你的父母未来将有怎样的人生？把你对他们想说的话，用20个字，写在这张白纸上。”

一、把你最想告诉父母的，把你对他们的期望和祝福，用20个字告诉他们。

二、写完了就抬起头，还可以做一件事，找一个人代替你实现父母的愿望。即招聘一个新的伙伴，你会找一个什么样的人，把你对这个人的要求写下来。他应具备哪些条件，把这个条件写下来，像写一篇招聘启事一样。

【做一做】请写上你的感悟与收获：

互动拓展

从心开始

下面，请大家手拉手围成圈，老师站在中间。然后，全体向左转，闭上眼睛（这时一般会播放浪漫温暖的音乐，如《相亲相爱一家人》《明天》）。相互给对方敲打一下背或轻轻按摩一下，闭上眼睛来体验助人及被人帮助的感受。

全体向后转，反过来为曾经你帮助过你的人敲打一下背或轻轻按摩一下，闭上眼睛来感受这种快乐。

这个环节结束后，老师让每人用一句话或一个词语来表达心情，以促进大家彼此的接纳与互动。

故事链接

寻找生命的紫罗兰

没有人一开始就非常优秀，心理素质的提升与我们学会游泳的过程特别类似。我们也是从脚趾头轻轻地沾一点水开始，然后才将整个脚掌伸入水中，紧接着才是一条腿。此时，你带着对水的恐惧和对水的好奇开始跃跃欲试了，终于有一天，你学会了游泳，并享受畅游的快乐，发现水是温暖、友好和滋润的。

假如你们还心存疑虑，说明还需要给更多的支持与鼓励。接下来，我们一起分享一个小故事。

一位知名的心理学家他积极自信，尽管身患重疾，但他对自己所拥有的一切都心存感激，并把注意力放在已有的能力和资源上，而不是关注问题与不足，更重要的是他总是勇于迈出一小步。他独特的人格魅力深深地影响到每一个人。

有一天，他到一个小城讲学，一位同事请他顺道看看他独身的姑母。“姑母独自居住在一间老屋，无亲无故，她患有重度的抑郁症，人又死板，不肯改变生活方式，你看有没有办法令她改变？”心理学家到他同事的姑母家去探访，发觉这位老婆婆比形容中更为孤单，一个人关在暗沉沉的百年老屋内，周围找不到一丝生气。心理学家很礼貌地对姑母说：“您能让我参观一下你的房子吗？”老婆婆带着心理学家一间又一间房间看去。心理学家真的想参观老屋吗？当然不是，他是在找一样东西！在这老婆婆生活的、毫无生气的环境里，他想找寻一样有生命气息的东西。

终于在一间房间的窗台上，他找到几盆小小的紫罗兰——这屋内唯一有活力的几盆植物。姑母说：“我没有事做，就是喜欢打理这几盆小东西，这一盆还开始开花了。”心理学家说：“好极了！你的花这般美丽，一定会给很多人带来快乐。你能否打听一下，邻居什么人家有喜庆的事，给他们送一盆花去，他们一定会高兴得不得了。”

老婆婆真的依心理学家所言，大量种植紫罗兰，城内几乎每个人都曾经受惠。不用说，老婆婆的生活也因此大有改变，本来不透光的老屋，变得阳光普照，充满彩色鲜明的小紫花。一度孤独无依的老人，变成市里最受欢迎的人。在她逝世时，当地报纸头条报道称：全市痛失我们的“紫罗兰皇后”。几乎全城人都去为她送丧，以报她生前的慷慨。

亲爱的同学，让我们一起启程，去寻找我们生命中的紫罗兰，然后向前一小步地迈进吧。

如果我们将关注的目光、鼓励的掌声多些送给那些还在困苦中却仍然不放弃努力的人们，其价值会更加有意义。每个人身上都有他的“紫罗兰”，让我们来找到它，并让它盛开在生命中。

第二讲

学会赞美

享受幸福巧克力

成为更好的自己，就是要不断地放大已有的闪光点，以正向积极的态度发掘自身的长处、优点和潜力，更多地欣赏和肯定他人，这既是建立良好人际关系的基础，也是建设阳光心态的突破口。赞美，不仅是一种技巧，更是一种心态，让我们一起享受巧克力味道的幸福！

心理导航

【心理互动】

在迎新联欢会上，张军唱了一首《青花瓷》，唱得虽然很投入，但明显跑了调。同学们都鼓掌表示鼓励。王华和李梅对张军进行了赞美。

王华对张军说："张军，你唱得太棒了，你真是个音乐奇才呀！"李梅对张军说："张军，你唱得认真又投入，你是好样的！"

【分享与成长】

（1）请你们思考：你更欣赏哪种赞美？为什么？

（2）生活中，你是个喜欢赞美他人的人吗？假如你在现场，你会对张军说什么？

（3）你是否赞美过你的父母、老师、同学和朋友？如果你不是一个喜欢赞美他人的人，那又是为什么呢？

（4）谁能真诚地赞美他人，谁就会得到别人真心喜爱。想一想，是不是这样呢？

理论解析

一、走进美妙的赞美

各位同学，现在我给大家五分钟时间，你用欣赏地眼光看看你左边和右边的同学，大家来评价一下他们是什么样的人？不过有个小小的要求，就是只能正面评价。

大家都彼此感谢刚刚给予你赞美的同学，让我们带着欣赏的眼光、赞美的语言以及心存感恩的心态，一起走进美妙而神奇的赞美。

人的语言本身是有力量的。即使你说“谢谢你”不是真心的，它同样能产生正面的力量。语言的这种力量是人类在长时间的集体文化中约定俗成的。在这种习俗的符号里面，我们看见“感谢”两个字就很高兴，看见“笨蛋”就不高兴。

（一）赞美的内涵

用正向眼光看待个人，每个人都有优点和长处、良善的意图、为个人努力的心意与行动。我们看到他人的正向特质、正向心意、正向行动，并愿意将个人观察到的事实表达出来。**赞美是关注对方的积极之处**。

那么如何来赞美呢？这是知易行难的艺术。假如同学写了一篇只有几句话的“作文”，你赞美他说:“哇，将来你一定会成为文学家。”这样的话，你自己都觉得言不由衷，对方自然会觉得莫名其妙。假如你说：“你这句写的‘树儿被风一吹，像欢迎客人一般地点头’。我特别喜欢这句拟人的手法。”这样具体而细节的赞美可以为对方指明方向。

（二）什么样的人才会赞美他人

走出原始自恋才会赞美他人。**越是心智成熟的人，越懂得去欣赏他人；内心越强大、越有魅力的人才会懂得去赞美他人**。

能多元角度看待事物的人才会赞美他人。因为现代社会是由工业社会发展而来。在工业社会，一个人要照顾很多机器，只有坏了的机器，才需要特殊的关注和修理。因此，我们都长着一双发现问题和缺陷的眼睛。

心态平和人的人才能赞美他人。因此，我们要学会照顾好自己，安放下焦虑的心。当我们自己心情愉悦时，同学们所有的行为都是正向积极的。不是吗？

因此，懂得赞美他人的人，一般有以下几点特征：一是持有“你好，我好，大家好”的世界观；二是身心健康；三是内心强大。

二、赞美的价值

（一）正向态度看待问题

生活中有一些烦恼或困扰，但是生活中某些时刻一定比较顺利或烦恼程度不那么高。

例如：一个人经常心情不好。可以这样问他：什么时候心情会比较好？看起来心情一直不怎么好，为何还能一直坚持学习？

（二）远离批评的恐惧

尽管有不足，但依然有价值，或做了某些正确的事，拥有积极的意图。一个内在自我价值感不足的人，会虚张声势或攻击他人，一旦给予认可或赞美，就会自己拆除那堵墙。

例如：有人说学校生活过得一团糟，带有羞耻感，觉得是个失败者。假如这样赞美他：“多年以后，你成功了。假如你写一本传记，你在传记中如何描述你的求学经历，哪些人看了可能会有帮助？”这样的问话，会将注意力转向未来的发展方向。

（三）协助激发成长

这个世界，有两种力量：一种是我们自己的力量；另一种是外界的各种力量，我们称之为异己的力量。我们在成长的过程中，同样在乎异己的力量，这份异己的力量主要来自重要他人。当被人欣赏时，这份异己的力量会无限强大，激发我们催人奋进，小时候我们被老师赞美会让我们快乐很久，并激发向上的动力；当一次次遭受打击时，我们同样会万般无奈，反复体验到挫败的情绪，从而产生习得性无助。

（四）提升自尊感

每个人倾向于把责任归罪他人，以维护自尊。例如：考试没有考好，我没有天赋。我们赞美他，那你中学时为什么数学能考得这么好？赞美，给予力量，提升自尊。

林同学小时候对学习毫无兴趣，以至于在入学考试中落榜，最后是以替补生的名义入的学。但有一天在课上，英语老师突然说："你的英文字母写得真棒！"还让班里的其他同学要像他一样认真写。一直以来因为学习不好而受到父母责备的林同学，忽然间变成了明星。从那时开始，他对自己有了信心，努力学习英语，如今成为了名牌高校的大学生。

（五）增强行动意愿

在真诚的赞美中增强对自己的认识，感受到自己的价值、才华和力量，这是行为强化理论对人的本能行为的解释。通过赞美感到自己有力量，得到肯定产生信心，朝目标努力进而积极投入。

赞美还可帮助他人认识自己，让他人也学会感谢和赞美、激发他人奋发向上的动力，让他爱自己，觉得自己是一个有价值的人……如：和你在一起，我感到被照顾的快乐。

三、赞美的方向

（一）赞美既存优势与例外

我不知道我还有什么优点，我觉得我一无是处，哪还有值得赞美的地方？我们要戴着优点放大镜找优势。

（二）赞美他的动机

一位同学自责意志力差，早上起床总是磨磨蹭蹭，那要怎么赞美他？是的，这是所有人共同的问题，也是进化论给我们的自然反应，似乎只有不断地发现自己的缺点，促使自己向更完美的方向发展，才是适者生存的法则，我们可以赞美他有向上的动力。

从人的本性上来说，我们都希望留下正向美好的生活足迹，希望被父母接纳，也愿意不断改善自己。显然，赞美和欣赏是一个人向上向善的内在动力。

（三）停止做错

任何事都是动态的，不会一成不变。按积极心理学观点，幼儿在哭的时候，就不要抱，笑的时候多抱抱，这样方式培养出来的孩子才会越来越阳光。

（四）程度没有那么严重的时候

任何事不会一直以相同程度情况发生。从大打出手，到相互语言攻击，是怎么做到的?

（五）用建构的眼光来赞美

任何事看问题的角度不同，都会产生不一样的感受。

90分，可以是比100分少10分，也可以是比80分多10分。同样的90分，不同的视角，我们可以有不同的看法。如果我们问，是怎么考到90分的？而不是问为什么没有考到100分？前者会带来能量满满的感动，看到的是拥有的部分，而后者盯着不足与问题。

四、赞美的原则

（一）无条件/没有附加期待的赞美

赞美不是简单的夸奖，不是对方能够符合夸赞者的期待去行动。而是让对方看到自己的特质、正向心意与正向行动，从而产生自发性行动，是无条件工具性的。

你很懂事，你要让着弟弟；

考了 90 分不错，希望下次考得更好。

（二）与对方自己比较的赞美

不要让对方与他人比较，以对方与个人的期待、能力、努力来评估进展，小小的改变都值得赞美，赞美对方最得意的事情。

比如，对于刚通过公务员考试的人，可以对他说，“听说你考上公务员了，太了不起了。”又如，对于刚参加比赛顺利归来的人，可以对他说，“听说你获了奖，太崇拜你了。”邻居老阿姨热情地把我带到她家，我们就要认真欣赏她新装修的房屋。

（三）以深刻了解为基础的赞美

找到对方在意的价值观或是目前正在进行的学习，针对这些进步来进行赞美。

某公司制造了一辆汽车，这是一款专为有残疾的老年人设计的汽车，因为这类人群不能使用普通的小汽车。工程师在介绍这款汽车时，一位德高望重的老人立即对它产生了极大的兴趣：“我觉得简直不可思议，只需按按钮，车子就能跑起来，真是太奇妙了！”他的朋友们也在一旁欣赏汽车，这位老人当着大家的面夸奖工程师：“我真感激你们花费时间和精力研制了这辆车，这是件了不起的事！”老人接着欣赏了车的散热器、车灯等。也就是说，他提到了车的每一个细节，并坚持让夫人和他的朋友们注意这些装置。这些具体的赞美，让人感受到了他的真心和诚意。

（四）具体事实的赞美

真正的赞美，是有根有据的。如果言过其实，或言不由衷，也就可能会变成“拍马屁”了，对方也会怀疑你的真实目的。

如果我们对一位清洁工人这样赞美：“您真是一位成功人士啊！您具

有非凡的气质，您是一位伟大的人！”对方一定会认为我们精神有问题，因为这些话好像和他没有一点关系。

唯有实事求是地去赞美他人，才能抓住对方的心，才能获得对方的好感，改善人际关系。关注具体事实，不要笼统，特别是要着眼于当事人的努力和行动。

在赞扬对方时，要有意识地说出一些具体而明确的事情，而不是空泛、含糊地赞美。好的赞美总是具体的赞美，具体的赞美才有说服力和影响力。

赞美要具体，不能含糊其辞，否则可能会让对方感到混乱和窘迫。赞美越具体，说明你对被赞美者越了解，也更容易让对方接受你的赞美。

（五）真诚而坚定的赞美

真诚的赞美应该是恰如其分的，不空泛，不夸大，不含糊，具体，确切。而且，所要赞美的事情也并非一定是大事，即使是别人的一个很小的优点，只要给予恰如其分的赞美，就不属于“拍马屁”。

赞美是一门艺术，真诚的赞美使人愉悦，给人自信和力量，但不恰当的赞美却适得其反。在赞美中，只有掌握了一定的原则、方法与技巧，才能让赞美更具魅力。

（六）对动态可变行为品德给予赞美

当孩子很好地完成了一件事之后，你是夸他“真聪明”还是“真努力”？两种反应虽然都是在肯定孩子，但给孩子造成的影响却大不一样，斯坦福大学心理学家卡罗尔·德韦克带领团队做了一个“拼图实验”。

在第一轮实验中，他们准备了一场简单的智力测试，也就是完成难度较低的智力拼图，几乎所有孩子都很好地完成了。

之后，研究人员将孩子们随机分成两组，告诉他们成绩，并说出一句夸奖的话。两组孩子受到的夸奖并不一样，一组孩子听到的是“你拼对了这么多拼图，真聪明”;另一组孩子听到的是“你拼图完成得很好，你真努力”。

接着进行第二轮拼图实验，孩子们可以选择难易两种程度的拼图。实验结果发现，被夸“努力”的一组，有90%的孩子选择了较难程度；而被夸“聪明”的孩子，大部分选择了较容易程度。

在第三轮拼图测试中，孩子们迎来了这项实验难度最大的拼图测试，他们都失败了。可面对自己的失败，两组孩子的反应却完全不一样：

被夸“聪明”的孩子明显受到了打击，变得很沮丧，认为自己不够聪明；而被夸“努力”的孩子，则认为自己不够努力，并积极地交流自己拼图时的想法。

最后是第四轮拼图测试，难度跟第一轮测试差不多。结果显示，被夸“努力”的孩子，成绩比第一轮提高了30%；而另一组孩子，成绩倒退了20%。当孩子很好地完成了一件事之后，你是夸他“真聪明”还是“真努力”？两种反应虽然都是在肯定孩子，但给孩子造成的影响却大不一样。

（七）合乎心理健康

赞美是为了强化好的行为，让对方不断变好。例：你好会打架啊！会让人感受到被嘲笑之感，我们可以夸他懂得保护自己。

（八）不强迫对方接受

对有些赞美，未必会欣然接受，不强迫对方立刻接受，也是一种尊重的表现。

要多一些互动，倾听他对赞美是否有其他想法，从而可以澄清自己的意思。一开始最好用间接或其他的方式给予赞美。

五、赞美的方式

（一）直接赞美

直接说出对对方的夸赞。地位高对地位低的人更直接：“你很懂事、很听话”；平辈倾向于表达感受和学习：“你某某做法值得我学习”“你刚才说的话，我很感动，我感受到你对我的尊重。”

你很想把学习搞好，并尝试采取了行动，没停留在空想。

你想挽回友情做了一些努力，对此，我印象很深刻。

（二）间接赞美

（1）直接说出他人对对方的赞美。可以有场景外的美好的想象，将力量扩展到不同的空间与时间。

例：上次我碰到你的辅导员，说起你，你平时表现很好。

（2）引导对方思考及说出其他人对他可能有的赞美。让他感受到自己的价值，尤其是思考生命中重要他人可能有的正向评价，非常有意义。

假如你父母知道你们这么认真听课，他会对你说什么？

如果我去问你的好朋友，你为这种活动所付出的努力，他会如何说？

（三）自我赞美

引导对方看到自己的进步或表现好的时候，帮助当事人体会成功的经验，提升价值感和改变动机。

这是一件很不容易的事，你是怎么做到的？

在这么困难的情况下，有的人会选择放弃努力，你怎么能够选择不放弃？

（四）振奋性鼓舞

用一种兴奋、喜悦的声调和表情表达对对方的支持与鼓励。

用于找到对方的成功经验时，可以引导对方多多注意自己的能力与资源。

真是太棒了！

你这样想，真是太不简单！

当你经历这些之后，为了让事情有所改变，你会怎么说出你自己的感受和收获？

（五）赞美的形式

赞美的形式，可以分为口头赞美，如外国人习惯于“WOW”、“GOOD”；中国内敛文化，可以用文字表达对同学及父母的赞美，如微信、书信等方式；肢体表达，如伸出大拇指、击掌等方式；还有事实奖励、作品展示等。

技巧分享

一、赞美的语言使用技巧

1. 惊叹的语言或态度

2. 用正向语言描述客观事实

3. 正向形容词描述（符合文化与当事人价值观的）

正向形容词：好、积极、漂亮、聪明、勤快、善良等。

负向形容词：坏、消极、丑、愚蠢/笨、懒惰、恶毒等。

4. 增加赞美的次数和量

每一个好的优点下都包含了很多小的优点，例如：与写作能力相关的能力和特质有：阅读、想象、创造、观察、语言等。

5. 给予积极回应

“这是很困难的，因为……”（陈述可贵品质）

“你是怎么做到的”或“你怎么能够……”（说明自己何以拥有此优点，或解释成功的秘密）

二、赞美的内容技巧

赞美对方要有针对性

在了解对方的基础上，要具体、恰当地赞美。否则，就有可能让他人不悦。如有两个同龄的同事去市场买菜，卖菜老板不了解情况就说："你们父子俩关系真好，一起来买菜。"结果大家都很尴尬。如果在不了解情况时，赞美他人也一定要有针对性，找各自的亮点，分开赞美。

赞美对方努力去做的

"你很想提高自己的演讲水平，并且通过各种方式来提高，如多阅读，参加培训班，把握各种机会锻炼，请教自己的同学等等，我发现你最近的演讲水平有了很大的提高，为你的坚持和努力点赞！"通过这样，会让对方觉得这段时间的付出也是值得的。

赞美对方最出众的地方

每一个人都有优点，都有过人之处，赞美其身体真好、酒窝真美、笑起来真甜、牙齿真整齐等等，对方会乐于接受对他的欣赏。

赞美对方最重要的人或物

每个人都有最关注的人、最喜爱的物品，这些对他来说，是最重要的。赞美对方最重要的人或物，会让对方更为之骄傲自豪。如"你的女儿真能干！"

赞美你希望对方做好的

比如某小学生A很难安静下来写作业，有一次却难得静了下来，这时就要及时表扬他，"最近小A可认真了，刚刚很快就做好作业了，大家要向这样的他学习。"又如，家人用心地炒了一桌子菜，我们就可以在饭前说："好香哦，口水都要流出来了。"在品尝的过程中，我们也千万要记得适时地赞美，"哇，真好吃，真不愧是大厨手艺。"等等。

赞美时必须：（1）态度真诚，发自内心；（2）看着对方，面带微笑；（3）实事求是，用词准确；（4）背后赞扬。

三、如何接受赞美

勇于接受并表达你的快乐与感激："听到你这么说，我好开心，谢谢你！"（微笑）

竖起大拇指说："我很欣赏你的眼光！"

"听到你的赞美我很开心。"

"其实，你也有很多优点。比方说，你善解人意，很多同学有心事都愿意向你诉说。你给大家带来了很多快乐，跟你成为同桌，我感到特别幸运。"

自我训练

寻优之路

人的心理能量是很有意思的，它的削弱与成长和自我贬低与欣赏有正比的关系，如果我们欣赏、赞美它，它就会强大茁壮；如果贬低和否定它，它就会衰弱、减少。

我在接受咨询训练的时候，有一天老师要我们说出二十个优点，当时觉得那还不容易嘛。结果花了一个晚上想，也没想出来。因为自己从小接受的教育就是要"更好"，只能说自己"不够好"，不要随便说自己好，因为那是骄傲的表现。为了不骄傲，自己也就从来不想自己是好的，在这种心理支配下长大，现在要列出二十个优点自然就很难说出来了。

后来，老师要我们去分享自己的优点，并从别人口中得到自己的"优点"，没想到，我们每个人一下子就找到了几十个优点。这些优点使大家开心了很长一段时间，没想到自己竟然是如此之"好"，而且更重要的是这些优点的肯定来自于别人，而不是自己。自那以后，我经常想，既然"优点"让自己如此的开心，使自己快乐，那么与其等待别人的肯定或提供，为什么不自我"开发"？

从那以后，我就走上"寻优"之路。就是不断寻找自己的优点、优势和潜力，自我欣赏。这实际上就是改变自己对自我的评价态度，从与别人的比较，从严格的自我批判方式转入与自己的比较，达到自我接受与欣赏。

通过这种自我肯定和自我欣赏，感觉到自己的笑容比从前多了，心理也很愉快，自信和幸福感也随之表现出来，更妙的是朋友也愈来愈多，喜欢跟自己交谈的来访者的数量也大大增加了。

【做一做】请写上你的感悟与收获：

互动拓展

学会欣赏与赞美

背后赞美

1. 建议四人一组，每人轮流做被赞美者，其余成员分别对其赞美5分钟；

2. 被赞美者背靠大家；

3. 欣赏细节，关注积极正向资源、优势特点；

4. 真诚表达赞美及欣赏。

刚才大家用赞美的原则与技巧赞美了小组成员。在小组外，还有很多同学值得我们赞美，接下来，我们把赞美送给他们。

赞美访谈

同样四人一组。首先，由一位同学扮演受访者（代号A），A的右侧伙伴（代号B）就下列问句，选择其中一个问句来访问A。当A回答完，其左侧伙伴（代号C）则根据A的分享内容，再简短提及自己一个类似的经验。

其次，在小组中，每人轮流依序担任A、B、C的角色。但是每位B提问的问句不可为同一问题，B也可以自行改编问句。

最后，小组讨论活动过程的体会。

访谈问句可以参考下面问句：

今天发生什么事情让你不禁微笑起来？

今天发生什么事情让你觉得生命是有意义与价值的？

最近发生什么事让你感到振奋？

最近你有些什么成就，虽细小但却很难得？

你最近有什么学习是让你觉得享受的？因为这个学习，你有何改变？

你会如何珍惜你与别人的交情与连结？

最近发生了什么事，让你更为恢复对人的信心？

故事链接

点的故事

瓦士缇不会画画，她总是想不出要画什么，一堂美术课下来，她的画纸上依旧什么都没有。别的小朋友都已经离开了教室，只有瓦士缇还坐在座位上。

这时，美术老师走了过来。

出乎意料的是，美术老师并没有批评瓦士缇，而是让她“随便画一笔”。

在美术老师的劝说下，瓦士缇不耐烦地在纸上随便戳了一个点。

（瓦士缇此时的心情如何？老师是否会因为她的无理而批评她？）

老师拿起画纸，仔细研究起来，仿佛瓦士缇的画是一件有着深刻寓意的艺术品。然后老师将画纸推到瓦士缇面前，让她签上名字。

一周后，瓦士缇惊讶地发现，自己画的那个点被老师挂在了办公桌上方，还用金色的画框装裱起来了！

瓦士缇心想，我只是随便画了一个点，就被老师裱起来挂在墙上，如果我认真画，一定比这个更好！

于是，瓦士缇拿出她从没用过的水彩颜料，认真地画了起来。

一个红色的点。

一个紫色的点。

一个黄色的点。

一个蓝色的点。

瓦士缇发现，蓝色和黄色混在一起，出现了一个绿色的点。

（色彩的世界如此奇妙！还有哪些颜色混在一起可以出现新的颜色？快快动手试一试！）

画出了许多小小的点之后，瓦士缇想："如果我能画小小的点，那我一定也能画大个儿的点。"

这时候的瓦士缇已经不再像曾经那样什么都画不出来，她的脑海中浮现出越来越多的灵感，不断在尝试中创新。瓦士缇找到了画画的乐趣，也对自己越来越有自信了。

瓦士缇开始利用各种各样的工具画出各种各样的点。

几个星期后，在学校举办的画展上，瓦士缇的点引起了巨大的轰动。人们纷纷称赞瓦士缇是个有艺术天赋的孩子。站在一旁的瓦士缇却明白这一切都归功于自己的美术老师。

一个小男孩非常羡慕地对瓦士缇说："我要是也会画画该多好啊。"

瓦士缇对小男孩说："我敢打赌，你也行。"

看着小男孩惊讶的眼神，瓦士缇递给小男孩一张白纸，并让他在纸上随便画一笔。

小男孩觉得瓦士缇的行为很不可思议，但还是颤抖着在纸上画下一条弯弯曲曲的线。

瓦士缇盯着画看了一会，说："请签名。"

就像美术老师对瓦士缇说的一样。

我们在学习乃至生活中，常常会因为找不到方法而畏惧不前，因为对自己的表现不满意而自我否定。这时，我们最需要的，不是教导和指责，而是一点点鼓励，一点点肯定，如同瓦士缇被完全接纳和理解的一"点"。瓦士缇的"点"从羸弱、难看和愤怒，一步步转变为强大、绚丽和愉悦，不仅是她艺术道路上的转折点，更是她生命中的重要转折点。只有当我们对自我充满信心，才会有足够的勇气向前探索，有足够的底气面对世界表达自我，有足够的动力去发挥和创造。多给予孩子鼓励，多给予孩子赞美，理解他们幼小的心灵，呵护他们珍贵的自信心和创造力。

（《点的故事》，韩·康禹铉）

第三讲

心理健康

积极心理的欢乐

心理健康是一个动态的概念，很少有人能够达到完全健康的标准。同样，也很少有人的心理疾病达到无可救药的程度。事实上，心理困扰在症状出现之前就已经存在了，症状不是问题，而是解决问题的开始。

心理导航

【心理互动】

老师告诉大家，宿舍正被“烈火”吞噬，情况危急，时间只够你冲进火海取出 3 样东西，你会选择哪三样？先后顺序是怎样的？它们对你有什么价值？还有没有重要的物品不在抢救之列？为什么？然后给成员一定的时间让他们想一想，并写在纸上。

【分享与成长】

（1）你选择了什么？

（2）你选择它的原则是什么？

理论解析

一、走进心理健康

不知你是否也有这样的感受？目前广大同学还没有普遍认识到心理障碍的存在，同时对心理问题也存在许多错误的认识。这其中除了不知道到哪里去求助以外，更多的同学缺乏心理健康知识，没有认识到积极的心理健康知识可以促进心理健康。下面再举个简单的例子。

一位学生，每次考试都会焦虑发作，并还有头晕及呕吐的情况。如果用传统模式，心理老师可能会问为什么焦虑并且试图找出焦虑从哪里来，假设找到解释后可能会有解决方案。是通过这样的假设来帮助来访者：在问题的原因和解决方法之间有关联。为此，会有一些这样的沟通：

家族存在焦虑或焦虑趋势的遗传倾向吗?

是否有对其管教过分严格的双亲?每次对孩子学习都给予严格的规定，从而使其有恐惧心理。

利用焦虑来获得额外的关爱?

对偶像表达认同?

曾经在学习过程中因考试成绩不理想而受到责骂?

这样的提问通常会引向一个有多种行为和任务的计划，要找出是什么原因引发了焦虑发作，通常是极为复杂，更重要的是，一些事情已经成为了过去，可能会激发更大的焦虑感。

而关注健康的行为，按积极心理学思维就可能会有这样的提问：

如果你考试焦虑的问题解决了，会有什么不同?

最近有没有感觉稍微好一些的时候，那是怎么发生的?

这些对话，让学生能够想象或者创造一种不再焦虑的状态，他不再为考试而焦虑，并获得一种愉快的心境。在思考第二个问题时，他会回想上一次考试没有焦虑的场景，那时他复习准备得很充分，因为前一天运动了，晚上睡眠质量也高，所以考试时得心应手、心绪平静。

这是一个大大被简化了的例子，却蕴含了积极心理学的思想，这对于处在快速发展期的学生来说，可以从中得到有益的启发：**关注问题，只能引发更大的问题；关注健康，才能变得更加健康!**

（一）心理健康的动态性

人是变化的，心理状态会根据环境、年龄及阅历发生各种变化。例如，个体在青春期出现的叛逆情绪及行为，是健康而正常的表现。心理大师海灵格说，“个体的自然发展方向是社会化，是向外的，父母必须帮助孩子发展出向外的动力，也就是说父母要鼓励孩子向家庭以外拓展自己的空间，向家庭以外的成员发展亲密关系”。这既是个体发展的自然倾向，也是社会化的必然过程。因此，不能用标签式的语言如“抑郁症”“焦虑症”这样的词语来定位一个动态变化的人。

> 想起自己在成长过程中，经常会思考生命的意义，碰到困难时会有情绪的波动，甚至会否定生命的意义，可从来不觉得这是疾病，也没有“专家”为我贴上抑郁症的标签。我想，一旦被贴上这个标签，我的人生或许是另一番境况。

把抑郁情绪误诊为“抑郁症”是一种罪，同样，把真正的抑郁症当成情绪问题延误治疗也是一种罪。有关抑郁症的诊断必须是整体性的，任何单一的方法都很难从根本上做出一个准确的诊断。

（二）心理健康不确定性

比如有人问我们有多高，我们只要回答具体高度就完事了，但人的心理是不能直接测量的，也不像物体的长度属性那样简单。你的心理健康不健康，你可能会说“很健康”，可这很健康从何而来？是主观的看法还是他人的客观评价，是内心的体验还是同周围的人相比较的结果？可见，心理健康测量存在评判尺度的选择问题。也就是说，心理健康测验中，选择的量表不一样，所得的结果可能会存在差异。

> 导致这种认识上的差别有着深刻的根源。在一般的医院里，情况很清楚：一个来访者要么有糖尿病，要么没有糖尿病。要么怀孕了，要么没怀孕，因为有点儿怀孕的这种情况是不存在的。

然而在心理医生看来情况却不同了，心理医生不能下是或不是的绝对断言，更多的情况是介于疾病与健康之间，只是程度不同而已。正如，我们每个人都有自己的优点和弱点，所以可以原封不动地借用一名瑞士著名心理学家的话：“每个人都有点儿神经病。”换句话说，每个人都有自己的问题和矛盾。

如果在特别困难的境地，这些问题和矛盾超过了一个人能够承受的限度，它们就可能具有疾病的倾向。于是，似乎可以得出这样的结论：人若是感到不舒服，这就提醒你得去看看医生；即使你在心理上感到不舒服，也要去看看医生，至少应该看看心理医生。

（三）心理健康的因果性

比如说，一个同学最近因为家庭发生变故，成绩又不好，情绪比较低落，导致吃不下睡不着。这是不是心理不健康的表现呢？不是的，是正常健康的反应。我们不能通过表面现象来判断心理是不是健康。要从因果关系上看，如果连续三天，甚至一个月都是情绪低落，无精打采，那可能是心理健康的问题。

虽然生理的健康与心理的健康息息相关，不过我们在这里所叙述的健康，着重指心理方面。通常一个人春风得意的时候，正是他很健康的时候。而一个人痛苦的时候，也就是他不健康的时候了。哪个是因，哪个是果不易分辨，两者相伴而生却是很普遍的现象。

一天中午，一个焦急父亲打来电话求助，他说读高中的儿子得了“抑郁症”，希望得到我的帮助。我知道，如果真的是抑郁症，心理咨询的作用有限，应该及时进行药物治疗。但这位父亲绝望的求助，让我无法拒绝。见见这位孩子，或许可以给这个父亲一丝心灵的慰藉。见面时，孩子恰到好处的问候，珍贵而温暖，恍如看到20年前的自己。

父亲说孩子平时成绩一直很好，只是周期性的情绪低落。医院进行了心理健康测评，结果显示是“抑郁症”。这一刻，我有些心痛。我相信，只要是人，尤其是具有较强上进心的人，就时不时地会焦灼，甚至会有崩溃。

我问“你这样有礼貌，是怎么做到的呢？”我之所以不问“为什么抑郁了？”而是关注“尽管情绪低落，仍然温文尔雅。”

因为所有人都希望得到认可，关注问题只会制造更大的问题。**只有关注**

健康正向行为时，他才会体验到被尊重从而积极作出改变。

他的眼神瞬间变得温柔起来了，与现实世界的互动关系也在发生积极的变化。后来，这位父亲反馈，他的孩子每天有规律地运动，坚持上课，完成作业，定期和家人沟通。

（四）心理健康的环境性

心理是一个动态的过程，随着环境的不同，评价标准也会发生变化。通常认为乐呵呵是健康的表现，但一个不分场合见到任何陌生人都哈哈大笑的人，会因为他的行为与大多数人不同，而被认为心理有问题。可见，心理测验很难有一个普遍的标准。

在一个开心的环境里，一个人想哭都难。比如参加运动会看球赛，大家都很激动，如果你一个人在那里掉眼泪，那是不对的。相反，如果在一个悲伤的氛围里，一个人表现却很开心，与环境也不相适应。

从心理健康的原因来说，环境也是一种重要因素。被誉为“医学之父”的古希腊医学家希波克拉底说过：“治愈一个人，医生有三大法宝：语言、药物和手术刀。”

一位成绩优异的学生突然“抑郁”了，家人非常着急。父亲在办公室里抱怨了一大堆母亲的不是，母亲控诉父亲的暴力。这是一个忧伤的家庭故事，孩子渴望爱，父母却无法给予。父母和我们的亲密关系是一条隐蔽的信息链，虽然是潜在的，却是重要的。**对抑郁的治疗，亲密关系有时比药物更为重要。**

（五）心理健康的个体性

比如说，如果个人在玩牌，我过去把牌拿走，玩牌的人在那里哭了起来。他是不是一定心理不健康呢？这个很难说。那得要看对象，如果是一个成年人，我把牌拿掉，他就坐在地上哭，那肯定不正常。如果是一个两三岁的小孩，那就是正常的反应。

也许不少人会产生疑虑，为什么同样的挫折性事件，其他人能恢复正常，而有人却深陷困境？事实上，**挫折性事件只是一种诱因，真正起决定作用的是对待困境的态度和行为**。挫折导致了他行为的改变（不愿与人交往），从而对自己对生活有了消极的想法——他们都不关心我，我能力有限，再多努力也是白费。这种想法和行为直接影响周围的人，于是形成恶性循环。与他人关系的疏远，使其失去安全感和被重视感。他变得自我关注，看不到长远目标，时刻提防着下一次失败。主导心境通常是焦虑和抑郁，从轻微的担心直到惊恐，从轻微的沮丧直到绝望。长时间地处于亚健康状态，由于自我暗示加强和情绪恶化，导致心情沮丧而妨碍健康。

有些抑郁情绪的来访者言辞迫切，说需要得到我的帮助。其实他们需要的不是我，而是我对他无条件的爱。我相信，如果一个人的心灵始终有爱的滋养，他就不大有可能患心理疾病。

曾经看《感动中国》，有一位老军医华益慰，在听诊时总会把听诊器捂热才放在患者的身上。就是这样的细节，让患者感动不已。这显然与学历和职称无关，能带给患者内心温暖和希望，才是伟大之处。

针对抑郁症的治疗，仅采用药物是很难取得理想疗效的，还必须设法向疾患者传递温暖与力量，以激发心灵自身的力量。温暖，这是世界上永远都发明不出的药物，或者说，任何药物的功能永远都是有限的，而心灵的力量才是真正无限的。

（六）心理健康的普遍性

在考试之前，大家有一些焦虑的反应，这是正常的。就像高考，不出现紧张的情况是不正常的。事实上，只有两种人不紧张，一是怎么考都考得上的人，二是怎么考都考不上的人，但这两种人都极少。

有媒体报道说，中国疾病预防控制中心对 9015 名年龄在 10-14 岁的中小学生进行的调查发现，17.4%的孩子“认真想过自杀”，8.2% 的孩子甚至“做过自杀的计划“，两项合计 25.6%, 占被调查学生总数的 1/4。

舆论哗然。稍有心理学常识的人都知道，生与死都是人的本能，更是青少年学生心理发展基本特征。有自杀风险及自杀想法并不代表必然会有自杀行为，只是提示我们要加强针对青少年学生心理健康和生命教育，但把青少年成长过程中发展的问题进行标签化，就会导致误读和误解。

二、心理健康的理解

心理健康最早起源于古希腊，而不是多数人所认为的源于北美。根据神话传说，埃斯克拉皮俄斯医生因为医术高超，众神之父宙斯便将他引入天国，他有两个著名的女儿希革厄亚和帕娜西亚。希革厄亚是掌管健康及其预防疾病的女神，她教育希腊人只要行为谦逊就能获得健康。帕娜西亚是众所周知的医药女神，她不断寻找各种治病方法。由于希革厄亚关心行为在健康和疾病中的重要作用，我们便把她看作健康心理学女神。

（一）综合性

心理健康之所以难以被人们所接受，其中原因之一是缺乏一个公认的标准。对于体温，可以用温度计来测量，但对于心理健康问题，不同来源的判断可能是不一致的：个体认为自己生病了或没生病，而医生则会从生理角度考虑他生病了还是没有病，社会环境可能会根据他的行为是否与大多数人一致来判断他到底有病还是没有病。

传统观点强调健康与疾病的生理因素，心理学强调精神健康和疾病，社会学则重视社会因素。而事实上，这些貌似互不相干的因素都会对健康产生实质性的影响。可现实生活中，经常碰到一种特别的误解，倘若某人身体不适，例如发烧和头疼或者胃和心脏不适，他就会得到比健康的人更多的照顾。虽然并未完全脱离社会公认的工作要求的约束，但人们却总是降低对他的要求。

可是某人的行为举止在我们眼里若是“奇怪”的，若是有别于我们平时习惯，甚至间或还忽视了“最起码的礼貌规矩”，那么人们的宽容限度很快就会到头的。有人若是突然脱离自己周围的人去独处，表现出许多对他人来说无法理解的恐惧，把自己的房间搞得乱七八糟，过量地饮酒或者学习成绩急剧下降，也大多不被视为病态，人们最多只说他是个胡思乱想的人，是一个怪物，一个懒汉，一个对公众有危险的家伙，并且劝他振作起来，人们几乎总是尽量对这种人保持距离。

世界卫生组织（WHO）提出了一种积极的定义：“健康是指个体生理、心理和社会适应的健全状态。”虽然这一定义早在 1964 年就已提出来，但心理健康却很少被当作神圣的概念来使用。**这是“生理–心理–社会”综合模式**。

（二）普遍性

值得注意的是，人类一直在心理健康领域对“异常”行为和“异常”心理的关注，远胜过对正常行为及心理的关注。直到今天仍然有广阔的市场。在普通人看来，人若患了疾病，就应该想方设法治疗它、战胜它，这也许对很多躯体疾病有意义，但对有些心理困扰的人，这样做就不大合适。有些心理困扰，采取反其道而行之的方法，指导来访者内心放松，指导其发挥其他潜能，对其“症状”不加以注意，持“顺其自然”的态度，激发本身的力量与资源，从而让症状消失在心理健康的成长之中。

在一个健康的个体身上，属于“哪”一型的不健康特质比较少出现；相反的，在一个不健康的个体身上，我们就很难见到他“哪”一型的健康特质。至于中间地带，当然就是有点健康、又不会太健康！绝大部分人就在这中间地带来来回回跑。根据我的经验，一直停留在最健康的巅峰状态几乎是不可能的事；事实上，别说一直停留了，就连处在最健康的状态，也是很罕有的现象。试着让自己维持在前三分之一的健康地带，还算是比较合理的期望。

在心理健康教育的过程中，**必须强调积极的态度，这本身会给人带来希望**。任何理论与方法都离不开一个原则，即重新帮助对方去了解如何积极地看待他过去的经历和问题，协助他用更具建设性的方法来解决问题。这一过程正好决定了心理健康具有某种目标性，而这种目标性就是成长。

（三）显隐性

显性症状往往是由隐性症状生成、引发、决定着的。如果说显性症状是标，那么隐性症状才是本。**显性症状好比是露出海平面的冰山一角**，它是由隐藏在水中的更大一部分冰体——隐性症状所支撑着的。所以忽视、放弃对隐性症状采取相应的措施而只针对显性症状进行咨询和治疗，是毫无成效的。而隐性症状往往不容易被当事人直接观察和意识到，非要借助有意识地观察、学习、思考、总结和请教他人，才能识得其庐山真面目。

有一个自称有抑郁症的学生，经过对心理健康知识的学习，发现自己真正的实质问题是没有自信，过分恐惧失败，人生没有目标，生活没有负起责任，不能与人协调相处等，于是结合实践训练的要求，制订了对自己富有激励作用的人生目标，安排了实施计划，每天进行专业学习和综合素质的学习，积极锻炼身体，培养业余爱好和特长，学会与人为友。结果不到一年，显性症状完全消失，人的精神面貌焕然一新。

（四）适应性

由于我长期在学校从事心理健康教育工作的原因，经常有家长问我，学生出现了精神状况该不该办理休学？我认为，只要留在学校不影响自己及他人安全，应尽量让学生和同学生活在一起。**因为一个人处于自我封闭状态，他的精神世界与外部世界沟通的渠道被堵塞，这违背了人是社会动物和人应处在丰富的文化系统中的事实**。离开学校，反而会丧失顺应社会的能力，从而产生更为严重的心理疾病，这是心理健康系统观的基本观点。

（五）灵活性

心理灵活是一种活在当下的能力，面对困难有一定的心理弹性，对现实有接纳的能力，并能做自己认为最重要的事的能力。心理健康的学生都富有幽默感，有朝气，学习效率较高，不会纠结在过去的痛苦中，更不会担忧还没有发生的未来。能够全身心地投入在现在，通过选择有价值的行动来引导自己，并不断获得目的和意义感，表现出很强的生命力。

心理健康是一个动态的概念，很少有人能够达到完全健康的标准；同样，也没有哪个人的心理疾病达到无可救药的程度。我们会懂得，心理困扰常常出现在那些追求完美和不愿意承担痛苦的人身上。为此，适应和忍耐常常是摆脱痛苦的良方。我们还会明白，**健康的心灵意味着需要恒定的人生目标和坚定的信念，并不断激发信心，最终使症状消失在心灵成长的过程中**。

（六）开放性

健康来自开放的心灵，因为每一个生命都是一个开放的系统。而自我封闭是非常危险的，假如一个人在心理上疏离了社会，疏离了别人，那么这个人患心理或精神疾病是迟早的事，因为疾病的本质就是障碍。**封闭嘴巴，不与别人交流沟通；封闭耳朵，则不信任他人；封闭自己的情感，缺乏爱也不接受爱**。

心理困扰在造访你之前，就已经存在，因此困扰不是问题，而是解决问题的开始。很多人希望通过努力消灭困扰，但这只是一个不切实际的幻想。我们应静下心来想一想，这个困扰如果不去解决会怎么样？怎样才能使困扰不会变成更大的困扰？请温柔地对待你的困扰，欣赏生命的多样性，你将不再困扰。这是一个大大被简化了的例子，却蕴含了积极心理学的思想，从中得到有益的启发：关注问题，只能引发更大的问题；关注健康，才能变得更加健康！

（七）整合性

人本主义心理学对健康有另外的看法，每个人的心中都有两个自我：现实自我和理想自我。前者是个人看待自己的结果,后者是个人自以为“应该是”或者“必须是”的自我。对于大多数人，后一种自我实际上就是这个人的行为动机，如果过于崇高无法实现，就会使人陷入痛苦，导致个体的心理失常。

现实自我和理想自我的重合状况直接决定人们心理健康的状况，两者间距过多，就难免会有心理失衡感。在人际交往中，人总是愿意别人对自己的行为做出有利的评价，当一个人的行为产生了积极的自我体验并同时得到他人尊重时，他的自我概念是明确的，人格就能得到正常发展。若一味地去满足别人的期望而不惜改变自身的准则，自我概念就会扭曲。为此，人本主义心理学认为，忽视内心愿望，会引起适应不良。

三、促进心理健康

影响心理健康的核心包括认知因素、生理状态、生活方式、性格因素、生活事件、有效行动。当然还有文化因素、社会环境等等，这里只介绍容易操作的六个要素。在我们逐一学习它们之前，让我们先来看看图 1-1。我们习惯称它为心理健康的“健康六边形”。

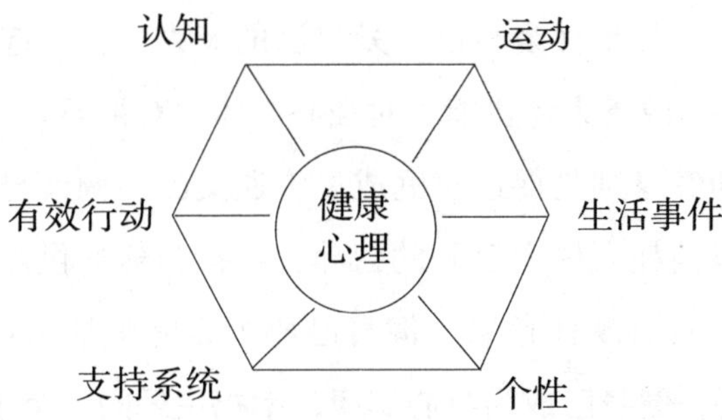

图 1–1　健康心理的六边形系统模型

（一）积极认知

“我一看到他就来气？”看起来，是“他”让你生气。但为何别人看到他却不生气呢？由此可见，引发我们情绪不是“他”，而是我们对“他”的看法。再比如无缘无故被人骂了，如果认为那个是混蛋，必忿忿然。如果知道那个人是个傻子，同情心也许就油然而生了。

心理健康的人大多有一种逆向思考的能力，**即从另一个角度看到困难背后的正向意义与价值，从而产生良好的效应**。

比如 95 分可以等于 100 减 5 分，也可以等于 90 加 5 分，如果我们关注失去的 5 分，为什么没有考到满分，那么就会产生沮丧失望的心理，如果问问自己:“为什么不是 90 分，而是考到 95 分，那 5 分是怎么来的？”就会找到信心和希望。

（二）有效运动

我们常会在心底有一种很深的渴望，如何拥有快乐？可又常有莫名的焦虑和抑郁。也许只有在这样的时候，动起来比坐着更有激情和活力。运动在某种程度上是精神医生的理想药物，尤其是对抗节后焦虑症具有重大的作用。因运动能释放神经递质多巴胺，它是使人幸福和愉快的激素，做一轮运动就像吃一点百忧解。如果你爱自己，爱自己的家人，就一起来做运动吧。运动可以提高兴奋性，改善人体机能，对强心健体大有裨益。

此外，运动健身则是促进家庭成员沟通交流、调节身心的有效手段，并且在健身中可以消耗人体内过剩的营养，维持营养的供需平衡。因此，要使生活内容丰富，具有现代色彩，健身已成为家庭生活不可缺少的组成部分。从这个意义上讲，**健身已成为身心健康、幸福快乐的一个重要标志**。

（三）生活事件

在心理学中，有人提出了“挫折攻击”的理论，即人病态的攻击行为来自于生活中遇到的挫折，它的实验依据是这样的：在一笼白老鼠里，以实验控制法随机地给予老鼠电击（施以挫折经验），之后详细观察并记录老鼠的行为表现，发现原先老鼠的生态行为有了极大的转变。老鼠性情变得急躁，睡眠时间减少，抢食物吃，活动量变大，老鼠们彼此互咬的几率大幅提高。因此学者推论人类的行为也遵循类似的原理，在遇到挫折、期望落空、生活变故、失败的处境下，人的性情亦会变得较为急躁，容易愤怒，以至攻击错误对象，从而出现病态行为。

当然，我们可以不同意人类的行为与白老鼠的表现相同，然而这样的研究的确提醒我们注意到，人的愤怒大部分来自于对生活中的不满及挫折，只是我们能否理智地找出原因，并采取合理的解决方法。在面对愤怒汹涌而上时，我们期望人类的智慧或许能真正征服它。

（四）心理弹性

尽管个性并没有好坏之分，但对健康的影响而言，完美主义者更容易在生活中产生心理压力，从而带来健康隐患。瑞士苏黎世大学研究人员邀请 50 名中年男子接受一项测验。研究者先以问卷方式测定他们的完美主义倾向，然后要求他们用 10 分钟时间准备一次面对 2 到 3 名“考官”的求职演说。演说完毕后，研究者要求这些人从 2083 开始，每隔 12 个数字向下数一个数字，直到倒数至 0。其间，只要错一次就要重数。测试过程中，研究人员为这 50 人测量唾液中的应激激素皮质醇含量、心律、血压以及肾上腺素和降肾上腺素水平。

结果显示，完美主义倾向越严重的人，测试中分泌的应激激素越多，说明心理压力越大。完美主义倾向越严重者，测试过程中显露出更多“生机衰竭”迹象，证明他们产生了疲劳、急躁或信心受挫等负面情绪。而“生机衰竭”容易导致心脏病。完美主义者的处世高标准完全是自我强加的，如果完美主义者能使自身标准更贴近真实情况，那么他们就能增强信心，并减少社会压力带来的影响。

（五）支持系统

每个人都有一个家庭，家庭是一个支持系统。每个同学都有一个班级，班级老师和同学们都是一个系统。如果有效地利用这个支持系统，就不容易被压力所击垮。

以家庭为例，家庭是一个三角关系的系统，如果有两个人之间产生了紧张，他们会把第三个人扯进来以稀释这个紧张和焦虑。并且三角关系不限于家庭，朋友、亲戚和咨询师都会被带入矛盾。在压力存在时，家庭越大，其中就有越多的内部三角；一个问题会涉及多个三角，家庭成员也越来越卷入矛盾。反之，良好的状态也需要家庭成员的支持，这就提示我们，帮助家庭其他成员，促使身边的人产生健康行为，往往也能提升心理健康水平。

大多数人心态失衡时，要学会接受现实，学会正视困难并努力自我缓解，坦然面对困境，不断寻求更好的解决方案，并且不断加强和其他人在情感上的联系，建立支持系统，向其他人敞开自我，展示解决问题的能力。通常由于家庭或朋友的支持，再加上自己努力寻求解决问题的办法，最终症状得到缓解，从而走向健康和成熟。

（六）积极行动

只有采取与我们的价值相一致的行动，生活才会变得丰富、充实、有意义。有效的行动主要体现在以下三方面：一是与价值相一致的行动。如果你渴望拥有良好的人际关系，那么选修一些与人际交往有关的课程或者参加一些联谊会就是有价值的行动，而不停的抱怨则于事无补。二是如果之前某项行动曾经有效，就多做一些。例如，我每次工作两小时，就会到户外呼吸新鲜空气，或者闭目养神三分钟，这种良好的习惯可以让我迅速获得心灵的平静。三是小步子迈进，以引发大的改变。大多数人都认为一个重大、严重和复杂的问题，需要长时间且巨大的改变才能解决。这种信念会让我们感到压力很大。但是，不要忘了小雪球滚下山坡后,会形成巨大的雪球。所以,最可贵的就是开始一小步。

技巧分享

心理健康教育就是为了促进学生心理素质的提高。具体说，心理健康教育有两种目标，首先是预防各种心理和行为问题，针对有心理行为问题的学生进行心理调适；其次是积极的也是更重要的目标，就是促进每个学生最大限度地发展自己。因此，心理健康教育的对象是全体学生。具体来说有以下几个目标：

●自我心理调适

不言自明，学会自我调适是学校心理健康教育的基本目的。过去，许多人拒绝不快乐的情绪，直到有一天理解不快乐是情绪的重要组成部分，不快乐也会带给我们益处，从此学会接纳了不快乐。是的，快乐的人也会把快乐给予别人，把好的情绪与人分享。而不快乐的人则把好的情绪压制在内心，不愿拿出来分享。一个不快乐的潜意识用“我不开心，我需要关心”渴求更多的关爱，同时用“我正烦着呢”让不喜欢自己的人离自己远点。所以，快乐的人点亮自己也让身边人开心，但恰到好处的不快乐可以控制局面。当我们真正的懂得了心理健康知识，我们就能消除心理冲突，增强“控制”自我的能力。

●增强自主感

自主感是一个人最珍贵的心理品质，有不少的学生由于内心的主观自由被蒙蔽，有时被焦虑、妄想所控制而失去自我，或被角色面具所限制，从而不能主宰自己。设想一旦获得某种心灵上的自由，就可能清楚怎样才能过自己想要的生活。通过心理健康教育可以让你更好地了解自己的行为：哦，原来我这么做是有一定的原因！一旦明白行为背后的深意时，就会增强自我感。

●**增强意识**

意识就像手电筒里的光，我们把光束照到哪里，哪里就能在黑暗中被看见。有心理困扰的学生，他们的光束常指向问题，其余都在一片漆黑之中。正如一个刚刚和父母产生冲突的学生，认定被父母责骂是令人伤心的。当心理健康理论让我们懂得“批评，是无法言说的爱”之后，手电筒的光束照得更宽了，看到父母冲突的背后，是父母对子女的爱。一旦增强了意识，看到了“问题”另外一面，也就释然了。

●**提升自信心**

信心是采取小步行动去改变的先决条件：如果你相信自己，你就能够尝试新的和不同的选择。每个人都是有能力和资源的，关键是我们能否意识到自己的这些资源，并能够很好地利用它们。可以这么说，自信心是使用资源的钥匙，是健康的基石。一旦心理健康教育让你懂得如何降低期待，小步迈进，我们就能重新发现自己的潜能，并使你坚定地朝着目标迈出坚实的步伐。

●**建立健康生活方式**

生活方式是指人们在日常生活中遵循的行为规范，即习惯化了的生活方式。健康的心理与健康的身体密不可分。对学生而言，健康的生活方式包括：

一是合理作息，起居有常，早睡早起，充足睡眠；

二是平衡膳食，坚持吃早餐；体重保持正常水平；

三是科学用脑，实行时间管理，提高学习效率；劳逸结合，有张有弛，避免用脑过度；

四是积极休闲，选择文明高雅的休闲娱乐方式，愉悦身心；

五是适量运动，积极参加体育锻炼，不吸烟，不喝酒。

学生不文明的生活方式有网络沉溺、暴饮暴食、节食瘦身、晚睡晚起，饮食不规律、不从事体育运动、抽烟酗酒、做危险动作等。

●投身社会实践

积极主动地参加各类社会实践活动，并在活动中全面提高自身素质，通过群体交往活动，理解人与人之间的关系，体验友谊与沟通的快乐，开阔视野，并寻找广泛的社会支持。当面临挫折与压力时，广泛宽厚的社会支持会帮助我们走出沼泽地，走向开满鲜花的岁月。

●培养认知能力

其实人类的情绪决定于人的认知。试举一例，如果一天你来听我讲课，两个小时很快就过去了，然后是20分钟的休息，休息过后，你刚坐下，我就因为一些很细微的、没什么意义的事情指责你，对你大发脾气，越骂越凶。这个时候，如果你内心冒出一股怒火，是很自然的吧？可是，假如你在休息期间，朋友给你发来一个短信，原来老师是刚从精神病院出来，你的情绪反应恐怕不会那么强烈吧。

●调整期望水平

谈到期望值，想起一个脑筋急转弯的故事：一辆装满货物的大卡车要通过一个桥洞时，因货物高出桥洞几厘米而无法通过。请问在不卸货的情况下，怎样才能使卡车顺利通过桥洞？答案很明显，给汽车轮胎放点气，让汽车矮下几厘米，不就通过了。对学业，对人生，我们的期望是不是太高了？你也该放点气，让幸福这辆车平稳地通过。

自我训练

心情不佳时的心理处方

→当你觉得——没有自信，总觉得不如人

你应该这么做——

○停止批评和责难自己。要对自己温柔点，停止猛烈的批评，是建立自信的第一步。

○学习积极正面的自我对话。写一张自己的履历表，把所有的优点都列上去，每周浏览一次，作为自我对话的脚本，在忍不住要责骂自己之前，先想想看自己还有哪些优点，没有想象中的糟。

○每天问自己两个问题：我的人生有什么是好的？还有什么事可以做？从这两个问题启发自己更有创意的对话，找到自己的价值，才能更肯定自我。

○停止和别人比较，珍惜自己所拥有的。我们永远不会像自己想象的这么幸福，也不会像自己想的这么不幸。

→当你觉得——挫折倒霉，负面念头萦绕于心

我可以这么想——

○多看看坏事的光明面。心理学研究表明，运气是一种心境、思考和行为模式，一个人的态度或想法会决定他是否有好运。“这不幸的事是否真的那么重要？”“想一想还有比自己更倒霉的人”，这些都足以让自己对目前的境况释怀。

○别自怨自艾。其实，再幸运的人也会碰到挫折，他们也会哭泣，但最重要的是，他们会快快把烂事或厄运抛诸脑后。做些事分散注意力，像是上健身房运动流汗，看个搞笑的电影，或花20分钟想曾经发生在自己身上的好事，回忆一下，给自己正面的感觉。

○用建设性的方法来解决问题。最重要的是，专心解决问题，而不是沉溺在问题中。

→当你觉得——伤心难过时

你可以这么做——

○开怀大笑。愈来愈多的科学研究证实，笑能改善郁闷的心情。即使是强迫的，也有同样的效果。

○快走或跳个有氧舞蹈。科学家早就发现，运动能舒缓压力，改善心情，因为它能刺激神经传导物质的分泌。

○找朋友聊聊天。孤立的人容易郁闷痛苦，许多专家都建议，心情低潮时，一定要有朋友在旁边。研究则进一步指出，不只是找到支持的力量，还要有归属感，要找那种可信任、可依赖的朋友。

【做一做】请写上你的感悟与收获：

____

____

互动拓展

心灵进化

人类的出现本身就是适应环境的结果，达尔文的进化论同学们都知道，下面我们就来体会一下进化的乐趣。

“我们抽象出五个进化的阶段：蛋、爬行动物、猴子、类人猿、人，用五种肢体姿态分别代表五个阶段，蹲下，低头，双手抱住脚踝表示蛋；四肢着地表示爬行动物；弯腰，上臂可以在身体下方自由活动表示猴子；弯腰，上臂高举过头顶自由活动表示类人猿，最后什么才是人样我就不说了。”

同学们忍不住笑了起来，同学们跟着主持人一一练习了一遍五个进化阶段的肢体表示。

“接下来，我们就要进行优胜劣汰的进化了，同类之间必须通过猜拳竞争，胜者进化进入下一阶段，败者退化到前一阶段。然后再找同类猜拳竞争，直到成功进化到人为止。”

游戏开始了，场上顿时像开了锅似的，有的同学很顺利，很快进化到了人，可大部分同学经历了波折的进化过程，经常是好不容易进化到类人猿却又连连失利再一次退化回蛋，一切重新开始，如此这般反反复复，争来争去，最后剩下了四个同学，分别代表蛋、爬行动物、猴子和类人猿，没有竞争也就不能进化了，“不幸”的这四位同学还被要求表演了节目。

故事链接

不与问题较劲

心理专家在课堂上讲解心理健康，他拿起讲台上的一本书说，我希望你们能想象一下，这本书是已经挣扎了许久的痛苦的想法、感受和情绪。接下来我请一个同学上来，抓紧它，不要让我把它从你的手中拿走。

现在，我希望你举着这本书遮住自己的脸，直到你再也看不到我。现在你完全陷入自己的想法和感受时，与我谈话是什么样的？

学生说：“非常困难。”

心理专家接着问：“你还可以像以前一样正常的生活吗？”

学生说：“做不到。”

心理专家说：“等下你要做的就是把这本书推给我，我也会给你推回去。体会这种感觉就可以了，但不要太用力，以免摔倒。”

两人开始来回推拉。

心理专家问：“假如我们一直这样来回推拉，你的感觉如何？”

学生回答：“这样很累，也没有办法做其他的事。”

心理专家说：“假如你把这本书放在桌子上，如何？”

学生说：“那就可以自如地做其他的事了。”

第四讲

助人互助

携手共创心和谐

“谁是最需要心理帮助的人？”这是这个时代对每一个人提出的疑问。其实人人都需要心理健康教育，除了少数感到焦虑的人，还包括许多表面极为正常的人。

心理导航

【心理互动】

同学们围成人数相等的内外两个圈，内外圈的人两两面对面。

老师喊“手势”，成员伸出手指，伸出 2 个手指表示“我愿意初步认识你，并和你做个点头之交的朋友”；伸出 3 个手指表示“我很高兴认识你，并想对你有进一步的了解，和你做个普通朋友”；伸出 4 个手指表示“我很喜欢你，很想和你做好朋友，与你一起分享快乐和痛苦”。

【分享与成长】

（1）刚才自己做了几个动作？握手和拥抱的亲密动作各完成了几个？为什么能完成这么多（或为什么只完成了这么少）的亲密动作？

（2）当你看到别人伸出的手指比你多时，你心中的感觉是怎样的？当你伸出的手指比别人多时，心里的感觉又是怎样的？

理论解析

一、助人自助的基本原则

（一）防止过度卷入，做好自我照料

网上有一个提问：“如果有人掉进水里，周围只有你一人，而你又不会游泳，该不该跳下去？”许多网友说：“不该跳。因为你不会游泳，若是跳了，你不但救不了他，而且你也会自身难保。最好一边报警求救，一边想尽办法，寻觅周围是否有可放在水中可漂浮物体，扔给溺水者使他抓住并拉其上岸。”

情同此理，作为学生，首先要做的就是保护好自己，只有保护好自己才能更好地助人。

在四川汶川地震中，有许多热心的心理志愿者奔赴灾区，到了灾区以后发现现实的灾难比想象中的要复杂得多，充满了无助感，甚至有的志愿者内心深处的创伤被激发出来，不但无法起到很好的心理援助作用，甚至为灾后救援添加了不必要的麻烦。当时在四川灾区流行一句话“防火防盗防干预”，尽管这话说得有些片面和偏激，但也提醒那些热心的心理志愿者们要防止因为过度卷入造成对自己的伤害。

（二）要了解自己的局限

要懂得自我保护，同时还要认识到自己能力是有限的。在现实中，不乏有心理咨询师对他人微笑，却对家人咆哮；帮他人指点迷津，自己却身陷囹圄、无法自拔。每每想到此，心中升起一丝痛楚。

我们只是普通人，助人之余，为何成为伤痕累累的救助者？要做了自己力所能及的事情。我们要知道心理助人不是万能的，仅通过一次谈话也不可能解决对方的所有伤痛，我们能做的就是在自身的能力范围内，尽量去提供帮助。

需要注意的是，我们的内心也会有自己的恐惧和焦虑，因此要有足够的觉知，警惕它无意识地蔓延。心理工作看起来非常迷人，像是在灯光摇曳下感受一颗心与另一颗心交流的幸福。但实际上，心理助人是一项艰难的工作，不仅需要强大的心理支撑，更需要有很好的专业背景。

（三）要尊重专业的边界

我们心理援助志愿者懂得保护自己，尊重专业的边界。专业的事情需要由专业的人士来做，对于心理疾病及自杀自伤的潜在风险者，应及时推荐对方进行专业的治疗和专业的心理干预。

为什么呢？因为从健康到心理疾病是一个连续的变量，心理援助志愿者主要的工作就是陪伴、倾听、理解及提供心理的支持。对于心理治疗，那是专业心理医生的工作。危机事件后，人们可能面临很多问题。当你不能帮助他们解决所有问题时，你可能会有挫败感。

（四）要懂得情绪的管理

现代医学证明，焦虑、恐惧、愤怒等消极情绪同样具有感染性，会给他人带来心理压力，会削弱旁人的免疫系统，从而降低人的抵抗力。助人更要懂得情绪上自我保健。要学会找到放松和娱乐自己的方法，安排好充分的休息和娱乐，每天要排好日程，还要保障睡眠，让自己的头脑能够更清醒。总的说来，既要做好自己的工作，还要很好地进行自我保护，这样才能使个人的能量最大限度地发挥。

二、心理自助与互助相结合

当我们经历了突发事件以后，内心的平衡被打破而失衡，从而表现出紧张和担心。由于人有一种自我修复的能力或者本能，我们所有人应该理解这一点。有人说："我感觉生活全都崩塌了，不知道活下去还有什么意义？"在确保安全的情况激发对方心理自助的动力，同时可以试探性问他："在这么难的情况下，主动寻求帮助，是怎么做到的？"通过关注**对方已有的资源及能力，可以强化自助的能力**。

（一）要关注已有的能力和资源

通过这些类似的问句激发对方内在的能量及希望感。"看起来的确非常艰难，在这么艰难的日子里，你是怎么撑过来的，谁给了你有效的支持？""在这么痛苦的情境下，你是怎么做到自我照顾的？"

如此回复问句会有力地给予对方支持，让对方感到在危机中仍没有完全被淹没。即使生命非常艰难，但还是坚持了下来。这就像一个人走在黑暗的隧道里看见那一束光芒，足以给来访者最有力的支撑。

（二）关注此时此地，立足具体行动

我们处于痛苦之中，要充分觉察此时此地的状态。比如，你说你心情非常糟糕，但你怎么做到交流时还能表达清晰？通过交流，可以有效引导对方将注意从困难情景转移到自身状态上，从而找到有利于心理复原的动力。

（三）要激发为生命负责的意识

要努力克制自己不要做一个领路人，而是要做一个陪伴者。不是成为对方的拐杖，相反，要减少依赖外界的帮助，慢慢帮他拿掉拐杖，让他对自己的生命负责。因为只有他本人是他自己问题的专家。可以问他“什么时候这种感觉会好一点点？”这种问话是强调对方是具有自我治愈能力的个体，他才是真正解决问题的专家。

（四）要看到解决问题的多样性

一个人在心情抑郁、焦虑时寻求心理帮助自然是一个不错的选择。更重要的是，要激活现有的资源，让他看到解决问题的可能性。“如果你最好的朋友在，他会给你什么建议？”这会打开一种新的视角，看到解决问题多种可能性，这样的对话自然就能引导来访者用**开放理性视野看待当下，用多向度的眼光来看待当前的困境**。

三、遵循实际困难优先解决的原则

为何要遵循实际困难优先解决的原则？需求层次理论的基本内容是将人的需求从低到高依次分为生理需求、安全需求、社交需求、尊重需求和自我实现需求。最低一层次的需求就是生理需求，其次才是安全需求。根据基本需要理论，当人员伤亡及人身安全受到威胁时，个体的心理防御机制会显得苍白无力，由既往经历所建立起来的心理支柱无法支撑如此大的压力，作为助人者应该第一时间协助对方解决现实困难，这不仅符合心理学理论根据，而且是极为人性化的心理援助。

（一）要急人所急，协助解决实际困难

就像落水中的人，他们此刻需要的不是心理上的安抚，而是如何把他救上岸。确保生命安全，永远是第一位的。在疫情发展区，居委会大妈及普通志愿者的热心助人，解决实际困难所传递出的温暖和爱，具有很好的心理疗愈作用。

（二）要给予当事人安全感

为了确保当事人心理安全，应协助当事人尽快恢复正常的生活秩序，增强心理的掌控感，一旦能掌控正常的生活状态，心理就会拥有足够的安全感和归属感，心理障碍也会随之消失或缓解。

（三）要分级分类实施心理疏导

需要加强心理健康的科普知识宣传，增强对心理问题的科学认知，积极做好个人心理防护。针对“生理困难生,家庭困难生,学业困难生,就业困难生,经济困难生”进行有针对性的心理疏导和具体帮扶。

四、要重视双方关系的建立

关系为什么这么重要？我们总是在小心翼翼地探索来访者的安全心理领域，直到确认安全，才会打开心门诉说。倾听不只是倾听，而是配合来访者的声调、感情和用语，进入来访者的世界做积极的行动引导。更重要的是，志愿者应邀请来访做进一步的改变，并协助对方搜寻并创造新的意义，产生新的想法与行为。

（一）要呵护自尊

他为何这么敏感，动辄动怒生气，他的自尊是建立在什么基础之上？许多人对心理辅导一直讳莫如深，直到对心理咨询师产生足够的信任，才会坦

诚相待。因此，在心理援助过程中，应学会解决系统问题中最容易解决的一个问题，让来访者的自尊心得到满足，才能产生足够自信。

（二）要关注问题背后的人

有人会带着很强的羞耻感、病耻感及自罪感，这是一个精神和观念的双重锁链。事实上，问题并不等同于人本身，这时可以通过隐喻等方式让来访者明白这一点。比如用一张纸，问来访者“这能写字吗？”“能”；然后在纸上扎了一个洞，继续问他“还能写字吗？”得到他的肯定答复后，他也会明白，问题还是问题，而**问题不等同这个人**。帮他们从忧郁和焦虑中解脱出来，增强自主感极为重要。

（三）要避免贴负面标签

心理学理论是灌木丛理论，有精神分析、行为主义、人本主义等，所持的理论不同，得出的结论也会不同。

一个人在疫情之后，出现了厌食反应。从精神分析来看，可能是激发童年创伤体验。从行为主义角度分析，这是不良行为刺激强化的结果。从人本主义分析，可能是自尊心没有得到满足的结果。不同的咨询师，就会有不同的分析路径。他们错了吗？没错。他们对了吗？他们又没有全对。我们要**避免贴上负面标签，要将焦点从理论转向关注当事人**。

（四）要重视人性的温暖

好的心理援助，不会让来访者改变他自己，一旦要改变，就会令人恐惧；而是和来访者建立一种关系，一种温暖的关系。温暖也会促使人发生改变，正如北风越吹，路上行人的外衣裹得越紧；而太阳暖暖地一照，行人自己就把大衣脱了。所以**越指责和强求，人们越不愿意改变**。

五、要重视普遍性与一般性的原则

人有一种基本的归属感需求，这是一种内在的驱力，促使自己归属于某一群体或情境，从而对客体产生一致的认知和行为，当不一致时，人们会出现不适感，进而试图去减少它，减少失谐的心理机制。

一位来访者，感到十分恐慌，在电话里表示："经常感受到心跳加快，晚上无法入睡，真的害怕自己会死掉。"当他向咨询师诉说这些症状时，我们能感受到他内心的恐慌以及对生的渴望。接下来，真诚地和他进行分享："假如我是你的话，我也会有这些的感受，甚至还有可能不如你。"来访者非常好奇，问了心理志愿者很多问题，终于明白出现这种心理及情绪是普遍的正常反应，不是他一个人独有的。

心理志愿者遇到同样的问题，也会有同样的情绪反应，但仍有能力帮助来访者。承认自己的瑕疵，但仍保持着自尊，这对来访者来说是一种全新的体验，会促使来访者接纳自己进而坦然自若地接受现实。

（一）要多用暂时性的语言

有人在焦虑时，思维就会进入负面思维漩涡，也就是心理学所说的"灾难化思维"，一切都往最坏处想。我们要把这种暂时性的观念传递给我们来访者，尽管困难的突然到来的确令我们猝不及防，我们所有人都会有焦虑恐慌的情绪，作为普通人，要相信被扰乱的生活只是暂时的。

（二）要强调普通的情绪反应

所有这些危机的情绪，我们第一反应肯定是恐惧。恐惧调动我们身体的力量，产生一种警觉的信号，这种警觉信号又会让我们产生一些斗争、逃避等行为的冲动。在这个过程中间我们会做一些判断——这个事情能够解决还是不能够解决？所以焦虑的情绪随之而生。向来访者普及一般性的心理知识，了解普通人都有的反应，他就不会放大自己的孤独感。

（三）从因果关系中促进一般性

因为遭受严重的伤害，所以出现这种反应是正常的。许多人有类似这样的困惑，当我们向他解释因果关系时，可以给予很深的安慰。

六、化解消极因素转向积极关注

危机既是危险，也是成长的机会。后现代心理学家提出，当我们将注意力放在哪，意识就会被增强。意识像手电筒的光，我们看到危险时，内心就会充满了恐慌，一旦转向机会，就会迎来生机和希望。

（一）从消极中找到正向的意义

在实际工作中，可以经常使用“虽然……但是”的基本思维，比如，“虽然你说一直处于恐慌之中，但从这一点可以看出，你对健康十分关注”。这可以把来访者从负性情绪的关注，转向积极的觉知。尽管这是一种负性情绪，却转向正向积极的方向，看到负性情绪背后的动机与目的。

（二）要淡化消极事情，肯定动机

一位来访者十分自责，可以说：“我不确定你真正动机是什么，但我确定你一定希望自己和家人健健康康。”这种有力的肯定，可以给予当事人支持。

（三）要指出事情不会一直这么糟

用“至少……起码”类似这样的语句，可以协助来访者看到消极事件中正向的价值。“目前的确受了影响，但起码你们到目前为止，身体都是健康的。”

（四）透过情绪寻找正向的动机

“从你们争吵看得出来，你还是非常关心父母的健康。”透过亲人之间表面的摩擦，看到争吵背后彼此的关心。心理学认为，亲人之间的批评是一种无法言说的爱。

（五）要相信良善的动机

任何事情的发生都会有一个重要的理由，只是做法不同而已。我们可能会在慌乱和恐惧的驱使下做出一些盲目冲动的行为。我们可以这样给予支持，

"之所以这么冲动，一定有一个重要的理由。"这可以让他看到冲动背后良善的动机。

七、重视心理知识普及的原则

就像一个人走进一个漆黑的屋子里，内心肯定会有恐惧，当了解屋子里的摆设，就会多一份安全感。俗话说："知识就是力量。"无知的状态，最容易导致恐慌心理。可见，作为心理援助志愿者要加强科普知识的宣传。一旦我们拥有了相关的专业知识，就可以增强自我掌握感。

（一）整体提高心理技能

教会大家游泳，让所有人掌握游泳的技能，即使掉进水中也不会溺水。这生动形象地提示了心理健康知识宣传及心理技能传播的重要性。

（二）拓展解决问题的路径

通过心理健康知识的宣传，可以拓展解决问题的思路，让人在绝境中看到希望，在困难里寻找到解决问题的办法。

（三）要让更多人正视心理问题

目前，许多人依然没有意识到心理障碍的存在，同时对心理问题也存在许多错误的认识，最主要的原因是缺乏心理健康知识，没有认识到自己的心理问题。许多人认为看心理医生是见不得人的事，因而有心理障碍的人往往被另眼相待，这就导致了许多人错过了心理援助的关键期。

八、注重资源取向辅导原则

（一）要在生活经验里寻找资源

每一件事情背后总会有深意，在绝望中总会有一丝光亮。作为助人者，要有一双善于发现资源的眼睛，促使对方利用自己有效的资源去帮助自己，甚至可以帮助他人来重建生活。**资源会带给人们动力，产生积极的改变**。

（二）要关注微小的进步

在已有的生活中做了一点改变，这个改变必然会引起更大的改变。

（三）要在过去成功经验里寻找资源

我们可以从过去当中寻找资源、经验、能力和优势，从而增强自我效能感，以提升自己实现目标的动机水平和行动力。比如有人说："我最近情绪状态很不好。"这句话有一个潜在的意义，就是过去的情绪还是不错的。

（四）寻找困难应对模式

人在危急状态下，原来的心理应对模式失效了，无法应对现有的困难。心理援助志愿者需要和来访者共同探讨一种新的解决问题的方式。比如，一个人遭受挫折后，把自己封闭起来。可以试着与他交流："假如，你去做一些力所能及的事，会有什么不同？"通过鼓励当事人去做一些新的尝试，或许会促使对方带来一些正向的改变。

技巧分享

心理互助是一门专业的技能，要让每一位同学都成为自己的心理咨询师，不是一件容易的事，需要从理念和方法上不断进行训练。

学会懂得照顾自己

"花香蝶自来。"心理学中有一句话，你能走多远，你就能带领着你的学生走多远。作为一名教师，当我们有更好的状态，既可给学生传递更多正能量，同时也能够让学生从中获得心灵的感悟，我们要像老师一样照顾好自己。是的，心理咨询最好的方法，就是让来访者感觉他在帮助他自己。

要重视师生关系

我们有一句俗话：**有关系就是没关系，没关系就是有关系**。我记得 2008 年，在汶川做心理援助的时候。我完全放弃了自己的专业，就是和灾民聊天、拉家常，甚至和小朋友一起做游戏。人家信任我们了，辅导就自然而然进行得很顺利。教师要成为学生的心理咨询师，就要放下教师的角色，和学生打成一片。从心理角度来说，学生在生活中遇到的挫折会激发早年创伤的感受，良好的师生关系可以形成较好的支持系统。

要了解心理需求

比方说，一个老奶奶在马路边，如果对方不想过马路，我们以为她要过马路，强行把对方拉过去。老奶奶自然会很愤怒，我们也会很辛苦。教师要成为学生的心理咨询师，就要个性化了解学生的心理需求，有针对性做好学生心理工作。当我们深刻理解学生心理需求后，我们就能迅速得到学生的积极回应。如安慰一个哭泣的学生，最好的方式不是说“不要哭”，而是说“你一定很痛苦吧，想哭就哭吧”。

要尊重现有的状态

一个做事很谨慎、性格内向的人，当咨询师建议他要外向些，这会让他陷入更为焦灼的状态，聪明的咨询师会欣赏他的谨慎及内向，并处处表现出好奇和欣赏，这是一种无条件的尊重。

要学会换位思考

换位思考是一种共情。**有人用嘴说话，有人用心说话，有人用身体说话**。用嘴是讲道理，用心是共情，用身体是影响力，可以试着在与学生谈话时，学会清空自己的状态，将自己的呼吸调整到与学生一致，与对方的情绪产生共振。对方无论是悲伤，还是失望，我们都能准确地感受到。要做到这一点，需要反复训练，增强对学生情绪的感受力，以提升聆听及共情的能力。

要有正向激发的技术

咨询师要学会正向激发学生内在的能量。“你是怎么做到的？”他就教了我一些技巧，半个小时，与其说是咨询师帮助学生，不如说是学生帮助了咨询师，这就是助人自助的正向激发技术。

使用小步进展技术

一小步技术，是正向积极的解决学生问题的方法。如同爬楼梯一般，优先启动哪一项工作才能激发更多的资源？优先观会给予我们突破的契机。一小步从技术上来讲，就是量尺问句，也是解决问题的一种技巧。量尺问句不但看起来很简单（因为连儿童都喜欢打分数），还可以通过这样的问句，将抽象概念转为具体化的问句。

使用建构技术

因为人类主观世界最客观的规律就是：**主观世界是可以建构的**。换句话说，人的潜力是无穷大的，人的潜力被我们压抑、限制了。并不只是我们眼中所看到的世界，所认识到的世界，世界还可以是另外一个样，只要你愿意打开视野，换个视角，调个频道，只要善于主动建构。

在助人中获得幸福

心理学不是玄学，学习之后一定要积极运用，要去传播和帮助他人，在帮助他人中获得幸福的体验。带着助人的心态去工作，这就是一种积极愉快的情绪。我们回想一下曾经在公交车让座给老人的美好体验，我们会体验到被人需要的幸福。

自我训练

设想自己处在儿童的时期，与他人配对并轮流完成下面未完成语句，讨论并回答“你从对方眼神中察觉到了什么”“他是怎样一个人”“你是怎样一个人”“与现在相比，你有什么不同”“你对他的双亲有什么看法”等问题。

● 我妈妈是……
● 我爸爸是……
● 我希望我爸爸会……
● 我妈妈告诉我，我是……
● 我最喜欢与父母一起做的事情是……
● 我爸爸是……

分享的喜悦是加倍的，分担的痛苦是减半的。

【做一做】请写上你的感悟与收获：

____

____

互动拓展

信任之旅

老师事先选择好盲行路线，路线最好要有阻碍，如上楼、下坡、拐弯、室内室外结合等。每人准备蒙眼睛用的毛巾或头巾。

团体成员两人一组，一位做盲人，一位是帮助者。“盲人”蒙上眼睛，原地转三圈，暂时失去方向感，然后在帮助者的搀扶下，沿着指导者选定的路线，带领“盲人”绕室内外活动。其间不能讲话，只能用语言、动作帮助“盲人”体验各种感觉。活动结束后两人坐下交流当“盲人”的感觉以及帮助别人的感觉，并在团体内交流。然后互换角色，再来一遍，再互相交流。

故事链接

我是你的蘑菇

有一个精神病人，以为自己是一只蘑菇。于是他每天都撑着一把伞蹲在房间的墙角里，不吃也不喝，像一只真正的蘑菇一样。

心理医生想了一个办法。有一天，心理医生也撑了一把伞，蹲在了病人的旁边。病人很奇怪地问：你是谁呀？医生回答：我也是一只蘑菇呀。病人点点头，继续做他的蘑菇。

过了一会儿，医生站了起来，在房间里走来走去。病人就问他：你不是蘑菇吗，怎么可以走来走去？医生回答说：蘑菇当然可以走来走去啦！病人觉得有道理，就也站起来走动。

又过了一会儿，医生拿出食物开始吃。病人又问：你不是蘑菇吗，怎么可以吃东西？医生理直气壮地回答：蘑菇当然也可以吃东西啦。病人觉得很对，于是也开始吃东西……

几个星期以后，这个病人已经可以像正常人一样生活了。虽然，他还是觉得自己是一只蘑菇。

其实，一个人可以带着过去的创伤继续生活。只要他把悲伤放在心底的一个圈里，不要让苦痛浸染了他整个生命，他就可以像正常人一样快乐地生活。

当一个人悲伤到难以自持的时候，也许，他不需要太多的劝解、安慰、训诫和指明。他需要的，只是能有一个人在他身边蹲下来，陪他做一只蘑菇。

我可以蹲下来，陪你做一只蘑菇。我愿意分担你的不快乐，只想当你的世界下雨时为你撑起的一把伞。请你不要封闭自己的心，一个人承受那么多。你知道的，只要你睁开眼，你从来都不会是一个人。

我是你的蘑菇。

第五讲

自我意识

成为独特的自我

值得庆幸的是，即使我们对心理学一无所知，也能成为一个幸福的人。心理健康教育最重要的任务：让我们成为自己，成为更好的自己。让我们一起坚信，接纳是对自己最大的温柔，不打击自尊心才能优雅地成长！

心理导航

【心理互动】

老师让每位同学画出自己。可以有标题，也可以无标题。若有标题，如：生活中的我、我的梦等。无标题则让成员自由发挥，可以用任何形式来画出自己，抽象的、形象的、写实的、虚构的、动物或者植物等等都可以。总之，把自己心目中的最能代表自己的东西画出来。这种方法可以使成员发现隐藏在潜意识层面的自我，不知不觉中对自己作出评估和内省。画完后挂在墙上开“画展”，让团体成员自由观看他人的画，不加评论。欣赏完毕，请每一位同学对自己的画做出解释并答疑。

【分享与成长】

自画像用非语言的方法将画者的内心投射出来，是一种独特的自我探索、自我分析、自我展示的方法。通过团体内的交流，可以促进成员深化自我认识，加深对他人的认识和理解。

理论解析

一、现实中的自我

（一）伤痕实验

科研人员进行过一项有趣的心理学实验，名曰“伤痕实验”。他们向参与其中的志愿者宣称，该实验旨在观察人们对身体有缺陷的陌生人作何反应，尤其是面部有伤痕的人。

每位志愿者都被安排在没有镜子的小房间里，由专业化妆师在其左脸做出一道血肉模糊、触目惊心的伤痕。志愿者被允许用一面小镜子照照化妆的效果后，镜子就被拿走了。关键的是最后一步，化妆师表示需要在伤痕表面再涂一层粉末，以防止它被不小心擦掉。实际上，化妆师用纸巾偷偷抹掉了化妆的痕迹。对此毫不知情的志愿者，被派往各医院的候诊室，他们的任务就是观察人们对其面部伤痕的反应。规定的时间到了，返回的志愿者竟无一例外地叙述了相同的感受——人们对他们比以往粗鲁无礼、不友好，而且总是盯着他们的脸看！ 可实际上，他们的脸上什么也没有，与往常并无二致；他们之所以得出那样的结论，看来是错误的自我认知影响了他们的判断。这真是一个发人深省的实验。

你的内心，塑造了外在世界。一个人内心怎样看待自己，在外界就能感受到怎样的眼光。当我们觉得自己面目可憎，我们就会认为别人也是这么认为的；当我们觉得自己有缺陷，我们就会认为别人也会非常在意我们的缺陷。同时，这个实验也从一个侧面验证了一句西方格言：**“别人是以你看待自己的方式看待你。”**

（二）自我价值感

自我价值作为人格的最高层面，反映“我是一个怎样的人，我有一个怎样的人生？”自我价值的表层就是角色，就如一个人生活中的多个角色，其实这都是个体自我价值的反射面。

真正有足够自信的人，并不是那些处处显出力量的人，就像一个需要拿着刀走路的人，胆子大不到哪里去。真正有足够自信的人，是无论与什么人相处，对方都会感到自然，得到他的尊重，同时对方也会觉得应该给这个人足够的尊重。

以下的比喻可以简单地解释一个人的自我价值与他种种行为的关系：

一个心理健康的人会有一百分的自我价值，内心占八十分，外表占二十分。因为外表的自我价值占二十分，所以就算自信十足的人，仍会想穿得好看一点，希望有人赞美他。

一个在成长过程中未能建立出充分的自我价值的人，例如，内心只有三十分的人，他可能会有三种心态：第一种是认为不能让别人知道他内心只有三十分，因此不惜一切代价去维持“我也有八十分”的假象。在生活中，表现出事事争强好胜，注重面子，故意做炫耀力量的事，与代表权力的人作对，或者故意违反规定，固执己见，任性妄为。这就不难明白，自负是自卑的反弹。人们常对自吹自擂的人侧目而视唯恐躲避不及，事实上，他们借自负来掩盖内心深处的自卑。第二种是知道自己不如人，表现出固执，不肯认错（分数太少，不能再减），害怕承担责任。第三种是有攻击性行为的人，到处批评他人，希望借此使他人减分，最终和自己同等。自我价值不足的人,会用种种方法去寻找增加外表的分数。例如，一个内心有自卑感的贫困同学，反而常常在衣着服饰方面比其同学更胜一筹，这些表现，对于我们了解他人的自我价值很有帮助。

如何提升自我价值感？心理学家认为，自我暗示是建立自信、提升价值的最直接最有效的方法之一。所谓自我暗示是指人或环境以不明显的方式向个体发送某种信息，个体无意识地接受了这些信息的影响并作出相应行动的心理现象。它是一种被主观意愿肯定了的假设，不一定有根据，但由于主观上已肯定了它的存在，心理上便竭力趋向这项内容。

（三）暗示与自我意识

有一个人走进了冷藏间，被无意关在里头了，起初他并不介意，也并未感到寒冷，后来当他抬头看到“冷冻”二字时，顿时心理紧张起来，一种死亡的威胁笼罩在他的心头。他越想越怕，越想越冷，最后蜷缩成一团，在惊恐中死去。其实车间的冷冻机并未打开，寒气远不能置人于死地。他完全是由于自我暗示的作用，因恐惧而导致肾上腺素急剧分泌，心血管发生障碍，心机能坏死而死亡。

这是因为人的自我暗示在起作用。相反，“我心如我愿。”通过自我暗示和自我肯定就可以逐步达到自我实现与超越。人们可能通过改变自己的内心世界来改变他们的外在世界。把视野拓宽或换一个角度来看自己，你会发现一个全新的自我。

二、自我心理发展

精神分析理论把生物冲动提高到突出的位置，是其对科学的一大贡献，尤其是幼儿期分析心理发展的一般特点，有一定科学性。但其理论是建立在对成年人的研究基础之上，并没有直接观察儿童，而是要求病人回答幼年的经历，从而作出推测，而这些回忆是片段的，甚至是歪曲的，因此精神分析理论科学性略显不足。

（一）口唇期（0–1 岁）

吮吸使婴儿不仅获得了食物和营养，也会令他产生快感，因此口唇期是婴儿产生快感最集中的区域。如果不能及时给婴儿喂奶，或过早断奶，其力比多就会固着在口唇区，长大后也会出现如咬指甲、烟瘾、贪吃等口唇期固着行为。在人格上表现出攻击性。如成年男性吸烟、酗酒及女性暴饮暴食都是口唇期没有得到满足的象征。

（二）肛门期（1–3 岁）

儿童的力比多集中到肛门区，从排便和控制排便中获得快感，此时父母也开始对儿童进行大小便训练。如果家长对儿童的大小便训练过于严厉，其发展就会固着在肛门期，且成年也会过分清洁，对人吝啬或固执地执行预定的时间表和路线图；如果家长没有什么要求，儿童成年后就会不爱整洁或挥霍。

（三）前生殖器期（3–6 岁）

在此阶段的儿童会出现心理性欲发展中的一个重要事件，即对双亲中的异性一方产生依恋，而把双亲中同性的一方看作竞争对手，产生攻击欲望。其中男孩对母亲的性依恋称作恋母情结，也叫俄狄浦斯情结。女孩对父亲的性依恋叫作恋父情结，也叫埃勒克特拉情结。儿童最终会通过认同双亲中的同性一方，克服这种焦虑。家庭中缺少或更多的获得父爱或母爱，这种情结就会一直存在下去。这一时期，产生超我。

（四）潜伏期（6–11 岁）

经过前生殖器期，力比多潜伏了下来，由于道德感、美感、羞耻心等心理力量的发展，这些力量与儿童时毫无掩饰的性冲动是对立的，这一时期的性冲动暂时停止活动，儿童中止对异性的兴趣，倾向于与同性交往，男女界限已很清晰。如在这一时间遇到不良引诱容易产生性偏离。

（五）青春期（11/12– ）

在潜伏期，被压抑的性能量在身体中重新活跃起来，并集中在生殖器部位。青少年按照社会允许的方式表达自己对性的要求，心理的需求指向年龄接近的异性，寻求异性作为配偶，生儿育女。

三、自我意识不良与教育的关系

当然，我们这里所说的教育，不仅仅是学校教育，而是包含家庭教育、社会文化在内的一种广义教育。

（一）只教不育带来的身心不合一

教是言传，育是身教。“教育是一棵树摇动另一棵树，一个灵魂影响另一个灵魂”。因此关系显得至关重要，“有关系就是没关系，没有关系就是有关系”。比如，我们哪一门成绩好一些，一定是与老师有关系，我们欣赏老师，我们才会愿意学习和模仿老师；教育是一个系统，教育对象与教育者的关系是瓜与藤的关系，在这个链条中，我们可能要追溯个体成长的一切相关的信息。

（二）重视教育对象不重视自我成长

“花香蝶自来”，正如家庭教育，不是掌握方法去教育孩子，而是要教育父母自己，让自己不断成长。心理学中有一句话说过，如果你能走多远，你就能带领着你的学生走多远。

（三）重视分数轻人本身

过于重视分数，轻视人，把人物化和工具化。“只要学习好，什么都好”，这忽略了人的尊严与人格。事实上，一旦我们没有体会到被尊重，潜意识会通过拖延、厌学等方式与之对抗。

（四）重结果轻心理

为何父母与孩子容易导致冲突，是因为父母过分关注结果。比如，父母教育孩子用早餐，“哄、教、训”等方法都可能不管用，因为父母要的只是吃早餐这个结果。所以，我们要了解一个人的心理。

（五）重术轻道

比如，有人睡不着，就用数数的方法，结果越数越兴奋。睡眠只要顺其自然就可以。现代人过于重视技巧与方法，而轻视最基本的心灵成长。

（六）重现在轻未来

现在所遇到的一切都只是人生的一个驿站，不是终点，人生比拼的是坚持、感恩和爱。谁拥有这些，谁就笑到最后。正如，高考也只是一个仪式，如果拒绝接受这个现实，于是心理上仍与过去藕断丝连，若沉溺于过去的荣誉或失败，则妨碍自己的成长。现在遇到一些困难，并不重要，重要的是未来，要从一生的角度来看待未来。对于在学校一些遇到困难的学生，未来都有可能发展得更好；在学校所谓的冷门专业或就业不看好的专业，从长远来看都发展得不错。

（七）重自己轻对方

从前，有几个盲人，从来没有见过大象，不知道大象长的什么样，他们就决定去摸摸大象。第一个人摸到了鼻子，他说：“大象像一条弯弯的管子。”第二个人摸到了尾巴，他说：“大象像个细细的棍子。”第三个人摸到了身体，他说：“大象像一堵墙。”第四个人摸到了腿，他说：“大象像一根粗粗的柱子。”如果大家一起讨论，就会争论不休。假如，其中有一位盲人是教师，就可能会误导其他人。现在的世界是一个多元的世界，“横看成岭侧成峰，远近高低各不同”，不同视角带来的结果是不同的，可能导致都对或者都不对，因此，我们要带着“你好，我好，大家好”的世界观与人交往。

四、自我意识的心理实验

（一）无从选择的老鼠

假设我们有这样一个笼子，让一个老鼠在笼子里，笼子外面装一个门，如果老鼠不小心踩了一下这个门，门打开以后有一个食物会进来，这个老鼠踩一下，食物就进来，踩一下，食物就进来，老鼠会怎么做呢？会一直踩。如果第二只笼子是这样的，老鼠踩一下，电击一下，踩一下，电击一下，以老鼠的智力会怎么做呢？不踩了。如果“第三只笼子”我们是这样设计的，它踩一下是食物，再踩一下是电击，老鼠就不知道应该踩还是不踩，这个老鼠会在里面纠结。

我们来到这个世界上，家长对我们好，就像食物；但同时给我们压力，就像电击。而我们如同老鼠在第三个笼子。当然，这只是一种实验假设。

（二）个性差异的狐狸

几只口干舌燥的狐狸来到一片葡萄园。一串串又大又紫、晶莹剔透的葡萄挂满枝头。众狐狸馋涎欲滴，急不可耐地争相跃起。无奈葡萄架太高，哥儿几个使尽浑身解数，葡萄依然可望而不可及。

狐狸A在葡萄架下转了几圈，找不到可攀缘之处，环顾四周亦无梯子可用，于是摇了摇头，说了一句“这葡萄一定是酸的”，咽了咽口水，哼着小曲走开了。

狐狸B一边笑A没出息，一边高喊“下定决心，不怕万难，吃不到葡萄死不瞑目”，一下又一下，跳个没完，终因劳累过度，瞪着双眼，死在了葡萄架下。

狐狸C跳了几下吃不到，便大发其火，“谁把葡萄架得这样高？成心与老子过不去，真可恨！”葡萄主人听到狐狸的骂声，一锄头将其打倒，让它永世不得翻身。

狐狸D愤愤不平地离开葡萄架，越想越憋气，“连葡萄都吃不到，活着还有什么意思？”于是纠结郁闷。

狐狸E闷闷不乐地回了家，整日愁眉苦脸，唉声叹气，最终抑郁成疾，患病而死。

狐狸F一气之下精神失常，蓬头垢面，满街游逛，口中念念有词，“吃葡萄不吐葡萄皮，不吃葡萄倒吐葡萄皮”。

这个寓言带给我们的启迪是什么？我们属于哪种人？

（三）缺乏安全的猴

心理学家做了一个跟猴子有关的社会学的实验。他把一群刚刚出生的小猴从父母身边带离，强行关进了一个冰冷的笼子，这些猴子都是被独立关押的。一边，实验者给他们用钢丝做了一个非常坚硬的、很像是猴子的一个铁丝架子，这个架子上有牛奶瓶；在另一边，他还给那些猴子放了一个毛茸茸的很像它猴子妈妈的猴子玩具，什么事情发生了？所有的小猴到饿得快死的时候，才到那个铁丝的架子上去拿牛奶瓶喝奶，一旦喝饱了，会迅速地回到那个它以为是妈妈的毛茸茸的玩具身边。虽然这个模拟的妈妈不能为它做任何事情，可是那些小猴儿却紧紧地蜷缩在那个猴子妈妈身上。

它们就像是得了灵长类动物的精神病一样，尖叫、哭泣、害怕、抗拒……它们只能被单独关押，就算是后来用科技手段让猴子生下了小猴，这些猴子对自己生出来的生命毫无感受，当新生小猴哭泣着向妈妈身上爬过去的时候，它们妈妈做的事情是愤怒地推开它，或者是咬掉它们的手掌和头颅。

这是一个残酷的实验，然而却告诉我们一个事实，一旦童年期缺乏安全感，带给我们的是各种心理及情绪上的问题。

（四）自卑的孩子

20 世纪 30 年代，一位语言学教授想要知道语言能力是天生的还是后天的，于是，她通过孤儿院里的孤儿展开了一项研究。这群孤儿中，有 12 名孩子原本并没有语言障碍，但是他们被分成了两组，其中一组不停地被实验人员洗脑：“你有语言交流障碍。”实验持续了五个月，其间教授多次通过交谈和引导的方式，对孩子进行实验。结果，那 6 名本来正常的孤儿，真的产生了语言障碍，并且伴有严重的焦虑、自卑症状。他们的人生完全改变了，学业荒废，与人的交流也产生了各种困难。教授在实验结束后，良心自责并试图挽回这一切。她告知那 6 名孩子你们根本就没有口吃，然而无济于事，影响已经形成，没有办法抹去。

（五）性别重置的人

性别认知是先天的还是后天的，这在心理学界一直有争议。故事从一对加拿大双胞胎说起，这对双胞胎男孩中的弟弟布鲁斯，因为一场意外的医疗事故，在 1 岁时失去了丁丁。这个时候，一个叫约翰 · 曼尼男人出现了。

曼尼是“性别中立理论”的强烈支持者。他认为儿童在出生时是无性别差异概念的，对性别的认知几乎都来自于后天的环境和教育。 如果从小对儿童进行误导教育，他们就能摆脱原来的性别。

当他发现了这对双胞胎时，把他们当成了绝佳的实验体。于是，病急乱投医的父母接受了曼尼博士的建议，让布鲁斯接受了变性手术。并被嘱咐千万不要告诉他是男孩的真相，这样才能重新塑造他的认知。当然，这个实验造成了这个孩子一生的悲剧，孩子与女生格格不入。

（六）无助的狗

心理学家曾经对狗进行了一项残酷的实验。他把狗关在笼子里，只要蜂音器一响，就给狗施加电击。狗会非常痛苦，但因为关在笼子里逃避不了电击，只能在笼子里面无助地狂奔，惊恐地哀叫。在重复多次实验后，只要蜂音器一响，狗就趴在地上，无助地哀号和颤抖。而后，实验者在给电击前，把笼门打开，但此时狗却忘记了逃跑，而是不等电击出现，就倒地呻吟和颤抖。它已经忘记了逃跑，只会绝望地等待痛苦的来临。习得性无助，即多次尝试无用后，动物就会放弃。而对人也同样如此，**哀莫大于心死，成功的体验很重要**。

（七）充满希望的老鼠

实验者将两批老鼠中的一批放在水中，约 6 分钟被淹死；另一批老鼠放在水中，3 分钟之后，打捞上岸存活一段时间，然后再投入水中。第二次约 10 分钟被淹死。这个实验告诉我们，曾经有过逃生经验的老鼠生存能力更强，说明**希望感很重要**。

技巧分享

（一）正确认识自己

古代有个买卖铜镜子的寓言：一个卖铜镜的匠人，十面铜镜中只把一面磨得很光滑清晰，连脸上的毛细孔都照得清清楚楚。有人提议说，全都磨光不更好卖吗；卖镜匠人说："十全十美的人，才要纤毫毕现的镜子；这样的人，可极少哇。"果然，九面磨得比较粗糙的铜镜都卖掉了，那面最光滑的反而无人问津。

因此，一是要接纳自己的不完美。认识自己很难，因为人"本能"地要修饰美化自己，不愿意认识自己的弱点和缺点。二是要正确地进行比较。大多数人要看看身边的人，才确定自己是不是有成就感。

（二）关注拥有的部分

半杯水，有人说还有半杯水，有人说只有半杯水。面对同一事物，你看到你所拥有的与看到你所缺少的所产生的体验完全不同。也就是说我们的情感体验并不完全取决于事物本身，而取决于我们怎么看待它。认识事物的角度决定了我们能看到什么，也决定了我们看不到什么，从事物的多个侧面，变换各种角度思考问题才会有更合理的认知，才会产生较稳定的情感。

（三）积极的自我暗示

有一个女孩，总觉得自己不讨别人喜欢，因此有一点自卑。一天，她偶尔在商店里看到一支漂亮的发卡，当她戴起它的时候，店里的顾客都说漂亮，于是她非常高兴地买下发卡，并戴着它去学校。接着奇妙的事发生了，许多平日不太跟她打招呼的同学，纷纷来跟她接近，一些同学还约她一起去玩，原本死板的她，似乎一下子变得开朗、活泼了许多。但放学回家后，她才发现自己头上根本没有戴什么神奇的发卡，原来她付钱后把发卡留在了商店里。看来，坦然地自我悦纳及欣赏自己很重要，即以积极、赞赏的态度来接受自己。

（四）避免以偏概全

问题就像纸上的一个洞，那这张纸还能写字吗？当然能。因为某件事或某个人引起不愉快的体验，因为某个问题困扰或是偶发的急迫事件而引起过度紧张、焦虑，若要缓解这种困扰，使自己镇静下来的方法是暂时把自己的注意力强制性转移到其他事情上去，有些问题百思不得其解，苦闷的情感可能使自己头脑“僵化”，换一种看法，也换了一种心情，反而有可能茅塞顿开。

（五）不要改变他人

认知将我们割裂成一个个孤立的世界，而许多人拥有自恋的幻觉，就是希望将自己认为好的东西强加给对方，当你有了改变对方的想法时，就开始营造彼此关系的地狱。于是，我们越是在乎一段关系，我们就越容易将窒息的幻觉强加给对方，于是爱的渴望犹如“拿着棍子唤狗”，关系越来越疏远，爱也变成了伤害。比如学校中寝室人际关系，有人爱唱歌有人爱看书，彼此应该相互包容。

（六）认识及悦纳自己

容易生气，是因为内心有钩子。正如墙壁上有一个钩子，衣服挂上去，就挂住了。同样的道理，一个人之所以生气、愤怒，是因为内心有一个“钩子”，因为存在这个钩子，可能会因为别人的一句话、一个表情而生气。如果你对一个百万富翁说他是穷光蛋，他可能会一笑了之；而如若对一个一无所有的人来说，可能会一跳三尺高。所以生气，其实是对内心存在的东西产生不满。

（七）偶尔一点阿 Q

“阿 Q 精神”简单的说就是一种是自慰精神或者是自贱精神，学者概括为：就是阿 Q 的自欺欺人、自轻、自贱、自嘲、自解、自甘屈辱，而又妄自尊大、自我陶醉等种种表现。简言之，是在失败与屈辱面前，不敢正视现实，而使用虚假的胜利来在精神上实行自我安慰，自我麻醉，或者即刻忘却。一句话说来，就是精神胜利法，就是自欺自骗以求自慰。

（八）不带敌意的坚持

不带敌意的坚持，讲个隐喻。如若有人迎面向你打出一拳，一般人会做出如下几种选择：一是当面去感受这一拳；二是迅速反击；三是逃避。当面去感受这一拳的人会体验到恐惧和愤怒，迅速反击的人具有一种攻击性人格，逃避的代表委屈顺从。还有更高明一点的，伸出你的手热情地去握住他的拳，当然这需要力量。前三种都有敌意和愤怒，对方的十分敌意，你也感受到了十分的敌意；当然，你还可以站在对方的后边，从这个角度感受他的情绪，这叫感同身受，换一个角度，这是一个很好的方法，可以有效地化解对方的愤怒。

（九）积极休息

人累了就休息，心累了就淡定，蹲下来抱一抱自己，等一等自己的灵魂。可媒介将我们变得如此繁忙，心也是如此纠结，很难有纯净的时刻。这种忙与累，有多少是自我的呢？有多少是可以不说的话，有多少是可以不见的人，当心虚空时，世界也就安静下来。每天给自己片刻的安宁，哪怕只有十五分钟，静静地呼吸，想象气流从手指流过，这种安宁很美好。

自我训练

认识并接纳自我

一、20 个我是谁的自我探索

首先，写出 20 个“我是一个怎样的人”，要求尽量选择一些反映个人风格的语句，避免出现类似“我是一个男生”这样的句子。

其次，将陈述的 20 项内容作下列归类：

（1）身体状况（属于你的体貌特征，如年龄、身高、体型等。）

（2）情绪状况（你常持有的情绪情感，如乐观开朗、振奋人心等）。

（3）才智状况（你的智力、能力情况等）。

（4）社会关系状况（与他人的关系、如何和别人交往等）。

接着评估一下你对自己的陈述是积极的还是消极的。在你列出的每句话的后面加上(+)号或(－)号。看看加号多还是减号多,在以上四方面有哪些体现。如果你的加号多于减号，说明你的自我接纳状况较好。否则，你需要反省一番，寻找问题的根源。比如,你是否过低地评价了自己？是什么原因使你成为这样？有没有改善的可能？

【做一做】请写上你的感悟与收获：

互动拓展

镜中人的游戏

找一个好伙伴，你们两人，一人自由做动作，另一个人模仿，互相轮流模仿两分钟后互换角色，不可以说话，用心体会对方用意。结束后互相交流，看看自己对他人的理解是否准确。然后仍然两人一组，一人说话，一人照原话重复叙述，两分钟后互换角色。结束后两人交流思想，全身心投入地观察理解他人。

虽然我们对自我的外貌是熟悉的，但可能从来没有用心认真、投入地观察过自己，从而失去了最有效的了解自我的方式。

悦纳自我课堂活动与分享

1. 每人先用一些时间思考自己的人际交往的心理特点，写在笔记本上，如善解人意等。

2. 请思考同学眼中的你，他们会选用人际交往的哪些词来形容你，请写在笔记本的另一页上。

3. 再思考亲人眼中的你，他们会选用人际交往的哪些词来形容你，请写在另一页上。

4. 再思考师长眼中的你，他们会选用哪些词来描述你与人相处的特点，请写在另一页上。（以上四点尽量写积极的词汇）

5. 在小组中讨论，请把以上描述放在一起（都不写自己的名字）每人轮流抽出一张来读，让大家猜猜写的是谁？像不像，如果不像，哪里不像？对个别不满意的人际交往形象，请组员帮助看看如何克服？

活动：制作“________的闪光点”卡片，（学生以组为单位，每位学生一张“________的闪光点”卡片，每位学生填完自己的名字后，将卡片交给本组的下一位同学，另一位同学填写完主人的闪光点后再交给下一位同学，直到卡片回到主人的手里为止）。

请几位同学将自己的卡片与大家共同分享（可对自己的卡片进行补充），教师和同学们一起为其鼓掌。

故事链接

带着爱的，一切将如愿以偿……

从前，有一个脾气很坏的男孩，他的爸爸给了他一袋钉子，告诉他，每次发脾气或者跟人吵架的时候，就在院子的篱笆上钉一根。第一天，男孩钉了 37 根钉子。后面的几天他学会了控制自己的脾气，每天钉的钉子也逐渐减少了。他发现，控制自己的脾气，实际上比钉钉子要容易得多。终于有一天，他一根钉子都没有钉，他高兴地把这件事告诉了爸爸。

爸爸说：“从今以后，如果你一天都没有发脾气，就可以在这天拔掉一根钉子。”日子一天一天过去，最后，钉子全被拔光了。爸爸带他来到篱笆边上，对他说：“儿子，你做得很好，可是看看篱笆上的钉子洞，这些洞永远也不可能恢复了。就像你和一个人吵架，说了些难听的话，你就在他心里留下了一个伤口，像这个钉子洞一样。”插一把刀子在一个人的身体里，再拔出来，伤口就难以愈合了。无论你怎么道歉，伤口总是在那儿。要知道，身体上的伤口和心灵上的伤口一样都难以恢复。你的朋友是你宝贵的财产，他们让你开怀，让你更勇敢。他们总是随时倾听你的忧伤。你需要他们的时候，他们会支持你，向你敞开心扉。

第六讲

适应生活

享受当下的精彩

一切心理困扰都源于个体的适应状况。我们要尽可能地帮助将心灵向外部世界开放和向自我开放。心灵开放包括对不同的文化体系开放、对别人的价值观念开放、对更加广博的行为模式开放、对知识开放。

心理导航

【心理互动】

请同学们将手掌张开，十指交叉合起来，连做三次。看看自己是左手的拇指在上还是右手的拇指在上。

【分享与成长】

（1）然后请同学们用相反的方式交叉双手，大家有什么感觉？学生：别扭。改变习惯是一个不舒服的过程。要改变一个如此小的习惯动作我们都感到困难，要消除消极自我标签、培养自信会遇到更多的困难，需要我们较长时间的努力，才能达到目的。

（2）再继续游戏，请按照可以改过来的交叉动作，稍用力重复一次，有什么感觉？再不断重复21次，有什么感觉？是不是习惯一点？

（3）习惯是可以改变的，只要不断重复；消极标签也是可以消除的，只要经常给自己贴积极标签。

理论解析

一、新生适应心理特点

（一）茫然失去动力

从小学、初中到高中，同学们犹如一列疾驰飞奔的列车，目标只有一个——大学。家长殷切的期望、老师无处不在的督促，都成为这列车一刻不停飞奔的前进动力。升学的压力到黑色六月的高考达到顶峰，一经大学录取，如愿跨入大学校门，列车到达终点，同学们的心情突然放松，顿然失去了冲力，前途目标骤然消失，老师家长的督促叮嘱带来的压力一下也没有了，这种前无目标，后无动力的“自由”状态，导致许多大学新生感觉自己缺乏生活目标，从而得过且过。迷失了方向陷入了迷茫，上课没劲，逃课，下课无聊，泡网吧，打游戏，睡懒觉，无所适从，肆意挥霍突然富裕起来的时间，彷徨中找不到自我，情绪低落、无聊迷茫的心理状态在大一新生中并不鲜见。

（二）失落丧失信心

从黑色六月中拼杀过来的都是在中学学习成绩比较好的学生，他们大多是家庭中的中心，是学校里的佼佼者，但是，到了人才济济的大学校园，周围的同学几乎每个人都有着辉煌的过去，重新排定名次，就只能由少数人保持原来的中心位置和重要角色，不少同学在从中心角色向普通角色的转变过程中，自我评价受到了冲击，他们忽而发现“强中自有强中手”，发现自己变得渺小了无能了，心理产生了强烈的失落感。在知识、才艺、人际关系、家庭背景乃至身体容貌等方面已不如人的地方很多。

（三）无措失去依靠

从青春期开始，每个孩子都向往着独立自由的生活，渴望摆脱家长老师的约束。远离家的大学，给这样的渴望提供了一个飞翔的空间，自由时间的安排，灵活的学习方式，自己支配的经济生活，自主的人际交往空间……不少同学在拥有了渴望的自由时，并没有因此产生舒适感，相反却因为缺乏足够的自主自理能力而感到强烈的不适应。缺乏锻炼造成的依赖性给新生们带来的痛苦矛盾从生活、学习缺乏自立能力和规律性上反映出来，于是这些渴望走出家门的孩子，我们发现依然没有从心理上摆脱对家和父母的依赖，尤其是在生活学习受到一些挫折的时候，新生们就会恋家想家不能自制。

（四）独自面对新环境

大学生大多是独自离家在外上学，对于新入学的同学来说，面对一个完全陌生的环境、陌生的人，处处感到不适应，一时难寻知音，无法倾诉自己的失落和烦恼，同时，大学生要面对的人际关系不再像过去那样单纯，复杂的人际交往使一些同学更容易把自己封闭起来，于是孤独成了新生中普遍存在的心理问题。

（五）失望面对现实

“上大学前我想象大学是天堂”，一位新生对老师这样说，那么现在呢，他笑着回答：“比地狱好一点。”这是典型的新生入学后的失落心理，主要原因是在上大学前，对大学生活的期望值太高，进校一段时间后，感觉专业不理想，校舍设备破旧简陋，学风不正，师资水平不高……理想的天堂变成了人间的现实，失望感伴随而来。某高校对进校两月以后的新生做的调查发现，新生中认为学校比想象中要好的不超过 20%。绝大部分认为学校比想象中的差或是差得很远。甚至一些同学难以接受这样的反差，失落的心情让他们开始怀疑自己十年寒窗的辛苦究竟值不值得，对今后的大学生活失去了信心。

二、适应的意义

（一）适应促进心灵成长

适应的过程中不引入“成长”的概念，心理健康就无法体现出它真实的意义。因为适应是人一生的任务，心理疾病（精神障碍）正是心理没有得到健康成长的结果。

更为重要的是，没有对环境的适应就不会有心灵的成长。一个人安居在自我封闭状态，他的精神世界与外部世界沟通的渠道被堵塞，这完全违背了人是一个社会动物和人处在丰富的文化系统中的事实。这种人自然会丧失顺应社会的能力，产生心理疾病。请记住：适应环境、不断引导心灵开放是心理健康的重要理念。

（二）适应与人格成长

个体心理学认为人的早期记忆可以显示出其生活样式的根源：从中可以看出他是被从小惯大的还是长期被忽视的；他愿意与什么样的人合作以及合作到什么程度，他曾遇到过什么样的麻烦以及他是怎样对待它们的。无论对待成人还是孩子，都应在听了他的抱怨之后，询问他早期的记忆，然后将这些记忆同他所提供的其他事实相印证。比如有人在回忆时可能犹豫不决、拖泥带水，由此便可推断事实上他的童年是不愉快的，对这种人必须加以引导和暗示，以获得我们所需要的东西。

个体心理学认为一个人的生活风格集中表现为观察事物的模式，这种模式很固执，除非陷入极度困难或者通过教育与心理咨询，使其了解自己生活风格的误区才可能有修正的可能。心理咨询的实质就在于使来访者意识到自己缺乏合作的能力，而其根源在于童年的适应不良。通过与医生的合作，他的合作能力得以提高，他的自卑情结得以被揭示，他的勇气与乐观精神得以被唤醒，从而使他逐步理解到“生命意义”。

（三）适应与自我照顾

适应不仅表现在与环境的协调一致性，而且还有自我人格的协调性。快乐是一种热爱自己的方式，倘若我们内心是自卑与自负交织缠绕，表现出来是矛盾和痛苦的。一个不热爱自己的人会真的持久地热爱生活、热爱他人？往往是，一个懂得自爱与自尊的人，才会真的始终如一地热爱与自己相关的一切。这种热爱表现在环境适应上，便是协调和谐与动人，从生理学角度来看，微笑对人的外貌和性格会发生内在的影响。通常，**一个具有爱的能力的人，是懂得照顾好自己，并有能力负责任地去爱他人。**

三、适应的机理

看来适应对心理健康有着巨大影响，那么什么是适应呢？根据罗杰斯的定义，适应是有机体想要满足自己的需求，而与环境发生调和作用的过程，它是一种动态的、交互的、有弹性的历程。当个人的需求与环境发生作用时，若不能如愿以偿，通常会造成两种情形，要么形成悲观消极心理，要么从失败中学习适应方法。当有机体与环境发生适应作用时，久而久之，就形成一种习惯，这种习惯，就是适应习惯，成功的适应才能增进心理健康，养成健全人格，失败的适应就会造成心理的困扰。

有学者曾提出过适应与心理健康关系的公式。B=E/P，其中 B 为症状出现率，E 为内外压力总和，P 为自我强度。

即个体的心理健康状况与自我强度成反比，与内外压力总和成正比。实验证明，适应的焦虑是激励抱负水准与提高学习效率的有用条件，当内外压力总和稍高于自我强度时，是心理健康的必备条件。这就提示我们，过度紧张与过度松弛都不利于心理健康。

我们认为，适应良好应符合两项条件：

* * *

首先就主体来说，个体的需求已获得满足，紧张情绪也已消除，需求行动目标的过程是顺利的。

其次，就社会来说，个体需求的满足方法是社会所认可的，也即应同时具有需求满足与社会认可这两项条件。

反之，适应不良是指缺乏二者或其中之一，缺乏前者为个人不适应，缺乏后者为社会不适应。人类对其所属环境，都有适应行为，其适应行为只有良与不良之别，没有能与不能之分。

四、哪些方面的适应

学校是培养高级专业人才的摇篮，其特有的生活规律和学习方式与中学有着很大的区别。能否迅速地适应大学学习和生活，这对每一位新同学来说，都是一种考验，为何要适应，具体说来，主要是以下方面发生了改变。

（一）奋斗目标的转变

在中学，由于受高考的制约，同学们都把“考取大学”作为自己奋斗的目标。这个目标是明确的、具体的，具有强大的驱动作用。考进了大学，这个目标就失去了意义。有的同学一时找不到奋斗的方向和前进的动力，变得浑浑噩噩，茫然不知所终。因此，在进入大学时，及时地进行目标转换，树立起新的目标。新目标不仅仅是学业上的目标，而应该是思想品德、身体素质、能力发展和审美意识等各个方面协调发展的综合目标。

（二）学习方式的转变

与中学相比，大学阶段的学习具有专业性、广博性和宽松性的特点。首先，中学的所学内容都是基础文化知识，而进入大学就有了各自的专业方向，基本确定了职业领域。切实抓好专业课程的学习，是大学生毕业后从事职业活动的资本。其次，在学好专业知识的同时，还要结合自己的情况选修其他课程，广泛吸纳知识，而且这种吸纳应当是审视性的、思考性的。尤其重要的是，理科专业的同学，要重视人文学科知识的学习；而文科专业的同学，要学一点现代自然科学知识，从而开拓自己的思路，促进创造能力的发展。另外，灵活运用多种学习手段，保持良好的学习情绪和高效学习的良性循环。

（三）生活方式的转变

在中学时，有些生活琐事依靠父母亲友的帮助，进入大学后，衣食住行等个人生活都由自己处理安排，自主、自立、自律是大学生活的主旋律。大学生应适应这种生活方式的变化，自主合理地处理好个人的学习和生活问题，注意培养独立生活的能力，要自觉遵守学校的规章制度，养成良好的生活习惯；要积极参加社团组织的文体活动和社会实践活动。

（四）交往方式的转变

来到新的环境中生活，面对陌生的校园、陌生的大楼、陌生的面孔，“寂寞感”和“孤独感”油然而生。摆脱它的根本途径就是改变自己的生活方式，开阔生活空间。在积极的交往活动中主动伸出你热情友好的手，实现与他人的心灵沟通。要积极地参加各种有益的集体活动，在学习中、在业余爱好中寻求欢乐。用积极进取的精神，去创造丰富多彩的生活。

（五）自我认识的转变

对于刚入校的大学生来说，无论是适应新环境，还是建立新的人际关系，都将面临一个重新树立自我形象的问题。在这个过程中，基本策略有三条：

一是正确地认识和评价自己；
二是合理调整自我抱负水平；
三是在实践中努力提高生活自理能力和自我调控能力。

五、如何要适应

大学给了每位学子一片崭新的天空，这里，你可以选择学什么、怎么学，你可以选择做什么、怎么做；在这里，你可以知道生活是什么，并学会怎么生活。在这片天空飞翔是快乐的，但是，我们应该怎么做才能拥有强健的翅膀？

（一）培养兴趣，立定志向

如何找到自己的兴趣呢？我觉得，首先要客观地评估和寻找自己的兴趣所在：不要把社会、家人或朋友认可和看重的事当作自己的爱好；不要以为有趣的事就是自己的兴趣所在，而是要亲身体验它并用自己的头脑做出判断；不要以为有兴趣的事情就可以成为自己的职业。

例如，喜欢玩网络游戏并不代表你会喜欢或有能力开发网络游戏；不要以为有兴趣就意味着自己有这方面的天赋，不过，你可以尽量寻找天赋和兴趣的最佳结合点。

最好的寻找兴趣点的方法是开拓自己的视野，接触众多的领域。唯有接触你才能尝试，唯有尝试你才能找到自己的最爱。而大学正是这样一个可以让你接触并尝试众多领域的独一无二的场所。因此，大学生应当更好地把握在校时间，充分利用学校的资源，通过使用图书馆资源、旁听课程、搜索网络、听讲座、打工、参加社团活动、与朋友交流、使用电子邮件和电子论坛等不同方式接触更多的领域、更多的工作类型和更多的专家学者。

人生的路很长，每个人都可以有很多不同的兴趣爱好。在追寻兴趣之外，更重要的是要找寻自己终身不变的志向。有一本书的作者曾访问了几百个成功者，问他们有哪件事是他们今天已经懂得，但在年轻时却留下了遗憾的事情？在受访者的回答中，最多的一种是："希望在年轻时就有前辈告诉我、鼓励我去追寻自己的理想和志向。"相比之下，兴趣固然关键，但志向更为重要。**志向就像罗盘，兴趣就像风帆**，两者相辅相成，缺一不可，它们可以让你驶向理想的港湾。

（二）积极主动五步曲

让我很惊讶的是，更多的学生希望有人告诉他们该怎么做。难道一个陌生人会比你更知道自己该怎么做吗？事实上，这种被动的思维方式是从小在中国的教育环境中培养出来的。被动的人总是习惯性地认为他们现在的境况是他人和环境造成的，如果别人不指点，环境不改变，自己就只有消极地生活下去。持有这种态度的人，事业还没有开始，自己就已经被击败，从来没见过这样消极的人可以取得持续的成功。

从大学的第一天开始，你就必须从被动转向主动，你必须成为自己未来的主人，你必须积极地管理自己的学业和将来的事业，理由很简单：因为没有人比你更在乎你自己的工作与生活。"让大学生活对自己有价值"是你的责任。

许多同学到了大四才开始做人生和职业规划，而一个主动的学生应该从进入大学时就开始规划自己的未来。

第一步：积极的态度

积极规划自己的人生目标，追寻兴趣并尝试新的知识和领域。纳粹德国某集中营的一位幸存者维克托·弗兰克尔曾说过："在任何特定的环境中，人们还有一种最后的自由，就是选择自己的态度。"

第二步：对自己负责

不要把不确定的或困难的事情一味搁置起来。比如说，有些同学认为英语重要，但学校不考试就不学英语；或者，有些同学觉得自己需要参加社团磨炼人际关系，但是因为害羞就不积极报名。但是，我们必须认识到，不去解决也是一种解决，不做决定也是一个决定，这样的解决和决定将使你面前的机会丧失殆尽。对于这种消极、胆怯的作风，你终有一天会付出代价的。

第三步：充分的准备

中国科技大学校长朱清时院士在大三时被分配到青海做铸造工人，但他不像其他同学那样放弃学习，整天打扑克、喝酒。他依然终日钻研数理化和英语。六年后，中国科学院要在青海做一个重要的项目，这时朱校长就脱颖而出，开始了他辉煌的事业。很多人可能说他运气好，被分配到缺乏人才的青海，才有这机会。但是，如果他没有努力学习，也无法抓住这个机遇。所以，**做好充分的准备，当机遇来临时，你才能抓住它**。

第四步：以终为始

任何规划都将成为你某个阶段的终点，也将成为你下一个阶段的起点，而你的志向和兴趣将为你提供方向和动力。如果不知道自己的志向和兴趣，你应该马上做一个发掘志向和兴趣的计划；如果不知道毕业后要做什么，你应该马上制定一个尝试新领域的计划；如果不知道自己最欠缺什么，你应该马上写一份简历，找你的老师、朋友打分，或自己审阅，看看哪里需要改进；如果毕业后想出国读博士，你应该想想如何让自己在申请出国前有具体的研究经验和学术论文；如果毕业后想进入某个公司工作，你应该收集该公司的招聘广告，以便和你自己的履历对比，看自己还欠缺哪些经验。只要认真制定、管理、评估和调整自己的人生规划，你就会离你自己的目标越来越近。

第五步：事分轻重缓急

一位同学是这么描述大学生活的："大学和高中相比似乎没有什么太大的区别，每天依旧是学习，每次考试后依旧是担心考试成绩……不同的只是大学里上网的时间和睡觉的时间多了很多，压力也小了很多。"

这位同学并不明白，"时间多了很多"正是大学与高中之间巨大的差别。时间多了，就需要自己安排时间、计划时间、管理时间。

安排时间除了做一个时间表外，更重要的是"事分轻重缓急"。每个人都有许多"紧急事"和"重要事"，想把每件事都做到最好是不切实际的。建议大家**把"必须做的事"和"尽量做的事"分开**。必须做的事要做到最好，但尽量做的事尽力而为即可。用良好的态度和宽广的胸怀接受那些你暂时不能改变的事情，多关注那些你能够改变的事情。此外，还要注意生物钟的运行规律，按时作息，劳逸结合，这样才能在学习时有最好的状态。

大学四年是最容易迷失方向的时期。大学生必须有自控的能力，让自己交些好朋友，学些好习惯，不要沉迷于对自己无益的习惯（如网络游戏）。我经常这样劝告大学生，不要玩游戏，至少不要玩网络游戏。我所认识的专业水平比较高的大学朋友中没有一个玩网络游戏的。沉迷于网络游戏是对于现实的逃避，是不愿面对自己不足的一面。我认为，要脱离网络游戏，就得珍惜自己宝贵的大学时间，找到自己感兴趣的方向，做一些有意义并能给自己带来满足感的事情。

（三）培养友情，参与群体

很多大学生入校时都是第一次离开父母，离开自己生长的环境。进入校园开始集体生活后，如何与同学、朋友以及社团的同事相处就成为了大学生学习内容的一部分。大学是大家最后一次可以在相对宽松的环境中学习、培养、训练如何与人相处的机会。在未来，人们在社会里、在工作中与人相处的能力会变得越来越重要，甚至超过了工作本身。所以，大学生要好好把握机会，培养自己的交流意识和团队精神。很多大学时的朋友就会成为你一辈子的知己。在一起求学和寻求自身发展的道路上，这样的友谊弥足珍贵。交朋友时，不要只去找与你性情相近或只会附和你的人做朋友。

好朋友有很多种：乐观的朋友、智慧的朋友、脚踏实地的朋友、幽默风趣的朋友、激励你上进的朋友、提升你能力的朋友、帮你了解自己的朋友、对你说实话的朋友等等。此外，大学时谈恋爱也可以教你如何照顾别人，增进同理心和自控力，但恋爱这件事要随缘，不必为了谈恋爱而谈恋爱。

（四）融入团队，积极沟通

社团是微观的社会，参与社团是步入社会前最好的磨炼。在社团中，可以培养团队合作的能力和领导才能,也可以发挥你的专业特长。但更重要的是，你要做一个诚心诚意的服务者和志愿者，或在担任学生工作时主动扮演同学和老师之间沟通桥梁的角色,并以此锻炼自己的沟通能力,为同学和老师服务。这样的学习过程也不会很轻松，挫折是肯定有的，但是不要灰心，大学社团里的人际交往是一种不用“付学费”的学习，犯了错误也可以重头来过。

如果真的没有什么兴趣爱好，那么，多读些好书丰富自己的知识也可以改进自己的人际交往能力，因为没有什么比智慧和渊博更能体现一个人的人格魅力了。

（五）积极主动，知行合一

为何春天焦虑抑郁的人较多？春天是美好的，但春天里的天气变化比较频繁，乍寒乍暖，容易引发呼吸道等多种疾病，生理功能的失调会导致神经系统的紊乱，因而容易产生心理问题。人作为自然界的一分子，应和自然界节律保持一致，春季的自然界呈现出勃勃生机，若人的心理或行为依然处于冬眠的状态，缺乏运动和积极的行动，这就容易出现焦虑、抑郁等情绪问题。

如何在这个特殊的春天里拥有新的幸福？运动在某种程度上是精神医生

的理想药物，尤其是对抗疫情焦虑具有重大的作用，因运动能释放神经递质多巴胺，它是使人幸福和愉快的激素，做一轮运动就像吃一点百忧解。

积极行动也是一种知行合一。据《传习录》记载：王阳明一次在一座寺庙中看到一个枯坐的和尚，据说已不视不言静坐三年。王阳明笑了笑，就绕着和尚走了几圈，像是道士捉鬼前的作法。最后他在和尚面前站定，看准了和尚，冷不防地大喝一声："这和尚终日口巴巴说甚么！终日眼睁睁看甚么！"不知是王阳明的禅机触动了和尚，还是王阳明的大嗓门惊动了和尚。总之，和尚惊慌地睁开眼，"啊呀"一声。

王阳明盯紧他，问："家里还有何人？"和尚答："还有老母。"王阳明再问："想念她吗？"和尚不语。一片寂静，静得能听到和尚头上汗水流淌的声音。最后，和尚打破了这一死寂，用一种愧疚的语气回答："怎能不想念啊！"

王阳明露出满意的神色，向和尚轻轻地摆手说："去吧，回家去照顾你的母亲吧。"第二天，和尚离开寺庙，重回老家照顾老母亲。

王阳明看到和尚表面不说、不看，心里却终日在思念老母亲。与其思念，不如回家侍奉。听到自己内心善的声音，遵循内心良知的召唤去践行。

技巧分享

一、调整自我抱负水平

如对考研，就可以由易到难给自己设定目标，当受到挫折后，及时调整目标，改进方式或方法。这样，就可以在成功中体验到愉快和满足，逐步提高自信心，又能在失败、挫折后不断总结经验教训，最终战胜挫折，取得最后的成功。

二、正确认识自我和评价自我

如考试原本可以取得好成绩，可是由于自己身体不好或试题偏难，而没有达到预期目标，这时就要作好两种心理准备：一是自己超常发挥，如期取得好成绩；二是无法克服困难，难以实现预期目标，学会原谅自我。

三、确立合理的自我归因

心理学家研究表明，在归因中，有些人倾向于情境归因，认为外部复杂且难以预料的力量是主宰行为的原因。如一个学生认为自己成绩不好主要是由于教师教学水平或是考卷难度太大方面的原因。有些人倾向于本性归因，如一个学生认为自己成绩不好是由于学习不够努力造成的。由于他们倾向于把原因归于主观因素，就容易自我埋怨、自我责备。如果这种自责、悔恨过多，就会给他们带来挫折感和心理损伤。

四、增强挫折认知水平心理

研究表明：一个人越是能够获得与挫折事件相关的信息，就越能够有效地处理它，越是参加到他怕面对的挫折情境中去，就越能够有效地对付这种情境。可见，个体对挫折的反应和承受能力不仅取决于挫折情境本身，更重要的是取决于其对挫折的认知。既然挫折是社会生活的组成部分，是不可避免的人生经历，大学生应该正确地认识挫折、战胜挫折，并把挫折作为成功的阶梯。

五、构建成熟的心理防卫机制

受挫后的心理防卫机制有很多，但有利于大学生成长的积极的心理机制表现为以下几个方面：升华、补偿等等。升华的心理防卫机制能够使大学生在遭遇挫折后，把内心痛苦化为一种动力，转而投入到有益的生活学习中，这无疑是人们在挫折后的最佳应用。补偿、文饰、幽默等心理防卫机制能使大学生获得平衡心理，保持自尊，减轻内心的痛苦和焦虑，因而也不失为受挫后较理想的心理防卫方式。另外，合理的情绪宣泄也是缓解大学生受挫后心理紧张和焦虑，保持其身心健康的有效机制。

六、建立和谐的人际关系

心理学研究表明，一个人与他人一起处在挫折压力中时，可以降低消极情绪体验。因此，大学生在面对挫折时，除了积极改变自我之外，还应学会交往，与他人建立良好的人际关系，这对其压力的缓解也是很有帮助的。交往是人们为了交流思想和感情而彼此间相互作用的过程，它使人们在关系互动过程中相互了解、相互依赖，形成稳定的心理联系，满足人们的情感需要。同时，由交往形成的人际关系又可以满足人的归属、情谊、认可等社会性需要。因此，学会交往，建立良好的人际关系是提高大学生应对挫折能力的有效手段。

自我训练

感谢赞美

在生活中，你赞美过他人吗？你们接受过其他人的赞美吗？

请大家回忆，在自己的成长中，印象最深刻的一次赞美（可以是得到他人的赞美也可以是赞美他人的）。在赞美中，你收获了什么？

例如：中学的时候，老师总是在班上宣读我的作文，我很高兴，现在我还是很喜欢写文章。

1）将全班分为几个小组，每组8人左右，分享彼此赞美他人或接受赞美的小故事。

2）每组小组代表发言，全班分享。

这些故事告诉了我们，勤劳的家人，值得我们赞美；友善的同学，值得我们赞美。

每个人的内心都有渴望被认可、被期望、被需要、被赏识、被人喜欢、被人爱……

【做一做】请写上你的感悟与收获：

互动拓展

滚雪球

同学们围成一圈，坐下来。从一位同学开始自我介绍：我是……，来自……，喜欢……。然后左边的成员接着说：我是……来自……，喜欢……旁边的接着说，我来自……，喜欢……。以此类推，直至滚完雪球。

接下来找朋友（时间：15 分钟）

操作：

1. 发放给每个同学一张彩色带图案的纸。

2. 寻找和自己手中的纸颜色一样且图案能对得上的同学，即今天找到的朋友。

3. 找到朋友后，和朋友说心里话，可以在纸上写下自己的名字和对朋友的祝愿，把图案粘在一起。

相关讨论：

1、如何才能找到朋友。

2. 找到朋友之后的心情。

故事链接

跑得快，还要跑得稳

毕业前夕的一个晴天，班主任把学生们带到操场上，说："这是最后一课了。我布置一个作业，说易不易，说难不难。请大家绕这操场跑两圈儿，并记下跑的时间、速度以及感受。”说完便走了。

20 年后师生又相聚了，老师说话了："我离开操场后，在教室走廊上观看了同学们的完成情况。现在，20 年后的今天，我对作业讲评一下。跑完两圈儿的有 4 人，时间在 15 分 20 秒之内，1 人扭伤了脚，1 人因为速度快摔了跤，有 15 人跑过 1 圈儿后觉得无趣，退出后在跑道外聊天儿。其余的嫌事小，没有起步。”

大家惊异于老师还记得如此清楚，一下子看到了老师昔日的风采，纷纷鼓掌。掌声落下，老师继续说："我就这次作业，并结合七十年的人生体验，送各位四句话：其一，成功只垂青有准备的人；其二，身边的小蘑菇不捡的人，捡不到大蘑菇不捡的人，捡不到大蘑菇；其三，跑得快，还需要跑得稳；其四，人有了起点并不意味就有了终点。”

第七讲

学习考试
提高专注力窍门

心理困扰常常出现在那些追求完美和不愿意承担痛苦的人身上，为此，成长常常是摆脱痛苦的良方；我们还会明白，健康的心灵意味着需要恒定的人生目标和坚定的信念，并不断激发信心，最终使症状消失在心灵成长的过程中！

心理导航

【心理互动】

发给每位学员一张“个人发展盾形图表”。

让每位学员把答案以图画的形式写或画在相应的格中，画一幅能够说明你的重要价值的图画；10 分钟之后当大家都画完了，安排大家进行讨论。

【分享与成长】

大家轮流介绍自己的图画，你最大的优势是什么？

描述你打算从哪些方面着手提高你的领导水平？

描述是什么动力推动你迈向成功的？

你打算向哪一位著名的领导人学习？

描绘出你个人的十年发展前景。

理论解析

某高校的一个教室内挤满了人，讲台前站着一个戴着眼镜、瘦小的年轻人，正在侃侃而谈。他谈的话题是：如何一天记住 300 个英语单词。这位姓孙的同学正在推广他的记忆法，黑板上，写着“abscond= 阿爸杀死康德→潜逃”，这是孙同学列举的谐音法。通过谐音法，记住了单词的发音，同时也记住了单词的意思，在讲座中，孙同学还列举了词根法、词缀法、单词拆分法等数十种记忆法。有人当场写了一个长达 12 个字母的英语单词，孙同学当场背了出来。据介绍，这位孙同学用这些方法记忆了上万的英语单词。

真的有这样神奇的记忆吗？在我们学习中，常常会碰到这样一些情景：为了应付考试，有人常常背到深夜，有人则一大早起床苦背；自己曾经非常熟悉的东西，有时话到嘴边，无论如何也想不起来；前一段时间记的单词忘得一干二净，小时学的儿歌却可以背得滚瓜烂熟。诸如此类的事情困扰着我们，我们能像孙同学那样有着超强的记忆力吗？我们的学习究竟是怎么一回事呢？

一、走进学习心理

（一）学习与人生意义

人生的要义在于对社会、对他人的责任和贡献。应该明白，如果今天不打下扎实的专业知识基础，就不能在明天为社会创造更多的劳动价值。创造的劳动价值越少，其人生价值就越低。我们可用科学家忘我工作、无私奉献的精神鼓舞自己，用名人的榜样激励自己。

大学生的学习心理状态和学习水平大致可以分为三个不同的层次：

最低层次，学习心态和学习状态都较差，经常处于考试焦虑和缺乏明确的学习动机甚至厌学的学习心态之中，没有良好的学习策略，机械被动式地完成学习任务，勉强能应付学习和考试。

中间层次，学习心态和学习状态中等，有较强的学习动机和较大的学习热情，学习认真积极，能较好地完成学习任务，考试成绩较好。

最好状态，学习心态和学习状态健康良好，学习目标非常明确，学习动机强烈，有旺盛的学习热情和浓厚兴趣，积极进取，不怕困难，学习不仅是一种任务而且是一种乐趣，他们不仅能较好地完成学习任务，而且能够发现式地学习，探究式、创造性地学习。

（二）探究自己的学习状态

1. 应不断地回顾、分析和评价自己的行为，时时检查自己的学习效率：是动力问题还是方法问题？常常停下来问自己，在这门课程中我尽我所能了吗？如果没有，我应如何做才能提高学习效率增加成功的机会？

2. 珍惜耻辱感，培养耻辱感。知耻而后醒而后勇，耻辱感是人生的内在而强烈的动力之一。善于总结自己的人生经历，正视自己所经受的坎坷与困苦，告诉自己不能忘记过去遭受的耻辱，从中汲取学习动力。

3. 设置小目标。除了应确立人生大目标以外，你应该建立每周、每天甚至每堂课的目标，并且你必须经常地提醒自己，你现在离你的目标多远，为什么不能达成目标？这样自我监测，是你高效学习的组成部分。

4. 自我强化。你应该为成功的行为奖励自己。有时考虑一下如果你不学习的后果。为了避免或摆脱潜在的令人讨厌的结果，你会增加学习时间。

5. 你是否会每天保持记录？直到学习成为你每天生活的必要组成成分之前，你要保持记录的习惯，记录你每天花费了多少时间学习，这将帮助你平衡学习、工作或进行其他活动的时间。

6. 随时记忆。尽管我们大多数人不喜欢记忆材料，但记忆学习对任何学生的成功都是一把金钥匙，因此，记忆对于学生的学习是无价之宝。

7. 寻求帮助。我们每个在学习的学生都会需要帮助。当有需要时，不要害羞，不要傲慢，去请求别人的帮助吧。

（三）激发学习动机与习惯

良好的学习心理不是与生俱来的，需要后天的培养和训练。

1、激发中等强度的学习动机。学习动机是激励人们进行学习活动的内在原因或内部动力。学习动机与学习目的是紧密联系的，是在学习活动中的一种自觉的、能动的、积极的心理状态。有动机的学习，其效果较好；无动机的学习，往往敷衍了事。

例如，一个学生想要考研究生，他就会一心一意地学习，进步也会很快。

另一个学生为应付考试而学习，他就会得过且过，进步很慢。两者有差异，就是前者有较强的学习动机。

在激发学习动机方面可以从下面几方面着手。

* * *

（1）明确目标，激发需要。树立学习目标越具体越好，同时应考虑自己现有的知识水平，不可好高骛远，目标无法实现而望而却步。研究表明，优等生设置的目标往往居中，并有切实可行的近期目标。

（2）给予期望，积极鼓励。这种激励可以是外在的，也可以是自己设定的。

心理学家做过类似的实验，他把一个班分成三组，给予不同的评价，结果表明，对给予了具体评价且给予了鼓舞的学生，成绩要优于其他组的学生。

培养有效学习的习惯，上面讨论了学习动机，你还要考虑发展有效的学习习惯的方法。要考虑的第一件事情就是建立适当的环境，环境的特点应该包括：

（1）良好的非直射灯光；

（2）适宜的温度；

（3）一张课桌或桌子，没有其他东西，只有你所需要的学习材料；

（4）一处安静的或无干扰的地方。

（四）制定学习计划

学习的全过程不仅要有目标、有动力，还要有计划。学习计划是我们和未来签订的“成功合同”，是通向未来目标的桥梁。好的学习计划是看得见摸得着的成功。每天都按计划学习，成功就会如约而至。因此：

* * *

第一，必须将远大的理想与现在的学习计划联系起来，让现在的学习活动成为实现自己远大志向的一个部分。

第二,计划必须科学可行,切忌好高骛远,超越实际能力与现实。否则,屡战屡败,最终受伤害和打击的将是自己的自信心。

第三,计划一旦订立就必须忠实执行,像商场的合同一样,不可言退。

1. 按计划学习是最有效的学习,是成功者最普遍最重要的学习习惯

心理学研究表明:对 90% 的学生来说,学习好坏,智力因素占 20%;非智力因素占 80%,其中良好的学习习惯又占有重要的位置。13 岁的中国科技大学学生周峰成功的秘诀就是培养良好的学习习惯,每天都按计划度过,如:

* * *

①每天的学习任务都量化,预习几页书,复习几页书,看多少课外书;

②每天都定时学习,雷打不动;

③学习时专心致志。

2. 按计划学习有助于减轻考试焦虑,提高心理素质

"凡事预则立,不预则废""不打无准备之仗"。产生考试焦虑(如心慌、胸闷甚至流虚汗、记忆、回忆困难、思想难以集中、大脑空白等等)的最主要原因就是准备不足,这是没有学习计划或只有学习计划但没有按计划学习的结果。"临阵磨枪不快也光"是违反心理学规律的错误观念。心理学研究证明:"临时抱佛脚,越抱越蹩脚。"

3. 如何制订科学合理的学习计划

* * *

1. 检查个人的志向水平与目标远近,以此作为制订计划的依据;
2. 保证睡眠与休息时间以提供必要的精力,决不拼体力;
3. 使学习计划与学校的课程表、老师的教学进度接轨;
4. 学习计划的重点在课程表以外的零碎而自由的时间;
5. 建立明确的时间表:起床、洗漱、晨练或晨读、午休、晚自习、上床前、睡觉……
6. 每天的任务要明确,尽可能量化:记多少单词?做几个习题……
7. 从现在开始,告别过去;从现在开始,坚持下去。"不怕慢,只怕站。"

记住：每天都按计划度过，成功就向你奔来！

（五）掌握学习策略，提高学习效率

人生就像一场考试，既要脚踏实地勤奋努力，又要反省顿悟，讲究战略战术。对于学生而言，学校的学习与教育是暂时的，个人的自学与自修是终生的。前者是为后者服务的，后者是前者的目的。学习的主要任务是掌握知识，形成能力。知识是有逻辑的，能力是有规律的，因此学习也就必然是有策略的。学习策略就是以知识的逻辑性、能力的规律性为前提，以提高学习效率为目的的学习方法与经验的体系。成功的学习者都是高效的学习者，高效的学习者又都是掌握了学习策略的人。

◆学习的“战略”要点：

* * *

1. 有目标、有动力、有兴趣、有计划的学习是最有效的学习；

2. 学习必须独立自主，避免依赖老师与书本，要敢于怀疑权威、批判权威。不能让自己的大脑成为别人思想的跑马场。

3. 战胜“懒我”，培养“新我”：

a. 用理想激励自己；

b. 每天的任务逐渐加重；

c. 坚持完成每天的计划；

d. 向诱惑说“不”，为自己的意志力骄傲。

4. “预学”与“自学”相结合。前者是针对课堂学习而言，要学在老师前面，不是让老师牵着你走，而是你有目的地利用老师的知识前进，要争取知识面前的平等。“吾爱吾师吾更爱真理”。同样，吾爱吾师吾更爱知识。后者是指课外阅读而言，任何知识都是可以理解可以学习的。没有老师同样可以学习。学校教育制度是工业革命的结果，在这之前学生大都是自学，自学是培养学习能力的最佳途径。

◆**学习的“战术”要点：**

1. 牢记知识学习的“四化”：

* * *

a. 消化：任何知识都是可理解的，就像任何食物都是可消化的一样，学习知识的目的就是真正理解知识（当然文理科知识有别）。

b. 简化：课本知识的特点在于详细、全面，这是有助于“学”的安排，但真正的要点其实很少，有时一两句话、一个公式就可概括。

c. 序化：知识的逻辑性主要体现为环环相扣，循序而进，因此知识的学习与记忆不可颠倒逻辑顺序，只有逻辑地“学”才能逻辑地“记”，只有逻辑地“记”才能有效地“用”。

d. 网络化：任何知识都是相通的，要注意各学科、各领域、各层次之间知识的共性，勤于“较异”与“求同”，既要举一反三、灵活迁移，又要积极总结、万法归一。

2. 灵活使用“图表提纲法”。这是将死知识变为活知识、书本知识化为自己的知识途径。

3. 专心学习与及时复习相结合。复习计划包括：目标、内容、重点、方法、时间安排等等。

4. 分散学习与集中学习相结合，包括时间与内容的分散与集中。

5. 不懂就问，不耻上问与下问。

6. 联系实际，勤于思考，学会反省，做到学以致用。

总之，学习是成功者的乐趣与事业，成功者的标志就是热爱学习，同时，学习又使人更加聪明与成功。条条大路通罗马，升学是暂时的成功，落榜不是永远的失败。生命的旅程没有捷径，真实的成功与真实的失败一样，都是生命的果实。真正的失败是害怕竞争、逃避学习、放弃发展，成为人生的逃兵。人生之路只有一条——独立进取，永不投机；人生的成功标志只有一个——发展自我，探索生命。

二、如何自学

（一）全面浏览

如果是阅读书籍，应重点看书的序言、内容提要、目录和书中的大小标题、图表、注释等。如果是阅读文章应着重看它的总标题和文中小标题，文章的开头和结尾。这一步骤的任务是对读物有一个大体的了解，知识将要运用哪些旧知识，需要理解和掌握哪些新知识，以便确定阅读重点。

（二）设置问题

一旦你获得了对某一章的总体印象，一次阅读一部分。仔细注意每一部分的标题，看它们能否引发你内心里的疑问。

（三）深入阅读

这一步骤的任务有两个，一是细读，二是思考。你可以在你认为适当的材料下面加上下划线以表示强调。并且，试着回答在调查和回顾材料时所提出的问题。

（四）回忆复述

这一步骤的主要任务是通过复述检查阅读效果。回答了你提出的问题后，用你自己的语言来陈述并记录问题的答案，这使得你将答案成功转换为自己的语言。一次完成一部分。建议在陈述重要信息时，将课本放在一边，这会促进你对已经学习内容的记忆。

（五）复习巩固

完成上述四个步骤后，复习你已经阅读的内容，复述章节的关键内容，建立复习的习惯，因为无论你学到了多少东西，你会发现必须复习已经学到的内容。

三、掌握记忆技巧

（一）理解之后再识记

如果让大家背诵下面这样的内容，你觉得哪一个更省力呢？

1. 纷清雨明纷明节路上欲行魂人断

2. 清明时节雨纷纷，路上行人欲断魂。

所背诵的这两个内容的字数是一样的，但是，读者会明显感到第一个内容难背诵，而第二个内容好记。这是因为，第一个内容的汉字之间没有什么联系，记忆时需要机械记忆；而第二个内容中的汉字之间有密切的联系，意义性较强，记忆时可以在理解的基础上去背诵。因为理解之后再识记，背诵起来不费力。

意义识记的效果之所以比机械识记的效果好，主要是因为识记材料的意义反映了事物的本质联系，也反映了被识记材料和个体已有知识经验的关系，新材料被纳入主体的知识结构中，所以很容易记住。

由此，我们也可以得出一个有益的启示：许多似乎必须用机械识记的材料，我们可以去寻找其间的逻辑联系，或者人为地硬加上某种联系，以达到意义识记的目的。

（二）把内容转换成影像记忆

其实，记忆的过程，就是建立神经链的过程，只要在脑海里形成了较为清晰、生动的表象，就等于在脑海里建立较深刻的神经链，表象越清晰、生动，神经链就越牢固，记忆也就越牢固。

有的人可能擅长形象记忆，有的人可能擅长逻辑记忆……，但要想提高记忆，除了要发挥你所擅长的记忆方法外，还要注重应用影像记忆。

也就是说，当我们在识记时，脑子里就好像有一个屏幕，我们想象的内容就会呈现在屏幕上，当屏幕上的内容具有动感的时候，记忆会特别深刻和持久。

现在你就用这个方法找篇文章试试将内容转换成影像记忆背诵下来。具体的做法是看一句，然后让脑子里呈现关于那一句的影像，然后再看下一句……如此这样，当你把文章的每一句都转换成影像之后，你基本上就可以根据脑子里的影像把这篇文章背诵下来了，因为影像在脑海中烙印比较生动、深刻，并且形成了有趣的情节。

（三）幽默联想记忆

记忆内容越幽默、有趣，就越容易激活脑细胞，脑细胞若能处在兴奋的状态，就会增强记忆效果。假如记忆的内容本身比较抽象、枯燥，那么就可以通过幽默联想的方式，把要记忆的内容变成很奇特、很幽默、很有趣的内容，这样就容易记忆了。例如你想记 3.14159，我们可以展开这样的谐音联想，“三姨四姨五舅”。需要记住舶来品、危险、红色、结巴、哥哥、泥土、比萨这七个无关联的词语，我们就可以试图把每个词语中的一个字或同音字提取出来，于是就成了“舶危红巴哥尼萨”，然后试图用其谐音，组成一句很有趣的话：“白尾红八哥你傻”。只要记住了这句话，就等于记住了这些词语中的一个字，只要记住了词语中的一个字，就容易记忆这些词语。

（四）积极参与感官并用记忆法

期中考试快到了，同学们都开始了紧张的考前复习。李明找到了班长阿莹，向她借为考试而总结的复习提纲。因为阿莹的考试成绩每次都在班上名列前茅。李明拿到了提纲如获至宝，复印了一份，就开始背诵了起来，背了好几天，觉得掌握得还是不好。这一天，李明见到了班长，问她：“你背得怎么样了？”阿莹说：“我早就都会了。”李明心想，这怎么可能？这么多内容，她几天就全背会了？

读者朋友，你觉得可能吗？这是完全可能的。因为提纲是班长自己整理出来的，自己整理出的东西，自己去记忆、速度快、效果好。因为从心理学角度来看，我们用眼睛看、手写，同时心里也在默念，多种感官参与这个活动，最重要的是，运用积极记忆的方法。大家不妨试一试。

那么与记忆相对的就是遗忘，你可能会说，遗忘不就是忘了呗！你说得不完全对。在心理学上，遗忘是指对识记过的材料不能回忆或再认。如，你以前背诵过某首唐诗，但是现在却背诵不出来。这就是你不能够回忆。再如，你以前学过一个英语单词，但是现在却不认识这个字了，这就是不能够再认。

（五）艾宾浩斯遗忘曲线

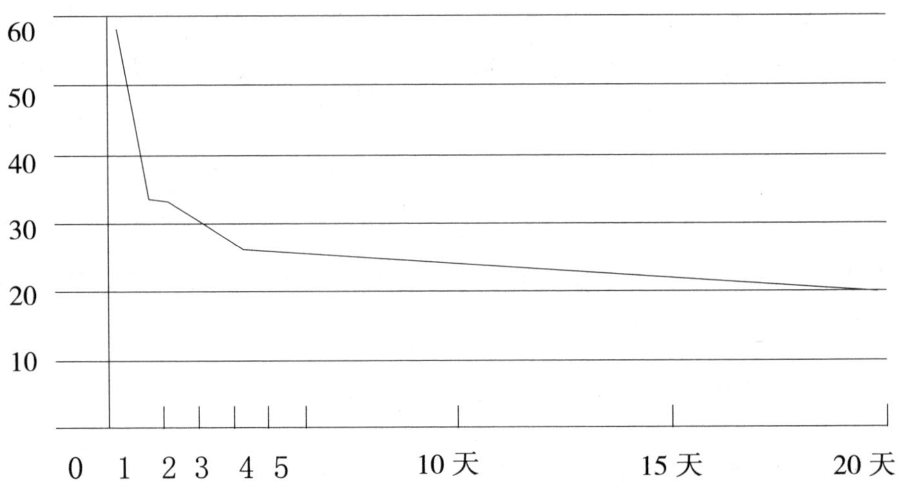

曲线显示了在 20 天期间进行测验时个体记忆的数量。在短时间里，曲线迅速下降，然后达到很小的高原状态。看看我们这样的陈述是否正确："考试时仓促填塞的知识，如果不通过进一步的学习进行巩固，并随后进行充分的复习，是会很快遗忘的。"换句话说，如果你仓促应考，几天后你不可能记得很多东西。

足够的练习：材料的保持能力随着复述的增加而提高，记忆需要付出超量的学习。

运用干扰练习：将学习分散开来，不要将时间塞得满满的。设置干扰练习能提高保持能力，不要盲目进行大规模的练习。

尽量减少干扰素：因为其他所学信息的竞争你可能遗忘信息。一种方法是管理干扰项，即在时间表上的测试之前，将你的注意力直接指向确定的主题。如果你已经运用了大规模的练习，这种测量允许你对所学的知识作一个整体的回顾。

组织信息：当信息组织得比较好时，对信息的保持能力会随之增加。通过概括材料，你能以一种帮助你学习的方式组织信息。

五、应对考试焦虑

（一）“实技心”三位一体

“实”就是实力，首先你必须把知识都要学到位，而且都要学得扎实。实力层面不到位，讲超常发挥是天方夜谭。

“技”就是所谓考试技术，包括考试信息、考试经验，这个平时训练过程中，大家都掌握了一套相应的考试技巧。如果有人问，什么样的方法是最好的，我觉得没有好坏之分，只有适合不适合，适合自己的就是最好的。

“心”即心理层面，有的同学心理素质不好，父母看他一眼也紧张，父母不关注他也不高兴。复习期间，浪费了一点点时间就极度自责，自责导致的负面情绪才是最大的问题。

所以，在考试临近的时候，决定考试成绩的因素中，学习实力反而是其次了，因为实力不是一朝一夕的事，在技术层面，学校一直在给学生加强，但是心理层面却很少有人在做。很多人实力有了，技术有了，一到考试，不能够把平时的实力展现出来，缺乏的就是心理的训练。

我中学有一个同学，他平时成绩一般，但高考却发挥得特别好，属于超常发挥。后来他告诉我，他采用了一些方法，比如“稳打稳扎”，一分一分地拿；“勇于放弃”，不会的就放弃，因为他说不需要考满分，有不会做的题目很正常；

"自我激励",如果你考不好,那其他人都考不好了;"标签心理",今天天气不错,应该会考得很好,给自己贴上正能量的标签,就会有股拿高分的气势,思路也会更加清晰。这些心理调适的方法是行之有效的。

(二)强化信心

信心与目标有关系,所以建议我们要制定恰当的目标。为此既不要盲目地与他人比较,因为每个人的基础及条件不一样;也不要自我设限定下过高的目标。

跳蚤具有很强的跳跃能力,如果将跳蚤放进一个敞口且很深的透明瓶,一放进去,它立刻便跳起来,但因为瓶子很深,跳蚤还是会竭力想要跳出瓶子,但怎么也跳不出了。几个小时后,它仍然在跳,只是此时跳蚤跳的高度远远低于之前的高度。把它从瓶子里放出来,但意外的是跳蚤并没有跳得很高。这个故事给我们一个启发,如果给自己设立过高的目标,一直达不到,我们就会产生挫败感,这种挫败感会导致一个人形成消极的自我印象。假如平时考 550 分,你把目标定在 560 分是可行的,适当的压力有助于激发潜能。

当然,在复习应考的时候,当下的目标不能太多太杂。因为我们内在的资源是有限的,当我们做这件事情的时候,脑海却想着另一件事,这就会导致精力消耗。

> 据科学家研究,大脑中有一个 DMN(Default Mode Network)机能。DMN 是一项默认功能,即使你在休息,大脑中的 DMN 也还在努力工作。令人无法忽视的是,这种默认功能会消耗掉大脑 60%~80% 的能量。更令人意外的是,抑制 DMN 消耗能量的关键是专注一个目标。当大脑在专注于某个事项的时候,DMN 的功能会被抑制。任务越困难,抑制的程度越高,也就越能减少能量的"怠速"消耗。

这意味着,当我们很专注地处理手头任务时,有可能比无所事事及多目标状态更省能量。这真是一个给力的发现,它告诉我们一个道理:我们要充满信心地复习，并且要专注当下的目标。

（三）淡化考试

看法会影响心态。假如认为中高考是命运的决战场，尽管会全力以赴，但也必然会精神高度紧张。事实上，高考只是漫长人生的一个驿站，不是终点更不是决定命运的战场，人生比拼的是恒久的忍耐及持久的付出。曾在媒体上看过一个报道：山西大同的一位女孩高考落榜后，最后患上精神分裂症，令人不胜唏嘘。事实上，高考是心灵成长的一种仪式，是人生路上的一个节点，经历高考便意味着我们从此成长。我曾有一位学生，原本成绩优异，但考试失利后由清华调剂华东交大，但她并没有失去信心，而是努力上进，最后考上名牌大学的硕士与博士，最后进入世界前十的大学当教师。

淡化考试也要从家长做起。在考前几天，紧张的不仅仅是考生，更有身后殷切期望的家长。别说做家务活，连打洗脚水、泡牛奶、拿筷子这样的小事都会被家长"包办"。首先，这种紧张的气氛会传染，与以往日常生活的巨大反差，考生很难适应；其次，会让考生觉得"父母对我太好了，万一考不好，我没脸面对他们"。淡化考试，也要从家长做起，以一颗平常心去对待高考，家长越是自然，我们也越放松。

（四）优化情绪

第一是觉察情绪。有时候，焦虑是因为内心的无力感和挫败感产生的，我们应该让自己静下来，多觉察自己的情绪和身体反应，体会那种双脚踩在地面上的踏实的感觉，体会地面给你的支持和力量。

第二接纳情绪。不压抑不否定负面情绪。把焦虑和紧张当成我们生命中的朋友，你就不会像面对敌人一样试图去击败它们，而是去接纳它们，这种负面所蕴含的能量才会被我们所接受，成为正向积极的力量。

第三是理解情绪。负面情绪只是一个状态，真正的原因是看法。将压力比作石头，放在头顶上就是压力，放在脚下就是垫脚石。因此，思维决定心态。

第四是表达情绪。要找寻方法去表达出焦虑情绪。写出来，说出来，或者找一个方法去把它发泄出来。可以与咨询老师谈，可以与长辈谈，或跟朋友谈，越想对抗焦虑，越有可能被焦虑掌控。当然，掌握一些方法也很重要，比如进行放松训练，具体操作是，让自己听一些舒缓的轻音乐，与家人一起谈一些轻松的话题，看一场搞笑的肥皂剧，进行一些体育锻炼等。

第五是转化情绪。情绪是信使，焦虑充当提醒你需要恰当放松或者去做一些事情来进行调适的角色。感到焦虑时，你可以坐下来将复习任务进行简单分解，一旦你排除干扰，把原本计划的任务完成，那会产生自我良好的感觉，这种感觉真的很棒。

（五）进入状态

首先，生理上进入状态。考试一般是白天，现在不少同学是夜猫子，建议考生现在开始每天晚上11点半左右睡觉，这样白天精神比较充足。但要注意，睡眠习惯不要刻意改变，适当提前就寝有助于提高睡眠质量，但是不要过分强调早睡，更不要随便打乱作息时间，在平时习惯的基础上稍稍提前一点即可。

其次，考试上的适应。建议考前一周每天都做试卷，可以达到练练手、热热身，找找感觉的效果，但注意不要做太难的试卷导致精神上有挫败感，从而影响信心。

最后，心理上提前预演。体验各种考试的不同情景，如请父母代替监考老师在规定的时间完成考试或通过想象的方式体验考试的感受，那么在高考时会顺利适应考场。

（六）充分发挥

首先是懂得选择。高考是考时间，时间就是分数，对于会的题目要“准、快、全”。对于暂时不会的，要选择多种方法解题，一个思路解决不了换一个思路。

其次是学会放弃。考前晚上不要提前睡觉，睡不着时要放弃“一定要睡着”的想法，顺其自然，偶尔失眠对考试影响并不大。我们想象一下，假如你拿了大奖，一夜未睡，第二天依然会精力旺盛。

最后是充满希望。准考证上的照片最好脸带微笑，那样显得更有魅力；进考场时记得微笑和老师与同学打招呼，微笑是传递一份自在与友善，微笑同时也是一种积极的自我暗示。我们都必须学习成为自己的啦啦队，也要成为别人的啦啦队。此外，一般来说，考试内容的70%还是基础知识，所以，只要你平时付出努力，相信一定会有收获。

技巧分享

一、学习计划制订原则

1. 要遵循以崇高的理想和远大的抱负为前提的原则。不能为了满足眼前的、短期的、狭隘的心理需求，把实现狭隘的、自私的利益当成目标。

2. 制定学习目标要遵循循序渐进的原则。可以先制定一个眼前比较容易实现的近期目标，然后再制定一个在相当时期以后有可能实现的远期目标，在这之间的过渡期内还可设置适当的中期目标（过渡目标）。

3. 制定学习目标要遵循明确、具体、适当的原则。要完成什么任务、达到什么标准，必须清清楚楚，切忌含含糊糊、模棱两可;要将目标细化、量化，切忌笼笼统统、大而无当，以便于自我检查、自我评价。

4. 制定学习目标要遵循全面发展、长期发展的原则。不只要积蓄丰富的专业知识，平时还要注意培养自己的综合能力，比如表达能力、分析能力、创造力、与人交往的能力等等。

二、建立学习信心

1. 制定目标和计划的时候符合自己的实际情况，不要一下子就想吞掉一个大鱼，要一步一步地来。目标越细致、越好操作。

2. 和自己作比较，不和别人作比较。当学习有进步的时候，及时地鼓励自己，不要拿自己和别人比，永远都有比自己强的人。

3. 成功的时候，分析自己成功的原因，再接再厉；如果考试失败，则分析失败的原因，以后改进和完善。

4. 做行动的巨人，行动是自信的必要条件，没有行动获得的不是自信，而是自负。

三、合理安排复习

1. 平时打好基础，合理安排好复习，做到有计划、有步骤地进行。考前复习要及早准备，有计划地认真复习。

2. 加强体育锻炼，有意识地放松情绪，可以学习一些放松的方法，还要注意劳逸结合。

3. 合理定位。考试之前，考生要根据自己的实际能力来调节自己的期望水平，既不能将考试目标定得太高，超出自己的实际能力。也不能太低，不利于实际水平的发挥。

4. 考前学生普遍存在紧张心态，大家都一样，紧张没什么特别的。

四、考试从容镇静

1. 吃早吃好。要有充足的用餐时间，最好在考前一个半小时用餐完毕。否则会因过多血液用于消化系统，使大脑相对缺血，影响大脑功能的发挥。饭菜要清淡卫生，可选用高维生素、高热量的食物。

2. 欣赏音乐。出门前十分钟听段欢快活泼的轻音乐，既可使人心情愉快，又可活跃思维。还可一面欣赏音乐，一面检查准考证、文具用品等是否带全。

3. 适时到校。一般在考前二十分钟到达为宜。太早了，遇到偶发事件的可能性增大，极易破坏良好的心态。过迟，来不及安心定神，进入考试角色的心理准备时间太短，有可能导致整场考试在慌乱中度过，造成不必要的失误。

4. 缓行忌谈。在赴考场的路上，行速要慢，以免加速心跳，导致情绪紧张。进入考场前不要高谈阔论，也不要与人交谈复习讨论题目，以免原来的“胸有成竹”的良好感觉一扫而光。考完后不要对答案，万不可以一题之小失换心理情绪之大失。

自我训练

记忆大考验

简述：随着越来越多要记的东西，试试自己可不可以

人数：不限

场地：不限

适合刚认识或不认识的人

游戏方法：

1. 全部人围成一圈，从第一个人开始说“今天我吃了一个A A”（A A为随意食物名！）

2. 接着第二个接着说，吃了一个A A，二个B B…（B B不同的食物名！）

3. 像这样一直传下去，每传一个人就必须重复前面的食物名，另加一个新的食物名。

4. 一直到有人中途讲错出局！

【做一做】请写上你的感悟与收获：

互动拓展

学习记住新朋友

一、活动目的：认识新朋友首先要记住人家的名字，同时也尽可能让人家记住你的名字；学习初次见面的交往技巧，尽快地增进同学间的相互了解。

二、活动形式：小组讨论，情境表演。

三、活动准备：收集一些记忆方法，如“谐音法”“联想法”等，以便更快地记住别人的名字。

四、活动过程：

1. 人际交往常常是以结识新朋友开始的，而记住对方的名字，并让自己的名字嵌入对方的心中，则意味着有了一个良好交往的开端。

2. “自报家门”。对自己的姓名作一个容易记的解释，让他人能很快记住；并将自己的性格、特点、爱好向大家作一简要介绍。如：同学甲：“叫秦飞，是秦侩、张飞合二为一的产物，命运注定我既可能流芳千古，又可能遗臭万年，老师对我也是喜忧参半。”同学乙：“我叫吴桔，可是我姓‘无’（吴），也就是得不到这份的吉利，我的要求不高，只要单份就行，但我又不能叫吴吉，否则连单份也没有了，只好叫吴桔。”

五、具体操作要点如下：

（1）组织者宣布活动内容后给大家一段时间考虑。

（2）发言过程中既要注意趣味性，也不能低级趣味。

（3）教师可以通过学生的发言，引导学生总结出一些方法，如“形象比喻法”“谐音法”“联想法”等。

（4）学生在找记忆方法时，不强求方法的正规，有效就行。

（5）对于记得快的同学应及时给予鼓励，如微笑、鼓掌、赞扬等等。

（6）教师可以根据需要，将此活动单独作为一节课的内容，可以布置场景，可以使用道具，可借用戏剧化的服装，学生各自发挥自己的想象力装饰自己，给自己定的角色可以借用影视中的人物，也可独创。

故事链接

重建自我

阿华是一名大二的学生，长得挺秀气，说话时声音细细的。他约我面谈，自述读书时进不了脑子，记忆力衰退得很严重，晚上睡眠状况不佳。阿华怀疑自己患有神经衰弱，曾接受家人的意见，到医院进行了全面的检查，检查结果一切正常，但是阿华接受不了这个检查结果，因为从上大学以来，他感觉学习很困难，常常要很努力的学习，才能弄懂，但过一会儿又忘了。不但如此，最近经常头晕目眩，影响了正常的生活。

交谈中，我发现他的自信心已荡然无存，对自己充满了怀疑。首先要做的是给他一点肯定，我先请阿华做几个深呼吸，放松绷紧的情绪。我拿了一张卡片，在上面写了一组数字“112439416525636749”，请阿华看 30 秒。然后请他背出来。阿华背错了好几个。我用另一张卡片写上“11–24–39–416–525–636–749”，再给他看 30 秒。然后请他背出来，这一次，阿华却一字不漏地背出来。我要求他倒背过来，结果也准确无误。我马上在这个时候对他肯定了他的学习能力，同时指出意义学习和把握内在规律的重要性。阿华的脸上有点惊讶也同时有所怀疑。然后，又拿出一张卡片，上面写了“蝴蝶、桌子、天花板、狂吠、安培、春天”，我请他闭上眼睛，想象自己回到房子里的情形，春天蝴蝶在桌子边乱飞，我呆呆地看着天花板的灯，想着爱迪生发明灯多么不容易啊，突然有一条狗在狂吠。我立刻请他背下卡片上的词，结果也能一字不漏地背下来。阿华的脸上有了真正的笑容。我用现实验证了以下几点：身体和心理没有任何问题，记忆力不但正常，比一般人都要快。

两个月后，我在路上碰到阿华，简直判若两人。他告诉我，他在学习有了很大的突破，他比以前开心多了。

第八讲

人际交往

增进益友的情谊

一个人现实的人际关系是他的内心世界向外投射的结果，而他的内心世界又是在早年的时候与其父母亲的关系中形成的。换句话来说，如果你爱一个人，那个人某些品质一定和你父母有某种相关性，恨也是！

心理导航

【心理互动】

请四个志愿者上来进行角色扮演，其中三个人聊得很开心，一个人试图加入进去，另外三个人立马转过身去。采访一下那个人有什么感受？当你在生活中遇到这样的情况，你一般会怎么处理？……

【成享与成长】

缺乏人际交往到底会给我们带来什么样的感受？

在生活中你是个善于交往的人吗？我们为什么要进行人际交往呢？这就是我们今天需要一起来探讨的问题。

交往活动伴随人的一生，以至成为了人的基本的需要之一。如果我们被排斥在外，不被人接纳，我们就会感觉苦闷，甚至失去对生活的信心。

理论解析

一、走进人际交往的世界

（一）我们为什么需要交往

我们从内心深处为什么需要交往？其动力是什么？如果没有经历与人交往，我们会变得怎么样？

1938 年，某国执法人员在该州一个农民家里意外地发现了一位已满 5 岁的小女孩安娜。她出生以后，母亲就把她单独关在楼上的黑暗房间里，每天只给她仅够维持生命的牛奶，此外不与她接触。当地官员发现她的时候，小安娜又瞎又聋，不会说话，不会笑，不会走，不会咀嚼。

人之为人，是因为有社会化人际交往，我们很多行为、习惯及心理健康都依赖于人际交往。很多孩子都曾有过这样的体验，站在镜子面前很吃惊，“这是我吗？”会回头看父母，父母对惊讶的孩子给予有力的回应：“这就是你啊！”父母的欣赏与赞美令孩子感到满足，增强了自信。可是，当孩子慢慢长大，父母却不再给予孩子有力的回应，孩子对世界越来越疑惑，越来越缺乏自信了。

还有人不断通过抱怨的方式表达他现在的困境，咨询师要提醒他，咨询师是协助他解决问题而不是来听他抱怨。大多数情况下，这样的提醒只能起到短期的效果，要改变一个人的人际交往的模式和语言风格太难。当对方在抱怨时，咨询师就不说话，并想离他远一点，当他在积极商讨如何解决问题时，咨询师会将椅子挪前一点点。人际交往这个信息对于心理问题的解决很重要。

小时候我们都玩过“过家家”游戏，这个游戏正是这个阶段幼儿喜欢玩的一种游戏，他们扮演爸爸妈妈，事实上是进行角色预演。长大以后当爸爸妈妈就很自然，如果没有经过这个阶段，那么进入角色相对会比较难。

是的，游戏是一种充满想象力的人际交往，对一个人早年的心理和能力的发展有很大好处。比如，从中学会相处：在“过家家”游戏中，孩子乐于服众，乐于打下手，也乐于参与到孩子们的家庭中当个小角色。小孩子自然就当孩子，各得其所，乐在其中。在这一过程中，孩子能渐渐学会与人和平共处，得到点滴人际关系的经验，这是十分重要的。目前很多家庭都仅有一个孩子，在家中他们习惯于独占一切玩具。与大人做游戏时大人迁就，不能学会体谅别人。同别的孩子一起玩耍时，**一不能独占，二要听从吩咐，三要体谅别人**。否则会遭人拒绝。孩子们都害怕别人不同自己玩，处处要使自己符合大家的意愿，这种教育是家庭和父母不可能代替的。

（二）为何在人群中独自喜欢你

如何让心仪的异性对你产生激动人心的恋情？这始终是青年男女感兴趣的话题 。

有位情绪心理学家曾经做过一个经典的现场实验，从心理学的角度说明了其中的缘由。

实验中，研究者找到一位漂亮的女性作为研究助手，由她到一些大学男生中做一个调查。调查的内容并不复杂，首先，让这些被试者完成一个简单的问卷，然后，根据一张图片编一个小故事。实验的特别之处在于，参加实验的大学生被分为三组，调查发生在三个不同的地点。一是一个安静的公园；二是一座坚固而低矮石桥上；最后的地点是一座危险的吊桥。这位漂亮的女性在对所有的大学生进行完简短的调查之后，她把自己的名字和电话号码都告诉了每一个参加实验的大学生。如果他们想进一步了解实验或者跟她联系，可以给她打电话。

研究者所要探讨的问题是：大学生们会编出什么样的故事，谁会在实验后给漂亮的女助手打电话?

参加实验的大学生编撰的故事千差万别，给女助手打电话的人也是各不相同。实验结果最有趣的发现是：与其他两组相比，在危险的吊桥上参加实验的大学生给女调查者打电话的人数最多，而他们所编撰的故事中，也更多含有情爱的色彩。

研究者利用情绪二因素理论对实验的结果进行了解释。他们认为，与人们的一般常识不同，个体的情绪经验并不是因自身的遭遇而自发形成，它是一种两阶段的自我知觉过程。在这一历程中，人们首先体验到的是自我的生理感受，然后，人们会在周遭的环境中，为自己的生理唤醒寻找一个合适的解释。在现实生活中，对同样的生理表现可能会存在着不同的但都是合理的解释，有的时候，人们会很难确定我们的生理表现是由哪一种因素造成的。比如，当你跟一位心仪的异性看恐怖电影时，你感受到自己心在怦怦乱跳，呼吸也变得急促起来，那么，这是电影情节太过恐怖呢？还是身边的人物令你心动？你不可能说，“此时，我生理表现的57%是来自异性的吸引力，32%来自恐怖电影，另外11%是因为刚吃的零食来不及消化”。很多时候，由于难以准确地指出自己生理表现的真正原因，我们会产生对情绪的错误认识。比如，将看恐怖电影引起的心跳过速理解为身边异性致命的吸引力。在心理学上，将人们对自己的感受做出错误推论的过程称之为唤醒的错误归因。

大家知道，当人居于危险的情境中时，会不由自主地心跳加速、呼吸急促，形成相应的恐惧之情，这是不以人们的意志为转移的。对于那些参与调查的男大学生而言，无疑，那些在危桥上的参与者们更容易在生理上有所激动。根据情绪的二因素理论，他们会对自己的生理表现寻求一个合适的解释。与其他两组参与者不同的是，对于自己心跳和呼吸的异常表现，在吊桥上的男生可以产生两种都看似合理的解释，一是因为调查者的无穷魅力让自己意乱神迷，二是因为吊桥的危险让自己心如撞鹿。两种解释似乎都有道理，都可以接受，而真正的原因却是难以确认的。在这样模糊的情境下，一些大学生对自己生理唤醒进行了错误归因，即，对于吊桥上的一些人，本来是危险的环境致使他们心跳过速，但是他们却将这错误地理解为是调查者的魅力所致了。而正是这样的原因，导致了那些处于危险情境中的人，与其他环境中的人相比较，对自己身边的调查者产生了更多的兴趣，更多地拨通了漂亮女调查员的电话。

情绪二因素理论也可以解释我们在生活中或者影视中常常看到的场景：漂亮的女士处在危险中，英俊的男生英雄救美后与其喜结良缘；恋爱中的两性在丛林中追来跑去，然后在角落里的深情一吻；为了躲避危险一男一女携手狂奔，然后是彼此情感的进一步升华；玩完刺激无限的过山车，年轻爱侣们的心似乎更贴进了……这所有的场景都有一致之处，首先是相应的场景引发了人们的生理唤醒，如心跳加快，呼吸急促，最终导致了更进一步的相亲相爱。

二、人际交往的需要

（一）本能的需要

强调本能作用的心理学家认为，人的交往需要是一种本能，是在个体发展进化过程中逐渐形成的适应社会生活的能力，它通过遗传直接传递给后代。例如，人类的祖先古猿的自我保护能力很低，与许多野兽相比，它们的体力较弱，奔跑的速度较慢，没有尖利的爪子和牙齿来抵御外敌，古猿必须采取集体行动，依靠大家的力量来抵御外敌的侵害，依靠集体的智慧来保存种族的繁衍和发展。这样，经过漫长的进化和演变过程，古猿逐渐形成了集群的习性，并通过种族繁衍遗传给后代。

人类的研究结果提供了这方面的证据。婴儿一出生就需要周围环境能为其提供温暖、舒适、食物和安全，以保证其健康成长。通常母亲能为其提供这些需要。在婴儿与母亲的积极交往中，婴儿与母亲形成和发展了积极的情感联系，这是人类个体最早形成的社会性交往。

不仅仅人有这个交往，就是动物也有，小动物（如小鸟）在出生后一个短时期，具有很容易形成的一种本能的反应。这种反应包括：(1) 出生后最先看见或听见的对象似乎是印入它的感觉中的，因而对该对象产生追随的反应；(2) 不但偏好追随该对象，而且喜欢接近它；(3) 在印刻的对象消失后，发出悲鸣；当它重新出现时，发出满意的叫声。在自然环境中，印刻现象对小动物的生存是有价值的。母鸟是小鸟的保护者，母鸟也是小鸟出生后看见的第一个对象。这种印刻现象使小鸟依恋母鸟，保证它的安全。

研究表明，印刻的对象不一定是小动物的母亲。小鸟不一定追随自己的母鸟，也不一定追随同种类的母鸟。只要是遇到的第一个对象，小鸟就会追随它。

其实我们每个人内心都有一个需要成长的孩子，这个孩子就是童年的自己。早年母亲对你有很好照顾就能顺利成长，获得安全感。这个小孩就和你一块成长，是同步的，人格是成熟的。如果幼年时，母亲没有很好的照看，就得不到所需要的营养，就长不大。生理年龄与心理年龄是不吻合的，常常表现为幼稚和不成熟。也正是在与母亲的积极交往和相互作用中，在母亲的指导和要求下，婴儿还学会了参与交往、发动交往和维持交往，解决交往中的冲突和矛盾，习得了最初的社会交往技能，并积累了社会交往经验。形成亲密的人际关系，人才会有安全感。

（二）合群需要

心理学家曾经做过一项实验，探讨处于孤独状态下的个体的合群需要。研究者先将被试者分为高恐惧组和低恐惧组，在高恐惧组，主试告诉被试，他们将参加一项电击实验，电击会很厉害，很痛，但不会留下永久性伤害，而且这项研究是为了获取有关人类发展的某些有用的资料。在低恐惧组，被试被告知，电击时只是有点痛，感觉有些轻微的震动，不会有任何伤害性后果。然后，在被试等待接受电击的时间里，研究者逐个询问他们，是愿意独自等待，还是想与其他人一起等待。结果发现，当个体对周围环境缺乏了解和把握，心情紧张，有高恐惧感时，他们倾向于寻求与他人在一起，倾向于寻求他人伴同。而处于低恐惧的情况下，这种合群的需要并不那么强烈。可见，与人交往能增加人的安全感，减低恐惧感。我们在日常生活中也往往如此，如高考的时候，家长会把考生送到考场。

心理学家还做过一项实验以证明人们交往的需要：他请人到一间没有窗户但有空调的房间去住，每小时付给丰厚的酬金。房内除了一桌、一椅、一床、一灯，别无他物。三餐由人送至门底下的小洞口，住在里面的人伸手就可拿进食物。他把 5 个自愿应征参加实验的被试分别关进五间与外界隔绝的小房。

很多大学生都跃跃欲试，认为利用这个机会可以好好睡一觉，或者考虑论文、课程计划。但结果却令很多人大跌眼镜：没过几天，志愿者们就纷纷退出。

他们说，他们感到非常难受，根本不能进行清晰的思考，哪怕是在很短的时间内注意力都无法集中，思维活动似乎总是“跳来跳去”。更为可怕的是，50% 的人出现了幻觉，包括视幻觉、听幻觉和触幻觉。视幻觉如出现光的闪烁；听幻觉似乎听到狗叫声、打字声、滴水声等；触幻觉则感到有冰冷的钢板压在前额和面颊，或感到有人从身体下面把床垫抽走。在过后的几天里，被试注意力涣散，不能进行明晰的思考，智力测试的成绩不理想等。通过对脑电波的分析，证明被试的全部活动严重失调，有时被试甚至出现了幻觉（白日做梦）现象。

这项研究说明，脱离人群的人是无法生存的，同时人们对孤独、隔离的容忍力存在相当大的个体差异。

例如，当你得知你的某个观点被他人所反对时，你一定会觉得很沮丧，同时会有一种恐惧感。可是，如果这时你知道与你持同样观点的不止你一人，你就又会感到减轻了恐惧感，得到了安全感。你好像坐位置，如果你一个人坐在第一排你会感觉有压力。当你知道你一个人考试不及格时，感觉很痛苦，但当你知道很多人考试都不及格时，你的痛苦就会减半。团体辅导利用这个特点，就取得很好的效果。当发现一样的感觉，甚至他们比我们更不幸时，我们就会找到归属感。所以当同学在痛苦的时候，陪伴他们一段时间就是一种很好的安慰。

（三）自我肯定需要

让爱我的人看着我快乐，这是对他们最好的报答，让恨我的人看着我快乐，那是对他们最好的报复。快乐比忧伤道德，因为情绪是可以传染的，所以在人际关系中，快乐是一种礼貌，而忧伤是一种不礼貌。一生下来就会哭，笑是后来才学会的，所以忧伤是一种低级的本能，而快乐是一种更高级的能力。

我们每个个体对自身的了解都来源于社会学习过程，当婴儿随着自身生理方面的成熟，随着对周围环境的认识加深，他们逐渐能够区分开自己与周围环境的关系，能够区分开自己与他人的关系时，他们就有了了解、认识自己的需要，也就产生了自我意识。但是个体对自己真正的了解，还必须依赖于与他人的交往。

个体对自己的认识是先从认识别人的评价开始的。别人对个体的评价、态度，包括对待他们的行为方式就像一面镜子，使个体从中了解了自己，界定了自己，并形成了相应的自我概念。

镜中人的游戏：主体与客体对应，接纳自己，是从接纳自己的外形等开始。

照镜子大半会有一些自恋，自恋的感觉挺棒的。你们早上起床照镜子的同学请举手，照完镜子感觉自己不错的同学请举手，完了之后会大声地说，今天我真帅我真漂亮的同学请举手。这说明认识自我，了解自我，更要学会悦纳自我。

然后请两位同学做一个角色扮演。一个做镜子，一个对着镜子做动作。

有同学面无表情，目光呆滞，不停地搓手说他没有朋友，就请镜子做一个角色扮演模仿他。

有一种特殊的心理疗法，被心理学家称为“内在小孩疗法”或者“内在小孩运动”。主要治疗目标在于提升人的自尊与自我价值感、减少自怜自恨、增进自爱与自我抚慰的能力。

内在小孩的概念类似于“赤子之心”。在社会化的过程中，人们隐含地认为成熟即是不要孩子气，导致逐渐与内在小孩分离而造成情绪问题。因此应找寻一个适当的情境，重新创造我们在孩提时所曾有过的感受（尤其是与父母相处时的感受），以便能有回家的感觉。

所谓回归内在的赤子之心，可以是变得更自由、开创、有活力，但也可能变得撒野、忽视他人与逃避责任。而让儿童往好或往坏的方向变化，其关键就在于母亲原型，只有能处理好儿童原型与母亲原型间的依赖与独立关系，才能发展儿童的正向灵性经验；也可能导致个人拒绝长大，逃避成人世界的现实与责任。

> 例如一个人被他的父母所钟爱，被他的老师所重视，被他的朋友所尊重，大家都愿意和他交往，那么这个人就一定会认为自己是一个具有某些令人喜爱的品质的人。如果有一个人常常被老师和同学推举担任某项工作，大家有难题时也都愿意向他请教，那么这个人一定会认为自己是一个在某些方面具有才能的人。

通过这样的“镜像自我”，个体的自我概念就引导自己塑造了实际的自我，否则，个体就无法正确地认识自己。如果个体从出生起就没有接触人类社会，就没有与人正常交往的机会，那么，尽管他可能各方面的生理机能发展正常，但他的自我概念发展却会受到抑制。所以，在社会生活中与他人进行有效的交往，了解别人对自己的态度和评价，就可以使我们更好地了解自己，确立自己在群体中的地位，并树立相应的可行的奋斗目标。

心理学研究发现，个体总是会选择一些自己愿意在心理上接受的群体与其进行比较，并接受这些群体对自己的影响，把自己的态度、价值观和行为都与之对照。当然这个过程离不开社会交往。事实上，在一般情况下，如果只知道自己的一些品质或某些特征，我们还会觉得不够。比如当我们知道自己的身高已达到160厘米时，还会想知道同龄人的平均身高是多少，自己在同龄群体中是比较高些，还是比较矮些？当老师告诉我们某门课的考试成绩后，我们还会迫切想知道班里其他同学在这门课上的成绩，从而确定自己在这门课上的成绩是较好呢，还是较差？人是社会性的动物，只有在与他人的交往中才能形成社会技能和学会各种知识。与他人比较，就会形成不恰当的自我概念，还会影响自己的行为方式。

（四）需要层次理论

人类有五大类需要，即生理需要、安全需要、归属和爱的需要、尊重的需要和自我实现的需要。乍一看来，这里似乎没有交往需要的地位。可是实际上，每一种需要的满足都离不开人的交往活动。因为，这五大类需要既不能在个体自我的范围内取得满足，也不能单凭个人的力量从外界求得满足。

即便以人类比较低级的需要——生理需要和安全需要而言，这两种需要涉及的物质资料（如食物、住房）的取得，就不能脱离同他人的关系。

安全需要也与他人有关，婴儿躺在母亲的怀抱中通常具有最大的安全感受，恐惧而缺乏安全感的人有企盼同类群体的倾向。我们在感到恐惧时，会无意识说一句话——“妈啊”——妈妈往往是比较安全的。

归属和爱的需要以及尊重的需要，更加直接地意味着人对交往的需要。因为个体的归属就是个体对另一个体或群体的某种依属关系，这种关系只能是交往的产物。

一个小孩成绩较差，经常被老师看不起，受家长轻视，所以会变么调皮，因为正常的方式得不到关注，就与异常的方式来取得关注。很多老师不知道这一点，看到他调皮就把孩子拧到讲台上来，这样一来，这个孩子更开心，为什么，这样一来就成了大家瞩目的焦点，正好满足了他自我尊重的需要。

根据“需要层次”论，低一级的需要不能满足，就难以提升到高一级需要。

低级需要与高级需要的关系：需要层次越低，力量越强。只有满足低级需要的基础上，才出现高级需要。高级需要与低级需要并非是对立的，低级需要部分满足可产生高级需要。

（五）四种典型的交往关系

沟通分析学家认为：每个人因为过去经验的不同，而形成不同的生命地位（心理定位分为 Parent（父母）、Adult（成人）、Child（儿童），所以又称为人格结构的“PAC 分析”三种状态），这是你对自己和别人的看法，它决定了你的生活方式、你与人交往的态度和方法。

“父母”这种心理状态以权威和优越感为标志，通常表现为爱指使人、喜欢训斥人等权威式的作风。当一个人的人格结构中 P 成分占优势时，这种人的行为表现为凭主观印象办事，独断专行，滥用权威。 这种人的语言特征为常使用不容分辩的“应该”“不能”“听着”等词汇。

这种心理状态表现为注重事实根据和善于进行客观理智的分析。这种人能从过去积累的经验中，估计各种可能性，然后作出决策。当一个人的人格结构中 A 成分占优势时，这种人的行为表现为：成熟、理智、客观、冷静、尊重别人。这种人的语言特征是常使用“我个人的看法”“有可能”。

“儿童”状态像婴幼儿的冲动，表现为服从和任人摆布。一会儿逗人可爱，一会儿乱发脾气。当一个人的人格结构中 C 成分占优势时，其行为表现为遇事畏缩，无主见，感情用事，喜怒无常。这种人的语言特征为常使用“我猜想”“不知道”。

在交往时可分为四种生命地位，即四种心态，形成四种典型的交往关系：

***

1.“我不行（好），你行（好）”。觉得自己很不好、很不行，而别人都很好、很行。在人际交往中表现为自卑、退缩、孤立、消沉、抑郁，人际关系较差。

2.“我不行（好），你也不行（好）”。认为自己是不好的，但别人也一样，都是不好的表现退缩，不想与别人建立关系，人际沟通也困难。

3.“我行（好），你不行（好）”。认为只有自己是好的，别人都是不好的，因此，对别人没有一点基本的尊敬。在人际交往中，最爱自己，不需要别人，凡事责怪别人，推卸责任，自大且孤独。

4.“我行（好），你也行（好）”。最理想的交往心态，对别人或自己都抱正向的看法，喜欢与别人沟通交往，人际关系好。

如何利用这个 PAC 理论，改进我们的人际交往？

1. 在人际交往中要多了解自己与他人交往时的自我心理状态；2. 留意对方的 C 状态；3. 将交叉方式转为平行方式；4. 强化成人自我心态，“成人”心理状态是主要途径；5. 注意心理状态和交往情境的结合。

三、人际交往的功能

（一）自我认识的功能

我们对自己都有一个自我认识，它是综合了以往的成败经历、现在的社会地位、与周围人的比较以及别人对自己的评价等因素，再由自己进行分析而得出的。他人的评价是自我评价的一个依据，但不是唯一的依据。所以，我们要有主见，不会因别人夸赞自己几句就沾沾自喜和得意忘形，也不会因别人贬低自己就垂头丧气和一蹶不振。

女性比男性更容易相信和依赖于他人的评价。主要的原因是女性从小到大，比较缺乏严格考验自己能力的机会，很少有探知自己能力的训练。所以不少女性往往对自我没有一个评价的基准，对别人的看法和态度全盘牢记在心，并表现出强烈的忧喜倾向。

（二）信息交流的功能

在人际交往的活动中，每个人都可能会获知部分盲区的信息，也会暴露部分封闭区的信息，同时从无知区生成新的信息。人际传播就是这样处于永恒的流动中，人们总是希望探求到更多的对方信息，但总是无法完全达到目的。

（三）心理保健的功能

不健康的内向性格是不自然、不和谐的状况，还有一些忧郁、压抑甚至悲伤。他们明显地对自己的状况不满意，而且会为自己拙于言辞或在公共场所表现不佳而深深的自责。由于长期的退缩，他们也会散失一些实际的利益，这同样也是他们不能接受的。这样的人可能很安静，内心却冲突不断。一方面，他渴望交流，渴望了解他人，也被他人了解；另一方面，由于在交流中受到了太多的伤害，他总是对交流的情景和结果心存畏惧。

（四）行为协调的功能

行为反应适度，不过敏，不迟钝，与刺激情景相应；个体应与客观现实环境保持良好秩序，既要进行客观观察以取得正确认识，以有效的办法应付环境中的各种困难，不退缩；又要根据环境的特点和自我意识的情况努力进行协调，或改变环境适应个体需要，改造自我适应环境。

四、人际交往理论

（一）人际需求的三维理论

人际需求的三维理论，指的是每一个个体在人际互动过程中，都有三种基本的需要，即包容的需要（归属）、支配的需要（控制）和情感（爱）的需要。这三种基本的人际需要决定了个体在人际交往中所采用的行为，以及如何描述、解释和预测他人行为，而且我们所建立的关系为何种，也仰赖互动双方的人际需求程度而定。

人到一个新的环境中，总是力图使自己融入团体，与他人建立良好的、和谐的关系。如果他感到受冷落了会变得更加的孤僻，退到自己的孤独天地，或者是想办法扭转这样的局面。包容的需要可以转化为动机，同时产生包容的行为。如果人的包容需求没有满足，那么他在人际关系当中容易产生低社会行为或超社会行为。低社会行为表现为内倾、退缩、避免与他人建立关系、拒绝加入群体之中。他们一般会同别人保持一定的距离，也不参加、不介入别人的活动。超社会行为比较外向，经常与他人接触，常常是表现性的。这种行为对于别人有很强的感染力。

（二）社会交换理论

社会交换理论将人际交往重新概念化为一种社会交换现象，认为人际传播的推动力量是自我利益，人们出于交换包括爱情、定位、服务、货品信息和金钱等资源的需要进行相互间的传播活动。传播学认为，社会交换的提出有其社会学、心理学，社会心理学等多学科根源。受到经济交易理论的启发而产生的社会交换理论，强调社会互动过程中的社会行为是一种商品交换。该理论的基本假设是：人们所付出的行动，要么是为了获得报酬或奖赏，要么是为了逃避惩罚，而且，人们是按照尽量缩小代价，尽量提高收益的方式行动的。

交换，不仅是物质商品的交换，还包括赞许、荣誉或声望等非物质的交换。在人际交往当中得到的是报酬，付出的是代价。精神利润就是报酬减去代价，除去双方得利，否则社会互动无法进行下去。良好的人际关系就是在这样的动机驱使下完成的。在我们现在的社会中竞争已不再是拼个鱼死网破，而强调的是竞争与合作，就是出于这样一个道理。社会交换理论最成功的是发展了分配上的公平原则。该理论从分析人际关系中双方得到的报酬和付出的代价入手，更加清楚地说明人际关系的本质。社会交换理论认为人际关系首先是建立在自我利益的基础上，即人们要选择最能使自己获利的他人，同时为了得到收益又必须给予他人。

所以，个体在社会交往中，如果给予别人的多，他就会试图从双方的交往中多得到回报，以达到平衡。如果他付出了很多，但得到的却很少，他就会产生不公平感，就会终止这种社会交往。相反，如果一个人在社会交往中，总是付出的少，得到的却多，他就会希望这种社会交往继续保持，但同时也很可能会产生内疚感。

（三）社会模仿理论

社会模仿理论认为，社会上的一切事物不是发明就是模仿，而模仿是最基本的社会现象，模仿内容以外显行为为主，如表情、姿势、行为方式、动作等。模仿榜样者的行为总是以自己的期望为准则，即模仿者总是模仿自己所希望、所倾向、所喜欢的行为，如有些学生喜欢某个明星，就会在自己的外在形象，甚至语言等方面进行模仿，或者喜欢某一成功人士，会受到他的行为事迹的鼓励，在学习工作生活中进行模仿，这就是榜样的力量，所以这一理论充分指出了人际传播对人格形成的重要作用。该理论认为模仿分为无意模仿和有意模仿。前者是个人在不自觉状态下对他人行为的反射性模仿，而后者就是基于一定的动机或目的地自觉模仿。人在社会化过程中的各种学习，也可以说是一种自觉的模仿或有意识的模仿。

技巧分享

1. 积极性原则

有一句话说得很好，生活像一块冰，你对它冷冰冰的，它回报你的也必然是冷冰冰的；但如果你用火一般的热情去对待它，它就会化作温柔的春水来报答你。当我们用积极的心态去对待自己和别人时，最终受益的肯定是我们自己。

曾经有位心理学家做了一个非常巧妙的实验：实验人员让两组参加者向同一位女士打电话。告诉第一组说，对方是一个冷酷、呆板、枯燥、乏味的人。告诉第二组说，对方是一个热情、活泼、开朗、有趣的人。结果，发现后一组的参加者与那位女士交谈得很投机，通话时间也明显比前一组的参加者时间长。而前一组的参加者与女士的交谈很难顺利地进行下去。出现这种情况的原因是显而易见的，你事先的预期或看法决定了你的交往方式，包括你的语言信息和非语言信息都会受到预先期待的影响。

2. 相似性原则

“态度愈相似的人，彼此愈喜欢对方。”“态度相似”与“喜欢程度”之间的正向关系，称为“吸引法则”。所以人们会采用“适配原则”，挑选那些与自己在态度、社会背景、人格等方面较为接近的人，作为朋友、约会的对象或配偶，相似性是导致吸引的重要因素之一。人们总是喜欢那些与自己类似的人，比如在信念与态度、兴趣爱好、背景经历等方面与自己相似的人。彼此之间相似性越大，彼此的吸引力也越大，常有“物以类聚，人以群分”之说。一般来说，教育水平、经济条件、社会价值等方面相似的人更容易成为好朋友。

3. 交互性原则

心理学家曾做过一个有趣的实验：被试者为大学生，分为四组。让各组被试“无意中”听到别人对他的一系列评价，然后让被试对他的评价者的喜欢程度打分。四种情况：

受到“否定到肯定”评价；
一直受到“肯定”评价；
一直受到“否定”评价；
受到“肯定到否定”评价。
结论：喜欢导致喜欢

受到“否定到肯定”评价的得分最高，为7.67分；一直受到“肯定”评价的得6.42分；一直受到“否定”评价的得2.52分；受到“肯定到否定”评价的只得0.87分。

人们喜欢那些对自己的喜欢程度不断增加的人，尽管他人起初时对自己并不喜欢，但只要后来确实表现了喜欢自己，这种人就会备受欢迎。人们不喜欢那些对自己的喜欢程度逐渐减少的人，即使他们当初的确喜欢过自己，但只要后来变得不喜欢了，那么这种人就比那种一贯不喜欢我们的人更加不为我们所喜欢。

4. 接近性原则

研究发现，两个愈接近的人，愈可能彼此吸引，进而成为朋友。时空的接近性是建立友谊的先决条件，同时对于人际吸引也有重大的影响力，时空接近性除了友谊形成外，对于人们伴侣选择上，也有其重大的影响力。

空间上的接近会增加人际吸引，一是时空的接近可以使人更容易相互了解因而易于建立融洽的关系；二是根据社会交换理论的解释，人们在互动中总是想用最小的代价换取最大的报酬，和临近者交往，可以节约时间、精力等，往往只要付出极少的代价就能达到较好的目的。

接近导致吸引的三个原因：

***

A. 因为距离接近，彼此互动所需付出的成本较少，而酬赏却相对的较多

B. 因为接近，导致增加获取对方相关讯息的机会

C. 因为彼此接近的人，容易产生熟悉的感觉，进而增加彼此的吸引力

5. 曝光性原则

对于越熟悉的事物，我们越可能产生喜欢的感觉，对人也是如此。“曝光效应”的观点是认为若增加一个人的曝光率，就可以增加我们对此人的喜欢程度。一个人的重复出现会增加我们辨识出这个人的可能性，因而减少不确定、不安的感觉，而增加了对这个人的正向感觉；对一个人熟悉时，我们就可以预测对方的行为；对一个人熟悉时，越可能发现或假设对方与我们相似，因而增加对此人的好感。

6. 吸引性原则

因为“光环效应”的作用，人们总是会认为相貌好的人同时具有其他优良品质，如：聪明、能干、更善于社交等；同时“美丽的辐射效应”，和漂亮的人在一起，也能大大提高自己的社会形象，就像对方的光环笼罩着自己一样。大多数的研究都证实外表美丽的人，的确较受到他人的欢迎，而且，在社会互动中，也获得较好的待遇。因此，我们要注重自己的仪容仪表。

7. 互补性原则

研究发现，需求的互补是关系能够长久维持的重要因素，而“相异吸引”的互补性有两种形式：一是需求上的互补，也就是一方所需要或缺少的，正是另一方所能提供或具备的，互补性的形式可能导致彼此间的吸引，可以满足彼此的需求。一个希望被呵护、照顾的人，遇到一个喜欢照顾、保护他人

的人，二人的需求，都能获得满足。互补的人容易互相吸引，研究表明当双方的需要和满足途径互补时，双方的喜爱程度才会增加。

8. 渐进性原则

人际交往是一个由浅入深的过程。一是定向阶段：对于注意到的对象，人们进行初步的沟通，进行表层自我表露。初次接触，谈话生疏，只作礼貌性客套谈话，以致互动不丰富。二是探索阶段：如果在定向阶段双方有好感，产生继续交往的兴趣，那么就会进一步自我表露。三是交流阶段：如果在情感探索阶段谈得来，建立了基本的信任感，那么就会发展到情感交流阶段。此时，双方关系超越了正式规范的限制，比较轻松自在，有不同意见也能坦然相告。四是稳定阶段：情感交流能够顺利进行的话，人们就可以进入更加密切的阶段。彼此在心理相容性方面进一步拓展，允许对方进入自己的私密性领域，自我暴露广泛而深刻。

自我训练

找呀、找呀、找朋友

根据你的需要至少先写10条你所交的朋友的特点。这些特点一定要具体，如：我想找一个爱好打篮球的人；或来自浙江杭州；或4月出生等等，根据这些特点去寻找朋友。

1. 寻找共同点，迅速拉近关系

讲述相似或相同的经历,让对方有志同道合的感觉。要想得到对方的信任，让自己的话更有说服力，只要想办法让对方把自己视为“自己人”就行。“自己人”的含义就是说，这样的经历我也有过，你的错误我也犯过，你这样的想法我也有过等等。一个人，一旦认为对方是“自己人”，则另眼相待，人们喜欢那些和他们相似的人，那些经历、价值观、态度等与自己相似的人，越相似，就越喜欢。

2. 见面时间长，不如见面次数多有效

见面次数多,即使时间不长,也能增加彼此的熟悉感、好感、亲密感。相反,见面次数少,哪怕时间长,也难以消除因间隔的时间长而造成的生疏感。显然,在很多时候,见面时间长,不如见面次数多。如果你想与某人建立良好的关系,这方法也适用。

3. 主动热情，在最短的时间内缩短与别人的心理距离

在与人交往的过程中，尤其是与陌生人的交往过程中，每个人都会希望别人比自己更主动。根据人们的这种普遍心理，我们可以利用交往过程中的主动来给别人留下良好的第一印象。认为自己在与人交往的过程中主动了就是让别人占了便宜，这是错误的认识。应该觉得自己引导和控制了整个交往过程，并从中体会到成就感。

4. 建立良好的自信，善于表达自己的优点而不过分夸大

人们不只希望自己是自信的，也希望自己的交往对象是自信的。所以在与人交往的时候，要建立良好的自信，勇于向别人展示自己的优点，大方接受别人的夸奖。但是要记住，凡事都有个度，勇于向别人展示自己的优点并不是向别人炫耀自己。把握好这个度，需要在与人交往的过程中不断地反省，调整自我。

【做一做】请写上你的感悟与收获：

互动拓展

内外两圈

自由交流训练：随机选择两组同学站成内外两个圈，内圈的人面向外，外圈的人面向内，形成两两一组，自由交流。

交流要求：

主动热情打招呼、面带微笑；保持适当的目光接触；站立姿势自然、舒适；音量适当。每两分钟外圈同学左移一步，与另一位内圈的同学交流。

请同学们发表一下对参加训练的感受。

故事链接

人际交往的四法则

一位青年人拜访年长的智者。

青年问："我怎样才能成为一个自己愉快、也能使别人快乐的人呢？"

智者说："我送你四句话，第一句是：把自己当成别人。即当你感到痛苦、忧伤的时候，就把自己当作别人，这样痛苦自然就减轻了；当你欣喜若狂时，把自己当作别人，那些狂喜也会变得平和些；第二句话是：把别人当作自己。这样就可以真正同情别人的不幸，理解别人的需要，在别人需要帮助的时候给予恰当的帮助；第三句话：把别人当作别人。要充分尊重每个人的独立性，在任何情形下都不能侵犯他人的核心领地；第四句话是：把自己当作自己。"

青年问道："如何理解把自己当作自己，如何将四句话统一起来？"

智者说："用一生的时间，用心去理解。"

第九讲

爱的美好

真心会懂得真爱

因为爱，从此学会了爱也能给予爱；世界上最伟大的爱，不是浪漫，而是有话好好说，因为在爱的世界里，只是谈爱的场所，不是讲理的地方；最浪漫的爱，是彼此一起成长，因为爱情没有永远，唯有不断成长才会更加美好！

心理导航

【心理互动】

“我是一名大学生，我不是喜欢我班的一个女生么，我在追她。我就对她说了，然后把短信发给了全班同学，然后那女生就哭着给我打电话，其实我是真的喜欢他”。

这是一封同学的情感故事信，请大家来看看，你对他的爱情有什么建议？

【分享与成长】

（1）他具有哪些优点？又有怎样的性格特点？

（2）在初恋，为什么说“慢，就是快”？

（3）男生与女生心理有何差异？

理论解析

一、走进初恋世界

（一）初恋为何重要

我们的一生都在寻找一个自己爱的人，同样也在寻找爱自己的人。如果能找到，那是人生的幸福。人生的痛苦莫过于“我喜欢他，他不喜欢我”，或“他爱我，我却不爱他”。

爱是世界上丰富的精神现象，很多问题都产生于“爱”。有的人只爱别人不爱自己，“没有他，我活不下去了”“他是我全部”；有人只爱自己不爱别人，恋爱是通过对方找到自信；有的人既不爱自己也不爱别人；有的人爱错了对象，“不爱异性，只爱同性”，或者只爱异性的私人物品；还有泛滥的爱，这个我也喜欢，那个我也想占有。

“谈恋爱”是一个动词，一定是要去体验和实践，可以看看身边的异性，你喜欢他吗？喜欢他就和他谈谈，试探性了解和接触。

初恋是重要的，因为我们的爱情观是在初恋中形成的，假如初恋是失败的，那么需要引起高度重视。

（二）初恋，我们不懂爱情

1. 女生是含蓄的

女生的心思你别猜，从进化心理学来做一个解释，男孩与女孩的情感表达方式是不同的，对待爱情的态度，女孩是含蓄的。佛罗里达大学心理学家曾有过一次随机采访的实验，问受访者在初次见面是否愿意发生性关系，80%的男性会答应，而 100% 女性不会答应。进化生理学认为，男女发生爱情的代价是不同的，男性精子的数量几乎不受限制，如果不限制地繁殖，可以在几年内让全世界布满你的后代；而女性卵子的数量很少，即使拼命地生，包括多胞胎，一辈子至多有几十个。还有，女性怀孕的风险也是不同的，有可能会付出生命的代价，因此女性比男性更挑剔，对情感更慎重。

2. 男生是自卑的

男人为什么自卑？进化心理学认为，在科学并不发达的漫长岁月里，男性没有办法鉴别出生的是自己的后代，而女性却始终知道出生的后代里面携带自己的一半基因。

3. 女生是唠叨的

女生比男生天然有更强的表达力。一位心理学家曾做过一项关于人类每天平均说多少个字的调查统计，调查后发现，普通男性平均一天会说 2000 字至 4000 字，而普通女性每天会说 8000 字至 10000 字，少数女性每天会说超过 20000 个字。

这与人类进化有一定的关系，女性负责采摘野果，就需要交流和分享；而男性负责打猎，则需要沉着冷静。所以，“三个女人一台戏”，恋爱后，男生常觉得女生唠叨。

4. 爱情是神奇的

我们从小与父母有天然的情感联结，血浓于水。但真爱发生的时刻，连亲生父母都得靠边站，到底是什么样神奇的力量？因为爱情，父母对大学生恋爱的态度应该是顺其自然，既不支持也不反对，也就是说，对于学生萌动的情感，要遵循自然发展的规律，以引导文明恋爱为主。

5. 爱情是美好的

恋爱的人，身体很多机能会被激活，而且也会分泌出丰富的“非多肽”。恋爱中的人，精力旺盛，满脸春风，看一切都是美好的。“我见花儿多妩媚，花儿见我也多情。”恋爱中的人极为美好，看到一切都是幸福的。恋爱中的人因为大脑会产生特殊的激素，令人产生幻觉，如“情人眼里出西施”“一日不见如隔三秋”，就是一种愉快的“精神病性”。一个普通的女孩，在爱她的人眼里是那么漂亮和可爱，这就是爱的激素下产生的幻觉。

三、什么是爱

你有过恋爱的经历吗？是正在享受爱情，还是曾经拥有一段爱情？

那么，什么是爱？爱的繁体字是“愛”，意指两个人同一颗心，在同一间屋里友好相处。因此，在爱情的世界里，不是讲理的地方，而是谈情的场所。

（1）**爱是觉察**。能感同身受对方的需求和感受。大家常说的有感觉，实际上就是你能够感觉到对方的需要，知道能够给予对方什么。所以，我们经常看到一些老夫老妻他们之间的言语很少了，更多的是一种体态语言，如一个手势一个眼神，就能够知道对方想的是什么，需要的是什么，这是用一生磨合出来的默契。

（2）**爱是成长**。爱没有天长地久，只有不断成长才能更加久远。当我们全身心爱一个人,我们便会懂得什么是爱。我们只有被爱的时候,才能感到爱。有的不成长的人,总是希望对方改变个性,以符合自己的个性,让爱成了控制。

（3）**爱是信任**。只有自信的人，才能给对方信任，给对方自由的空间而不是束缚，即使结婚以后也要允许对方去接触异性，相信对方和异性是一种正常的社交。

（4）**爱是经营**。一开始不要对他太好，需要不断去创造新的爱。具有创造性的爱可以使对方得到很多新的生活体验。爱有时候也是需要一种形式上的东西来维持的，比如结婚纪念日、情人节，能够表示你爱的时候给对方一种爱、一种情感上的表达，任何一个阶段的爱情都需要浪漫。

四、爱情理论

1. 爱情三元素理论

爱情三元素理论认为：爱情包括亲密、激情、承诺三种成分。亲密是指与伴侣间心灵相近、互相契合、互相归属的感觉，属于爱情的情感成分；激情是指强烈地渴望与伴侣结合，促使关系产生浪漫和外在吸引力的动机，也就是与性相关的动机驱力，属于爱情的动机成分；而承诺则包括短期和长期两个部分，短期的部分是指个体决定去爱一个人，长期的部分是指对两人之间亲密关系所作的持久性承诺，属于爱情的认知成分。仅仅有情感的爱是一种迷恋，仅有承诺的爱是一种“空洞的爱”，只有接近性的爱只是喜欢，情感与承诺结合是迷恋的爱，情感与接近性结合是浪漫的爱，承诺与接近性结合是伴侣的爱，三个维度结合在一起才是圆满完美的爱。随着认识的时间增加及相处方式的改变，上述的三种成分将有所改变，爱情的三角形会因其中所组成元素的增减，其形状与大小也会跟着改变。三角形的面积代表爱情的质与量，面积愈大；三角形越大，爱情就越丰富。

在三种成分下有八种不同的爱情关系组合，其分别为：1. 无爱：三种成分俱无；2. 喜欢：只包括亲密成分；3. 迷恋的爱：只存在激情成分；4. 空爱：

只有承诺的成分；5. 浪漫之爱：结合了亲密与激情；6. 友谊之爱：包括亲密和承诺；7. 愚爱：激情加上承诺；8. 美满的爱：三种成分同时包含在关系当中。

2. 爱情的投资理论

爱情还可用一个方程式加以说明：**满意度 – 替代性 + 投资量＝爱的承诺。**

满意度：是指亲密关系中的个体，对于他在此关系中所得到的报酬及所付出的成本，会评估相互抵消后的实际结果。个体也会依据过去曾有的亲密关系及有关的经验（例如与家人和朋友所讨论、比较的结果），形成一个自己对目前关系所应得结果的预期水准。最后个体会将在关系中获得的实际结果与此预期水准相比较，而产生对此亲密关系的满意度：实际结果愈好，预期水准愈低则满意度愈高。

替代性：是指个体对放弃此亲密关系的可能结果进行好坏判断，可能结果包括发展另一段亲密关系，周旋在不同的约会对象间，或是选择保持没有任何亲密关系的单身状态等。

投资量：是指个体在亲密关系中，所投入或形成的资源。投资与报酬或成本最大的不同有两点：第一是投资通常不能独立地从关系中抽取出来，而报酬与成本可以；第二是当关系结束时，投资无法回收，而会随着关系的结束一并消失。因此投资会增加结束关系的成本，使个体较不愿也不易放弃此关系。从另一个角度看，则是增强了个体对此关系的承诺。

从这个理论可以分析出，大学生恋爱成功率要低于农村青年的恋爱成功率。父母经历过几十年了，更清楚婚姻成功或保持婚姻幸福的因素。

五、如何鉴别爱

（一）喜欢不是爱

我们要如何来区分爱与喜欢呢？下面我们来分析一下爱与喜欢在不同层面上的含义。

第一，如果喜欢一个人，往往表现出一种暂时性的感受，而爱一个人则是一种长远的、强烈而温馨的感受。

第二，喜欢更多的是生理层面上的互动，爱更多的是一种心灵和情感上的互动。有的女孩子说，我们俩很难有心灵上的沟通，每次来的时候，只是感觉到肢体接触。这究竟是不是爱呢？我告诉她，这只是一种喜欢，你仅仅是生理上吸引。但是爱不仅仅只停留在这个层面。

第三，喜欢是中意这个人某一方面，爱是喜欢这个人的所有。

第四，喜欢的关系，使人感觉到不安全、不稳定，爱会让人感觉到一种安全感、一种责任，喜欢往往停留在一种感性的层面上，这种感性的层面会随着岁月的消逝而褪色，爱是一种理性的层面，它会保持时间上的稳定性和一致性，不论婚姻的长或短，它都会一直保持这种稳定性。

（二）暗恋不是爱

爱是相互的，暗恋是单方面的，如某个人暗恋明星，显然不是一种爱情。

（三）痴迷不是爱

爱情是“重温童年的快乐，修正童年的错误”，按精神分析论的观点，每个人对异性父母都是迷恋的，如果现实中异性父母是缺失的，就会构想一个“理想父母原型”来弥补。

（四）从众不是爱

别人都有恋人，我也必须要有。这是一种人际“从众效应”，在大学生中比较常见。

（五）补偿不是爱

失去了一种爱，找另一个异性来补偿，这是“创口贴式”的爱。

六、认识爱情

爱情是人际吸引最强烈的形式，是指心智成熟到一定程度的个体对异性个体产生有浪漫色彩的高级情感。

有以下四个特点：一是异性之间；二是个体心智发展到相对成熟，生理与心理发展相吻合，有些大学生生理年龄有 20 岁，但他的心理年龄偏低，恋爱就像过家家一样；三是一种高级情感。爱情是一种责任，因为爱对方，所以要给对方幸福，而不是因为恋爱就荒废了彼此的学业；要尊重对方的选择，如果对方不爱你，你要祝福他，如果分手了，因为曾经有爱，就不应该有恨。四是爱情有其生理基础，纯粹的精神恋爱是不存在的。

（一）爱情具有物质性

经济心理学提出，爱情会彼此赠送礼物，从收益与回报进行评估认为爱情是否该继续。

（二）爱情具有生物性

所有生物包括人类都有自己 DNA 的运载汽车，基因通过改进汽车的性能让自己更好地流传下去，更容易挑选更优秀的另一半的基因。男人的身体有一个地方比较活跃，就是大脑的伏隔核，这个叫快乐中枢。如“玩手机、看美女”等可以激活这个中枢。如果一个男性觉得女生好看，潜台词就是具有生育能力和健康。

（三）爱情具有精神性

男生被女生微微的崇拜，这样的爱情是最幸福的；男生具有幽默感，让女生获得快乐。

（四）爱情具有文化性

文化心理学认为，在爱情的世界里，假如把人根据能力、物质等综合考虑划分等级，可分为 A/B/C/D 四个等级，文化学认为 A 男与 B 女是比较幸福。还有“男大三抱金砖”，因为年龄大的男性拥有更多的资源抚育后代，而年龄小的女性有更多的生殖机会。

七、你究竟会爱上谁

想找一个什么样的人？有人说，“没什么要求，感觉好就行了”，这就是潜意识“找爹找妈”。还有“恋爱中的人，会变傻，会变得不讲道理”，其实这是一种心理上退行。其实母婴关系与恋人关系有着很大程度的类似：在一起时的心理满足和所谓的分离焦虑；“被无条件接纳”的心理需求和“最被重视”的心理需求，如果婴儿发现母亲不理他，就会哭闹来引起母亲的注意，希望母亲产生内疚来更好地满足自己。所以有人戏称所有相爱的人心理年龄都会降到 3 岁以下，退化成为父女或者母子关系。

这就能解释一个平时很独立的女孩，恋爱后会对男友十分依赖。为什么小小的分手会使人做出异常的事情，甚至威胁生命？为什么每个女孩都有一个梦中的白马王子？你爱什么人，你的爱情怎样发展，早已深深地植根于你的童年经历中。

> 我们看热恋的人脉脉含情像不像婴儿与父母？热恋时的脉脉含情，痴痴相对，像极了婴儿和慈父或慈母间的关系。人在恋爱之时心理上会“退化”回三岁之前的状态。恋爱会让人变傻。恋人之间和婴儿与父母之间一样，都缺乏“心理疆界”，分不出彼此的感觉。

随着恋爱的发展，像婴儿在长大，就要逐渐脱离父母的怀抱，才能获得自我确认一样，在走过分不清彼此的“共生期”，当你被照顾、被关注的需求满足后，你很可能不自觉地向对方展示真我，同时产生新的心理需求，比如个人的空间、自主，等等，盼望对方也能完全接纳，这时爱情就进入了“个体化期”。这是一个充满冲突的阶段，如果经受不住考验，两人的关系就会重新退回“共生期”，但这时已经不是“甜蜜共生”而是“敌对共生”了，这就产生了**爱我的人伤我最深**。

八、爱情的模式

爱情相处的模式通常有四种，可以用圆圈表示，也可用简单的数字表示会更加直观。

（一）第一种是 1+1=0

一个男生与另一个女生在一起，彼此消融，也就是说“你让我痛苦，我是你人生的灾难”，我们在一起是人生最大的错误。

（二）第二种是 1+1=1.5

男女各自都保留了自己，同时又能彼此交融。“你中有我，我中有你”，彼此尊重又相互独立，这是一种理想的模式。

（三）第三种是 1+1=2

“你是你，我是我”，属于同志式的爱情，彼此相敬如宾，事业上伴侣，生活上的伙伴，但缺乏浪漫与情趣。

（四）第四种是 1+1=1

“你就是我，我就是你”，这是一种完全占有式的爱情，你必须听我的，不允许和别的异性交往。

九、如何寻找爱

（一）吸引力

丰满、漂亮光滑的脸蛋和干净的皮肤，以及腰围：臀围 =0.7, 这种比例的难产率是最低的。

（二）相似性

价值观及人格特征的相似、社会地位的相似，以此为基础，恋爱成功率高。

（三）熟悉性

空间接近，见面的机会多，容易产生吸引力；心理空间的接近，但是交往频率的喜欢呈倒U型。

十、爱情发展的阶段

（一）第一阶段：取样和评估

互不相识的双方，在某一群体中选择交往的收益与成本，超出自己的期望值，广泛撒网。

（二）第二阶段：互惠

双方尽可能交换收益，为对方提供收益，也从对方获益，同时力求降低成本，一起聊天，互赠礼品，共同讨论有兴趣的问题。

（三）第三阶段：承诺

对方得到的收益大于从其他异性中得到，因此停止与其他异性交往，双方关系相对稳定，开始一对一的频繁交往。

（四）第四阶段：制度化

双方都离不开对方，又担心对方离开自己，具有排他性。

技巧分享

经典爱情26个字母

A–accept（接受）

“世上没有十全十美的人”。记着，你爱他，就必须接受他的一切，甚至他的缺点。

B–belief（信任）

不信任对方，经常以怀疑的口吻盘问对方，这种互相猜忌的爱情就只有分手下场。

C–care（关心）

关心的程度正好表现你对对方的重视程度，间或打个电话给对方，关心地问候一句："工作辛苦吗？"又或者提醒他："天气凉了，记得多加点衣服。"这些关心未必有实际用途，但起码能令对方暖在心头。

D–digest（理解）

我们不是圣人，总有情绪起伏的时候，若对方是"凸"的时候，你何不做"凹"去忍耐一下他，安慰一下他呢？

E–encouragement（激励）

爱侣之间互相欣赏，互相激励，尤其是在逆境和一些关键时刻，来自伴侣的激励的能量远比想象的要强得多。

F–freedom（自由）

纵然已婚，也应给予对方应有自由及保持秘密的权利。你的另一半不是你的终生奴隶，不要让他认为跟你结婚就等于被困笼中。

G–give（付出）

爱情这东西不一定是你付出"一"，便会收回"一"。但不付出便一定没有收获。对你的爱人，应有如对自己一样，毫无保留地付出，这才算得上真爱。

H–heart（心）

爱情最重要的道具是心，你必须真心对待，用心去爱。没有心，又怎称得上真心相爱？

I–independence（独立）

甜言蜜语的人会说："我是为了你而生。"其实，每个人都有自己的生存意义，不应过分依赖对方，成为对方的沉重负担，甚至累赘。

J–jealousy（妒忌）

适当的妒忌、吃醋能表示你对对方的重视，但切记是合情合理的吃醋；

反之，毫不讲理，大发雷霆地吃醋，必惹反感。

K–kiss（吻）

一吻胜过千言万语，轻轻的一吻已能代表你惜他、爱护他，所以请不要吝啬你的红唇。

L–love（爱）

都说是爱情，没有爱又怎会有情呢？爱跟喜欢不同，爱一个人，你必定愿意为他做任何事，这是最高的境界。不妨跟对方说句“我爱你”，担保比任何礼物来得甜蜜开心。

M–mature（成熟）

为什么一般人的初恋总会无声无色地惨败，因为年轻人都恋爱得较幼稚。况且，没有一个人会喜欢对方长年没头没脑地蹦蹦跳跳。人成熟一点，你的爱情便会早熟一点，直到开花结果。

N–natural（自然）

很多人开始恋爱时都会把一切的缺点隐藏起来，变成另一个人。日子久了，缺点才一箩箩地出现，令对方吃不消。其实，不做作，流于自然的爱情才是细水长流的。

O–observe（观察）

经常细心观察爱侣的喜好，不但能更了解对方，更能给他惊喜。那份心意必定比礼物来得珍贵。

P–protect（保护）

做男朋友的当然要保护女朋友，但做女朋友的亦要保护对方的尊严，不应容许别人中伤、侮辱你的另一半。

Q–quarter（宽大）

宽大是基本的要诀，对爱侣的错误，你应以宽大的态度原谅他，因为你是最爱他的人。

R–receive（接收）

对于爱侣为你所做的，请不要表现得无动于衷，令他气馁。他付出，你便应以欣赏的态度去接受，这才能令感情更进一步。

S-share（分享）

若你爱他，就必能与他分享彼此的喜与哀，这是作为一个伴侣最简单的责任。

T-tender（温柔）

爱人当然要温柔地爱，因为男人女人缺乏温柔都不可爱。

U-unders 他 nd（明白）

不明白对方的想法，对方跟你说话，你永远只独自发呆，那就是一段缺乏沟通的爱情。多站在对方立场，将心比心地想，必定能更了解你的另一半。

V-veracity（诚实）

对爱情，必须一百倍的诚实，你也不想你的另一半是个“大话精”吧？时常互相欺骗的感情又怎能天长地久呢？

W-wait（等待）

等待是维系一段感情的基本元素。最重要的是你要与他同步成长，这样，等待虽是痛苦的，也是幸福的。

X-“×”（乘法符号）

把你对他的爱每天以倍数地乘上去，爱情自然变成无限大，爱情走也走不掉。

Y-yearn（想念）

工作或不在一起时，不妨多想念对方，间或对他说句“我很挂念你”，必能令对方甜在心头，更起劲地工作。

Z-zest（热情）

像小龙女般虽然貌若天仙，却冷若冰霜的情人，除了杨过，相信都没有人愿意跟她一生一世。所以，做爱侣的，适当的热情能增添不少乐趣，但切忌过分热情。

——来源于网络

自我训练

自己幸福：花香蝶自来

获得美好爱情，不是要去学会追求异性的技巧，也不一定要有多么成功，最重要的是让自己做一个幸福的人，俗话说“花香蝶自来”。一位著名的心理学家曾提出如下达到幸福的步骤：

1. 享受瞬间。把微笑当成珠宝，在帮助朋友们中得到满意感，与好书里的人物共欢乐。

2. 实现目标。将达成目标落实在每天的行动中。一天写 300 页书是件很难的事，然而每天写两页则非常容易办到。这样坚持 150 天，你就可以写成一本书，这个原则可适应于任何工作。

3. 积极情绪。越来越多的证据显示，积极的情绪催人奋进，幸福的人做的一件事就是努力消除消极情绪。

4. 优待他人。要学会很好地对待亲近的朋友。

5. 面带幸福。实验表明真正面带幸福感的人，他们更感到幸福。研究表明，经常欢笑更能在大脑中引起幸福的感觉。

6. 告别枯燥。不要无所事事，不要把自己困在手机上，要沉浸于能用你的技能的事情。

7. 经常锻炼。多运动，尤其室外活动是对付压力和焦虑的良药。

8. 好好休息。幸福的人精力充沛，但他们仍然留出一定的时间睡眠和享受孤独。

【做一做】请写上你的感悟与收获：

互动拓展

猜猜我是谁

1. 将同学们面对面站成两排，每个人都给自己起一个外号；

2. 所有人员转过身去，然后背对背；

3. 每队队员打乱排列顺序，老师要监督两队不能有人去偷看对方队伍的顺序；

4. 老师任意选择一个号，比如 3 号，则两组的 3 号（从左向右）迅速地转过身去，看到对方队伍的 3 号后，迅速地报出对方的外号；

5. 最先报出对方外号的人赢得本轮比赛，得 1 分；

6. 然后两队再次打乱顺序，开始下一轮游戏，5 轮过后，得分最多的队伍获胜，输的队伍需要接受惩罚。

故事链接

六分钟培养爱

心理学教授走进教室，提着一篮黄澄澄的橘子，引得大家垂涎欲滴。每人分到一个橘子，并被要求观察五分钟。“不就是一块扁圆扁圆的黄皮吗？有什么可看的？”众学生心里直犯嘀咕。可凝视片刻，“蛛丝马迹”愈发昭然：虫孵状白斑！针尖大小的黑点！初看漂亮的表皮越看越有点丑陋！

五分钟后，十五个橘子被收集到一块儿，教授让大家闭上眼睛，抚摸橘子一分钟，再从混杂的橘堆中凭感觉找出自己刚刚拿过的橘子，但找到者寥寥无几。紧接着，教授让大家睁开眼睛去找，这回只有三位同学找不到。同学们在嬉笑争辩中拿回自己的橘子，就像找回一件自己心爱的宝贝。

不知是故意安排还是机缘巧合，橘如其人。年轻漂亮的小娜同学分到的橘子光滑圆整、成色匀净、皮薄而有弹性；面对皮厚硬实、疤痕累累的老橘子，最年长的学生、40 多岁的李先生却悟到：虽然它的表皮坑坑洼洼，如我历经坎坷，但我坚信经过风吹雨打，它的内瓤更为丰盈甜美。最后，教授宣布该尽兴品尝橘子时，大家都摩挲着刚刚和他们共度快乐时光，给他们启迪的橘子，怎么舍得立刻就吃呢？

六分钟和橘子培养了如此浓厚的感情，更何况共处一天、一年甚至一辈子有感情的人呢？只要用心体会，爱便无处不在。

第十讲

情绪管理

悦纳与管理技巧

你的大脑控制着你的情绪,同样,你的情绪决定着你的未来。正所谓“仁者不忧,勇者不惧,智者不惑”。

心理导航

【心理互动】

老师先后引导大家想象一下这些声音和夏季多变的雷阵雨是不是十分相似,譬如:轮跺双脚——“雷声”;手指互相敲击——“小雨”;巴掌轮拍大腿——“中雨”;大力鼓掌——“大雨”;鼓掌加跺脚“暴风雨”。

老师引导大家合奏“夏雨变奏曲”:“乌云密布,一道闪电划过,雷声开始轰隆了,又一道闪电,又一阵雷声(要有渐强渐弱的变化,下同),小雨噼噼啪啪地下来了,行人慌忙躲避;很快地,小雨变成了中雨……变成了大雨……又是一阵雷声,暴风雨来啦!又是一阵雷声,大雨倾盆,雨渐渐地变小了,变成中雨,变成小雨……一阵又一阵雷声,大雨又降临了!但仅仅一会儿,雨过天晴啦!

【分享与成长】

(1)你从中有什么启发?

(2)情绪是否也可以通过身体变化识别出来?

理论解析

一、什么是情绪

这种紧张、焦急、高兴的感受就是情绪,一般地说,我们把高兴、喜悦、快乐等称之为正性情绪,而把紧张、恐惧、愤怒、伤心等称之为负性情绪,还有一类比如害羞、无聊、悠闲等称之为中性情绪。一般正性或负性的情绪强度会比较大，而中性情绪比较平稳。

（一）任何情绪反应都是合理的

每个人的情绪都是对刺激独特的反应方式，我们能做的最重要的是接纳。如果我们一上来就去扑灭情绪，“你不要紧张”“你不要难过”，那说明我们没有接纳一个独特生命个体的独特感知，显然就没有接纳对方的情绪。

（二）情绪实际上是需要的指针

情绪背后往往与心理需要紧密相关。恐惧，与安全感的心理需要相关；不安，与控制感的心理需要有关；愤怒，与信息透明的心理需要有关；失望，与渴望得到关注的心理需要有关。应对这些情绪最好的办法，并非只是在情绪层面进行疏导工作，而是要能满足个体背后的心理需要。情绪是客观事物是否符合个体的需要所产生的态度体验，是人脑对客观事物与人的需要之间关系的反映。因此，我们能做的最重要的是接纳。

（三）情绪是人的心理状态的晴雨表

情绪反映着每个人内在的心理状态。无论我们是欣喜若狂，还是悲痛欲绝；是孤独不安，还是热情奔放，我们都在体验着各种各样的情绪。大学生正处于青年期，情绪波动较大，情感体验复杂而丰富，经常会面临着各种各样的情绪困扰。对大学生情绪心理的正确认知与疏导，对其学习、生活将很有裨益。

不同的心理学家对“情绪”给出过不同的定义，迄今为止尚未达成一致的意见。简单地说，我们可以暂且接受以下的定义：情绪是内心感受经由身体表现出来的状态。例如愤怒与他人所引起的不愉快情境相关联；内疚与由自己所招致的不愉快情境相关联；而悲伤则与环境控制的不愉快情境相关联。

（四）通过改变表达方式来达到改善情绪

“我感到……”改为“对我来说，这确实是……或因为我想要……”

如：“我感到无力”改为“对我来说，这确实是令人为难的事”“我感到无力，我是想做得更好。”

“我是……”改为“我感到……”

如：我是个失败者，因为我感到痛苦。

“我接受……”，改为“因为它是……”

我接受压力，因为压力可以让我做出改变。

当然，有必要说明的是，积极心态不等于快乐的情绪。积极心态，其实是没那么负面的态度或正向的态度。还有情绪是复杂的，如“笑着哭”，也可以理解为“哭着笑”，因为人的情绪向来都是复杂和混杂的。

二、情绪与健康

我们都知道，女性的平均寿命比男性要长，其中一个很重要的原因是女性有负面绪情时会通过哭的方式进行宣泄，而中国文化鼓励“男儿有泪不轻弹”。哭泣可以使负面情绪得以宣泄和释放，爱笑的人更健康美丽，**开心地笑2分钟相当于在室外跑步45分钟！愉快的情绪分泌出幸福的激素**。

人在生气时，会分泌出有毒性的物质，一个人生气十分钟所耗费的精力，不亚于参加一次3000米的赛跑。因此，生气的心理反应是十分强烈的，它的分泌物比任何情绪都复杂，都更具有毒性。

三、情绪污染

情绪污染是指在坏的情绪影响下，造成心情不畅的氛围。现代医学告诉我们，大多数人的疾病往往会从不良的情绪、失衡的心理中产生。为此，人们应该像重视环境污染一样，重视情绪污染。“情绪污染”现象在社会生活中也较常见。

某公司董事长为了重整公司事务，许诺自己将早到晚回。有一次，他在家看报太入迷以致忘了时间，为了不迟到，他在公路上超速驾驶，结果被警察开了罚单，最后还是误了时间。这位董事长愤怒之极，回到办公室时，为了转移他人的注意，他将销售经理叫到办公室训斥了一番。

销售经理挨训之后，气急败坏地走出董事长办公室，将秘书叫到自己的办公室并对他挑剔一顿。秘书无缘无故被人挑剔，自然是一肚子气，就故意找接线员的茬儿。接线员无可奈何垂头丧气地回到家，对着自己的儿子大发雷霆。儿子莫名其妙地被父亲痛斥之后，也很恼火，便将自己家里的猫狠狠地踢了一脚。

我们要防止“情绪污染”，首先是尽量不把不良情绪带给家人和身边的朋友。有的人因未处理好个人私事，回到家里就对家人发泄，结果成了家庭的“情绪污染”源。其次，要学会和提高调整情绪的技巧。任何人都有情绪低落的时候，每当这时，一方面要有点忍耐和克制精神，另一方面要学会转移注意力。比如，遇到不顺心的事情不妨先冷却一段时间，使心情平静下来后，再采取妥善的方法解决问题；当心情非常气愤或沮丧时，可以考虑打场球或散散步，暂时将烦恼抛于脑后，待情绪好转时，再开展工作。另外，还可以通过找个知心好友倾诉内心的怒气，或将内心不快乐的感觉写在日记里等方法，宣泄不良情绪，避免对他人造成负面影响。

比如一位女医生购围巾，让年轻女售货员转身拿了几次货，女售货员不耐烦地说：“你是来买围巾还是来欣赏围巾的？”女医生的购物热情一下子降到冰点，随后带着一肚子怒气上班，摆着一脸的怒容为病人看病，一位病人拿起她刚开的处方对她说：“医生，这种药很难吃，是否能换一种？”女医生怒气未消，道：“你是治病还是来品尝药味的？”病人哑然。这位病人是银行职员，坐在收银柜台上越想越气，她对顾客服务态度可能难以令人满意。

现代社会信息交流快捷，人际交往频繁，环境气氛对人的影响力强，情绪会相互感染，尤其是家庭成员之间情绪很容易互相传染。

踢猫效应，也被称为踢猫理论，描述的是一种典型的坏情绪的传染过程，即人的不满情绪和糟糕心情，一般会沿着等级和强弱组成的社会关系链条依次传递，由金字塔尖一直扩散到最底层，无处发泄的最弱小的个体，则成为最终的受害者。一般而言，人的情绪会受到环境以及一些偶然因素的影响，当一个人的情绪变坏时，潜意识会驱使他选择下属或无法还击的弱者发泄。

这样就会形成一条清晰的愤怒传递链条，最终的承受者，即“猫”，是最弱小的群体，也是受气最多的群体。踢猫效应的核心提示是人情绪会随环境和其他外在因素的刺激而发生变化，当不好的事情使自己情绪变坏时，要在潜意识中控制自我的情绪，不要将这些不良情绪发泄到他人身上，让他人产生和你一样的不良感觉。

四、ABC 情绪理论

为了便于理解，再讲述一个寓言故事：一只鸽子总是不断地换它的窝。新窝过了不长时间，就有一种强烈的气味，使她喘不上气来。她把她的烦恼向一只聪明而富有经验的老鸽子诉说，这只老鸽点着头说：“你虽然换了许多次窝，其实是什么也没换。那种使你烦恼的臭味并不是从窝里发出的，而恰恰是从你身上发出来的。”

这虽然是一个寓言故事，却可以说明，事情并不是导致到情绪的原因，对问题的看法才是情绪的内在根源。

（一）ABC 情绪理论

心理学家的 ABC 情绪理论，在研究心理咨询的过程中，提出了两个问题，**第一个问题是：“导致个体产生情绪的根本原因、内在根源是什么？”**

对于这个问题，ABC 情绪理论有独特的见解：个体的负面情绪（如悲观、压抑、愤怒、自卑等）以及不良的行为反应（攻击、退缩、逃避、一些破坏性行为等）来源于个体自身对外界所发生的事件不合理、不客观、不科学的评价、解释和看法。也就是说，来自于自身固有的不合理的认知和思维模式。因此，我们应该为自己的情绪负责。

该理论提出的**第二个问题是：个体陷入情绪障碍之中，主要责任应由谁来承担？自己？社会？还是他人？**

研究者认为，个体要对自己的情绪障碍和不良的行为反应负主要责任。

因为情绪是由个人自己固有的思维模式、个人所持有的信念所引起的，而这种思维模式和信念都是属于个人自身内在的因素，是自身的，而不是他人的和外在的，当人们陷入情绪障碍之中时，是他们自己的观念和思想导致他们陷入情绪障碍之中，是他们自身的因素使他们感到不快乐的，是自身的原因使他们选择了消极的情绪取向。

每个人都要对自己的情绪负责。如果一个人认识不到这一点，那是十分有害的。那种把出现问题的根源归结为外界的想法，就使得人们有理由逃避自己应负的主要责任，这就是许多人对自身出现的问题，不从自身找原因，而是抱怨社会、抱怨他人的根源。这种错误的认识，使他们认识不到产生不良情绪的根源在于他们自身，认识不到自己应负的主要责任，从而长期陷入情绪障碍之中，难以自拔。

（二）ABC 理论要点

应用合理情绪疗法进行心理调适，首先要认识到自己之所以陷入情绪障碍之中，根源在于自身的不合理的信念，问题的主要责任在于自己，自己要对自己的问题负主要责任，分析和讨论自身存在哪些不合理的信念，问题的解决要从改变自身的不合理信念入手。

在这里，如果我们所经历的事件叫作 A；对事件 A 的解释、理解和看法，即自身固有的信念叫作 B；在事件 A 面前所表现出的情绪及行为反应叫作 C。这样，合理情绪疗法的基本理论，实际上就是 A、B、C 三者之间的关系理论，所以人们把合理情绪疗法的基本理论又叫作 ABC 理论。ABC 理论研究了二个问题：一是ABC三之间的关系问题；二是导致情绪障碍和不良的行为反应主要责任应由谁来承担的问题。

事件：你的朋友约好来庆祝你的生日，可是生日过去了一直没和你联系。

想法1：他可能突然有急事来不及通知我！

情绪1：谅解

想法2：哼，他根本不当我是朋友！

情绪2：气愤

想法3：这个人一点都不讲信用。

情绪3：讨厌

想法4：可能他父母又不让他出来玩了。

情绪4：怜悯

想法5：他不会是来找我时出什么意外了吧？

情绪5：担心

五、情绪的两个维度

（一）情绪好与不好

当我们提到情绪的时候，有些人会认为情绪是一个不好的东西，因为它会影响人的行为，会抑制人的认知。但是有些人却觉得情绪是有益的，如高兴的情绪可以激励人，所以它是很好的，恐惧让我们迅速做出改变，抑郁让我们深刻体验生命。

（二）情绪可控与不可控

当人们觉察到自己愤怒时，会想办法让自己平静下来；他现在太悲伤了，他也可以减弱自己悲伤的强度，或者把悲伤改变成不悲伤的情绪。对情绪有这样认知的人，他的情绪信念即情绪是可控的。而另一个人则可能认为情绪完全是自然而然发生的。例如，当人难过的时候，他是做不到“想不难过”的，或者当他愤怒的时候，他也做不到“想不愤怒”。

六、情绪的三个方面

人类有数百种情绪，其间又有无数的混合变化与细微的不同，情绪的复杂是远远超过语言所能及的。面对复杂的情绪现象，心理学家通常把情绪归结为三个方面：内省的情绪体验、外在的情绪表现、情绪的生理变化。

（一）内省的情绪体验

简单地说，就是人对情绪状态的自我感受，是在强度、紧张度、激动度和确信度四个维度上产生的心理感受。强度表示主观体验的享乐色调；紧张度表示情绪的心理激活水平，包括肌肉紧张和动作抑制等成分的激活水平；激动度表示个体对情绪、情境出现的突然性，即个体缺乏预料和缺乏准备的程度；确信度表示个体胜任、承受感情的程度。内省的情绪体验是人脑对客观环境和客观现实的重要反映形式之一，这种反映形式不同于认知活动，它不是对客观事物本身的反映，而是带有主观色彩的反映。

（二）外在的情绪表现

外在的情绪表现即表情，具体指面部表情、言语表情和体态表情。表情在情绪活动中具有独特作用，是情绪本身不可分割的发生机制，也是传递情绪信息的外在表现。如有的人遇到伤心、悲痛的事就捶胸顿足、呼天抢地，遇到高兴的事就手舞足蹈。

（三）情绪的生理变化

当情绪产生时，人们身体的各系统器官都会发生相应的生理变化（如心跳）和物理反应，其生理机制就是大脑皮层的不同神经元产生兴奋，皮下中枢，包括海马、丘脑和脑干网状结构不断传递和反馈信息，协调和支持脑的激活水平和情绪状态。随着脑和神经系统的变化，机体的其他内脏器官也随之产生不同的生理变化，如呼吸急促、心跳加快等。情绪的生理变化是既主观体验的深化，又是外在情绪表现的基础，在情绪结构中起着承上启下作用。

七、情绪的成分组成

由此可见，情绪并不是单一的现象，而是由多种成分组成的，它不仅包含了行为、行动和社会相互作用的倾向性或习性，还提供给我们一种理解世界的不同方式——感受事物。

一般认为，情绪是由以下四种成分组成的：

* * *

（1）情绪涉及身体的变化，这些变化多数是情绪的表达形式。

（2）情绪是行动的准备阶段，一些人称之为“行动潜能”。

（3)情绪涉及有意识的体验。当我们感知事物时,就会存在情绪体验。

（4）情绪涉及认知的成分，包括注意、知觉和记忆成绩与情绪关系；刺激的意义与情绪的关系，情绪信息在大脑中的表征；情绪的认知发展以及情绪的解释和情绪的认知评价等等。这是情绪的重要方面。

八、情绪的功能

（一）情绪的传染功能

情绪，如果能妥善运用，可以使人生变得更好。只是，要实现运用的可能，必须了解情绪的功能。事实，在我们的生活中，情绪不是一种毫无目的、没有任何意义的伴随体验。相反，它们是在适应外界变化的过程中产生的，是具有重要作用的工具。就正如我们没有痛的感觉，我们便不会把手从火炉上抽回，试想想，如果我们没有恐惧，生命会变得多么脆弱？

（二）情绪的防御功能

在最简单水平上，情绪能够帮助我们做出更迅速的反应。当身体或人的其他方面受到威胁时，人产生恐惧以应对；当发生利益或权利上的冲突时，人产生愤怒以应对；当吃到不适的食物或污物时，会产生厌恶感。这些情绪反应表现出非常明显的自我保护性倾向。

“他让我快疯掉了”，一位母亲这样向我抱怨她的孩子。这句话包含了一大堆复杂情绪，她把对孩子的期待、渴望及挫折压缩成具有爆发力的情绪进行发泄。可惜的是，孩子听不到母亲心灵的呼唤，只感受到愤怒。因此冲突不可避免，我的任务就是让母亲平静下来，用正向的语言向孩子诉说爱与期待。

（三）情绪的适应功能

情绪能够使个体针对不同的刺激事件产生灵活自如的适应性反应，并调节或保持个体与环境间的关系。情绪之所以具有灵活性的特征，是因为情绪的机能不仅可以来源于个体全部的先天机能，而且还来源于学习及认知活动。许多种情绪都具有调控群体间的互动功能。譬如，羞怯感可以加强个体与社会习俗的一致性；当个体对他人造成伤害时，内疚感可激发社会公平重建。其他的情绪，诸如同情、喜欢、友爱等，也能起到构建和保持社会关系的作用。它们可以增强群体内的凝聚力，而且有提高个体的社会适应能力的作用。

（四）情绪的动力功能

人类祖先在捕猎和搏斗时，发生愤怒的情绪反应，有助于增强体力，战胜猎物或敌人。现代科学更清楚地提示了人在紧张情绪发生时会表现出一系列生理变化，如血压升高、呼吸频率提高、肾上腺分泌增加等。这一切都有助于一个人充分调动体力，去应付紧急状况。适度的情绪反应能够激励人的活动，提高人的活动效率，进而推动人们有效地完成工作任务。

（五）情绪的强化功能

大量研究表明，当出现紧急情况时，消极的情绪（如愤怒和恐惧）能够唤起大脑的警觉水平；积极的情绪（如高兴），能使一个人的感觉变得敏锐，记忆力获得增强，思维更加灵活，有助于一个人内在潜能的充分展示。

（六）情绪的信号功能

人们不仅能凭借表情传递情感信息，而且也能凭借表情传递自己的某种思想和愿望。表情是思想的信号，如微笑表示赞赏，点头表示默认，摇头表示反对。中国有“出门看天色，进门看脸色”的俗语，意思是说通过别人的情绪反馈信息，领悟到别人对自己的态度。

八、如何调节情绪

（一）提升情绪认知

情绪认知包括情绪觉察、情绪识别、情绪表达及情绪调节。

（1）**情绪觉察**是通过自己生理及心理状态的变化感受情绪状态。

（2）**情绪识别**从外部来说，通过表情、动作、引发情绪的情境以及旁观者的反应等线索帮助我们识别情绪。另一方面，自己或他人的内心体验，也是帮助我们识别情绪的线索。比如人在紧张的时候会心跳加速，生气愤怒的时候会语调升高、攥紧拳头等。平时如果你能有意识地关注自己这些体验，那么当你想识别自己或他人的情绪线索时，这些体验就能够帮到你。你可以通过自己曾有过的内心体验去觉察自己，或猜测他人的内心体验了什么，进而去推测他人的情绪，去共情他人的体验。

（3）**情绪表达**是当你陷入负面情绪时，你会做什么。如愤怒常常会让我们感到不知所措，会让我们做出事后后悔的事情。比如有时候愤怒会让我们暴跳如雷，会攻击别人，会摔东西等等。

（4）**情绪调节**，一种情绪能不能转换成别的情绪？比如愤怒可不可以转换成平静？情绪调节也涉及到这种情绪的强度可不可以改变的问题，如强烈的愤怒能不能变成不太强烈的愤怒呢？其实这两者都是可以做到的。

（二）转念一想

“转念一想”即改变看问题的角度。想开了是天堂，想不开是地狱。平时要学会换位思考，要训练自己从多个角度看待问题。越是全面看待问题的人，心态越是平和。

伤害犹如冰块上的裂纹，冰若化为水时，伤痕不复存在。有人听了之后，如释重负说："我以前曾经伤害过弟弟。那之后，还看过一个故事，说对他人的伤害，好像钉子留下的洞。所以我一直有个遗憾，弟弟的心中要留下永恒的疤痕了。想起这一点，我就自责不已，今天，我终于解脱了。"

（三）去个人化

阳明心学"人生一大病，为'傲'字"。傲慢的人，大多念念不忘一个"我"。"自大"与"自私"，看似迥然，实则同归。为子而傲，则难尽子之孝；为父而傲，则难尽父之慈；为友而傲，则难尽友之信。言语形体，是一个人内心世界的流露。"傲"首先呈现为言行举止的放任和失礼。一个言谈动作傲慢不恭的人，内心往往也缺少敬意。

（四）提升行动力

行动可以提升自信，行动力是一种能力，因为行动会影响情绪感知。因此，果断地采取行动，可以提升自信。在心情不好的时候，尝试做一些事，会有好的改变。如跑一跑步，运动一下，可以改善情绪。

（五）哭泣

哭泣，无论是身体上还是心灵上，都是一种很好的释放。文化学认为"哭泣是软弱的表现"，尤其是当男人哭泣时。这无疑就像一把枷锁桎梏了人们哭泣的本能。同时，让我们主动或被动地拒绝了一种健康的宣泄模式。哭泣是一种排泄，排泄身体内的一些毒素。在现实生活中，女性比较容易哭泣，让体内毒素很快、很好地排泄出来，从而减少疾病。这就是为什么女人相比于男人的寿命较长的原因之一。

科学家做过一项有趣的实验，他先让一批人看情感电影，等到他们感动得哭了，就将眼泪装进试管；然后他又让一批人用切洋葱的方法流下眼泪，并收集起来。结果显示：因看电影而流的“情绪眼泪”和被洋葱刺激出的“化学眼泪”成分大不相同,“情绪眼泪”里含有儿茶酚胺,而“化学眼泪”中却没有，如果人体中含有过量的儿茶酚胺就会引发心脑血管疾病，甚至还会导致心肌梗塞。

技巧分享

记住，所有负面情绪，都来自于潜意识中的自我保护机制，使得当事人再遇到类似的情况时，懂得保护自己。例如车祸中的伤者对汽车的憎恨，被遗弃的男女对异性的憎恨等。但从心理学角度来看，情绪是制造出来的，应该也有方法可以处理过强的负面情绪。

（一）肯定

接受情绪状态，不排斥、不否定或不有意忽视。我们可以尝试进行自我探索：“悲伤，一定有重要的事情发生了，那是些什么事呢？我要好好处理这些事。”

（二）体验

体验内心的感受和事情的内容。记着：永远是先体验感受，后理解事情内容。要诀是说出几句描述内心情绪的话，然后才把注意力放在事情上。若说出事情的内容而不先化解情绪，很容易会越说情绪越高，使情况更难处理。一旦说出内心的感受，便容易认识和消解自己的情绪。

（三）设范

设范是设立正确行为的范畴，让自己明白怎样做才符合最佳的利益，也即是我们一般说的应该和不应该怎样做。

“我明白了，换作其他人也会这样不开心，可是，我这么一言不发地走了，其他人无法知道是什么原因，不知道他们伤害了我，还会认为我没有礼貌呢！”

（四）策划

找出更好的做法。

每次人生的经验都让我们学习一些东西，使我们更有效地建立一个成功快乐的未来。不明白这个道理的人，会抱怨人生不如意的事太多，因为问题总是重复地出现。而明白这点的，则不断进步，享受人生，心境开朗，自信十足。

自我训练

情绪转化

心情不佳时，这样做可以改善负面情绪。

首先，即时与随性，心情有了状况，逮到时间就提笔把想法如实写下来，用第二人称，如“你难过”；

其次，强调感觉，写出情绪感受，会减轻焦虑感；

第三，重新定义，也就是为情绪进行新的诠释，除了这个负面角度，还有其他的解释吗？

三步就能帮助自己跳出情绪泥沼！

【做一做】在纸上写上你的收获和感悟：

互动拓展

恐惧阻力

所需资源：4 张椅子，8 个气球，还有 30 颗糖果。

操作：首先要将所有人按 8 人一队进行分组，接下来要进行的是一个有趣的团体比赛叫“恐惧阻力”，比赛共分两轮进行，每个队都要按要求在规定的时间内完成任务，表现出色的队将胜出。

请你们自愿组成两人一组……相互看一下，指甲较短或修的较好的为 A，另一个人为 B，请 A 用我们发的黑色垃圾袋蒙住 B 的眼睛，其他队的同学可以检查他们的准备工作。

其他队的同学会在你们的前方布置一个区域，椅子是障碍，气球是危险，糖果是目标，大家要在三分钟之内尽可能多的找到糖果。

规则是这样的，我的哨音响后，请 A 抓着蒙着眼睛的搭档 B 的胳膊或者袖子，由蒙着眼的 B 带路，只有 B 才能拾起糖果然后交给 A，A 不能给予任何暗示，只能用“是”或“不是”来回答 B 提出的问题，如“我能向左吗”或者“如果我再走两步会撞到东西吗”，过程中碰到三次气球就要马上出局。

紧接着的是第二轮游戏，这次的规则改了，A 可以给 B 提示。

分享与讨论：

陌生环境所带来的恐惧是如何影响我们对理想的追求的。A 是我们获取信息的部分，B 是恐惧的肉体象征，两个部分连在一起就是自己，糖果代表我们在生活中要达到的目标，椅子代表困难与阻碍，气球代表误区与陷阱。几乎任何应对环境的新努力都涉及到恐惧，恐惧总是使我们放慢脚步，使我们更小心的前进。

故事链接

积极情绪

一天，心理学家与五岁的女儿在园子里播种。心理学家虽然写了大量有关儿童的著作，但实际生活中对于孩子并不算太亲密，他平时很忙，有许多任务要完成，只想快点种完地。女儿却手舞足蹈，将种子抛向天空。

心理学家感觉很烦躁，叫她别乱来。女儿却跑过来对他说："爸爸，我能与你谈谈吗？"

"当然"，他回答说。

"爸爸，你还记得我五岁生日吗？我从三岁到五岁一直都在抱怨，每天都要说这个不好那个不好，如果我不抱怨了，你可以不再经常闷闷不乐吗？"

心理学家深感震撼。他认识到，是女儿自己矫正了自己的抱怨。培养孩子意味着看到他心灵深处的潜能，发扬他的优秀品质，培养他的力量。培养孩子不是盯着他身上的短处，而是认识并塑造他身上的最强点，即他拥有的最美好的东西，将这些最优秀的品质变成促进他们幸福生活的动力。

这一天改变了心理学家的生活。他过去的五十年都在阴暗的气氛中生活，积累了许多不高兴的情绪，他决定改变这一切，不再抱怨了。

第十一讲

压力应对

与之共舞的乐趣

压力一半是天使，一半是魔鬼；压力如石头，放上头上是包袱，放在脚下是踏脚石。既然无法消除压力，那就学会与压力共舞！

心理导航

【心理互动】

先通过一个情境，让同学们了解什么是压力。

走向讲台，对同学们说："在正式讲课之前，先提一个问题。"

老师环顾四周，会发现同学们一个个正襟危坐，表情严肃。老师接着说："要么提一个男同学的问题。"这时，发现男生更紧张，女性则神情略显放松。

老师说："还是提个女同学的问题。"看看男同学有什么反应。

老师最后说："算了，还是不提问题"。看看全班同学有何反应。

【分享与成长】

（1）你体会到压力了吗?

（2）为什么有时候会比较放松?

理论解析

一、认识压力

（一）压力是天使与魔鬼的化身

从心理学角度看，压力是心理压力源和心理压力反应共同构成的一种认知和行为体验过程。通俗地讲，压力就是一个人觉得自己无法应对环境要求时产生的负性感受和消极信念。

为此，巨大的压力下，人可能会"变傻，变笨"。因为恐慌、焦虑、抑郁、愤怒等情绪，人会出现认知狭窄，就是对危险和负面信息过于敏感，只看到问题和危险，看不到解决问题的资源，看不到积极解决问题的可能。

心理压力是把双刃剑，说它有害，是因为它的确能带给人心灵的和躯体的双重伤害。说它有益，是因为它也有很多的好处。在心理压力之下，我们能够保持较好的觉醒状态，智力活动处于较高的水平，可以更好地处理生活中的各种事件。

> 曾经看到过一幅漫画，就很好地展示了压力的好处。一个人坐在文件堆积如山的办公桌旁边，右手拿着笔，左手拿着一枚定时炸弹，漫画的题目叫作：我只有在巨大的压力之下才能高效率地工作。我写东西也有类似的体会，编辑不催稿，那是绝对写不出什么东西来的；编辑催得越急，完成稿子的速度越快。再想远一点，我生活中的好多事情，只要是做成了的，基本都与外界的压力有关；没做成的，多半是没有什么压力的缘故。期末考试前一个月是学习效率最高的一个月。

比如工作上压力太大，如果去看一场同样会给人心理压力的、对抗激烈的足球赛，工作的压力就会暂时被换掉。我们每个人都可以找到自己的方式，来用一种压力缓解另一种压力。完全没有心理压力的情况是不存在的。假定有这样的情形，那一定比有巨大心理压力的情景更可怕。

换一种说法就是，没有压力本身就是一种压力，它的名字叫作空虚。无数的文学艺术作品描述过这种空虚感。那是一种比死亡更没有生气的状况，一种活着却感觉不到自己在活着的巨大悲哀。为了消除这种空虚感，很多人选择了极端的举措来寻找压力或者说刺激，一部分人找到了，在工作、生活、友谊或者爱情之中；而另一些人，通过网络、游戏来填补空虚感。

压力首先是一个物理学的概念和躯体的感受。胎儿在母体内的成长发育，就要承受四面八方的压力。自然分娩时通过狭窄的产道，更是一个需要经受巨大压力的过程。专家们曾经认为，狭窄的产道是人类进化的一个障碍，因为如果产道再宽大一点，人脑的容量就可能再大一些，人也就会变得更聪明一些。但是，现在专家已经不这样认为了。现在被普遍接受的观点是，婴儿出生时被挤压的过程，就像是一次心理的和躯体的按摩，有助于激活其全部的心理生理功能，增加其对疾病的耐受力。统计数据也表明，自然分娩的孩子，比剖腹产的孩子总体上要健康一些。

在现实生活中，我们发现，很多男性在三十以后或结婚以后身体会发福，是营养有关吗？现代心理学认为，这与压力有关，如个体是通过吃的方式获得一种满足感。如婴幼儿哭闹，得以喂食，孩子得到满足便安静下来，所以人类一有情绪，就会以吃来解决。男性烦恼时抽烟喝酒，女性失恋就暴饮暴食。因为心理学认为，吃是一种原始口腔欲的满足，可以用来降低压力，在遇到压力时吃东西，可以借口欲的满足来暂时疏解情绪，使之感觉愉快。

> 潜意识层面另一种处理压力的方式就是躯体化。也就是说，把心理问题转变为躯体问题。对这一转变的研究，已经成为一门单独的学科，叫作心身医学。有很多严重影响人们健康的疾病，就是由心理因素导致的，如高血压、胃溃疡、慢性头痛等等。以胃溃疡为例，很多胃溃疡患者都是工作或生活压力很大的人，他们在精神上往往表现得很坚强，但是，强大的心理压力在他们相对薄弱的胃上寻找到了突破口，胃壁上的溃疡，就是这一突破口。

躯体能感受到的压力都是有形的，我们能够清楚地知道这样的压力的来源、大小和逃避的方式。比如，在拥挤的公共汽车上，我们清楚地知道压力是周围人给的，人越多，挤压的力量也就越大，逃避的方法也很简单，下车就可以了。

而面对心理压力，就没有这么简单。心理压力经常给人铺天盖地的感觉，让人无处遁形。心理的压力有一部分是由已经发生或即将发生的生活事件引起的。如未完成的作业、即将来临的考试、必须面对的冲突，等等。这些压力的来源，我们知道得很清楚，所以处理起来就容易得多。

（二）压力源的分类

压力感受的事件或环境称为压力源。生活中的压力源可能存在于人们自身，也可能存在于环境中。但是，人类最主要的压力源是人，人际关系是造成压力的最主要来源。心理学家在研究中把造成压力的各种生活事件进行分析，提出了四种类型的压力源：

1. 躯体性压力源

躯体性压力源是指通过对人的躯体直接发生刺激作用而造成身心紧张状态的刺激物，包括物理的、化学的、生物的刺激物。如过高或过低的温度、微生物、变质食物、酸碱刺激等，这一类刺激是引起生理压力和压力的生理反应的主要原因。

2. 心理性压力源

心理性压力源是指来自人们头脑中的紧张性信息。例如心理冲突与挫折、不切实际的期望、不祥预感以及与工作责任有关的压力和紧张等。心理性压力源与其他类型压力源的显著不同之处在于，它直接来自人们的头脑中，反映了心理方面的困难。生活中的压力事件处处可见，但为什么有的人无动于衷，有的人却耿耿于怀，区别常常源于人们内心对压力的认知。如果过分夸大压力的威胁，就会制造一种自我验证的预言——我会失败，我应付不了。长此下去，会产生所谓的长期性压力感，畏惧压力。

大象幼年时被驯象人用铁链绑在柱子上，无论如何挣扎都无法摆脱；随着时间的推移，小象逐渐把顺从当作习惯，虽然长大后可以轻而易举地挣脱束缚，但它早已失去了拥抱自然的意愿。

3. 社会性压力源

社会性压力源主要指造成个人生活方式上的变化，并要求人们对其做出调整和适应的情境与事件。社会性压力源包括个人生活中的变化，也包括社会生活中的重要事件。个人生活的改变常常会给人带来压力。心理学家曾经编制了一份生活改变与压力感量表，列出了 43 种大部分人都可能经历的生活事件。

由 400 位不同职业、阶层、身份、年龄的人对这些事件产生的压力大小打分，发现其中 24 个项目直接与家庭内人际关系的变化有关。

4. 外在人际关系压力源

即使没有大的事件发生，普通的人际关系也会造成一定的心理压力。只要是两个或两个以上的人在一起，身处其中的人就不可避免地会有压力，只不过这种压力有明显和不明显之分。人际间的压力主要来自于这样几个方面：相互竞争，希望自己比别人表现优异；控制他人而不要被他人所控制；力图使自己的言行符合他人的标准；想取悦别人以便达到某种目的，等等。所有这些，在程度很轻的时候都很正常。但是，在程度较重，以至于让自己或者别人感觉到不快的时候，就要考虑做出一些改变了。

5. 内在的压力

即使没有外在事件造成的压力，由内心冲突造成的压力一样令人难受。这样的压力首先在价值观层面。一个人在成长的过程中，会接触到不同的价值观，某一些价值观是和另一些价值观相互对立的。于是我们的心灵就成了这些价值观斗争的战场。比如，任何人都可能受过利己和利他的教育，虽然前者多半是通过非主流渠道，但一样会对人产生重大影响。在某种情形下必须做出决定的时候，压力就产生了。所以一个没有稳定价值观的人，他面对的心理压力比一个有稳定价值观的人要大得多。

二、耶克斯－多德森定律

在一般情况下，动机愈强烈，工作积极性愈高，潜能发挥的愈好，取得的效率也愈大；与此相反，动机的强度愈低，效率也愈差。因此，工作效率是随着动机的增强而提高的。然而，心理学家耶克斯和多德森的研究证实，动机强度与工作效率之间并不是线性关系，而是倒 U 形的曲线关系。

具体体现在：动机处于适宜强度时，工作效率最佳；动机强度过低时，缺乏参与活动的积极性，工作效率不可能提高；动机强度超过顶峰时，工作效率会随强度增加而不断下降，因为过强的动机使个体处于过度焦虑和紧张的心理状态，干扰记忆、思维等心理过程的正常活动。

研究还表明：在完成难度适中的任务中．中等的动机强度效率最高；在完成复杂和困难的任务中，偏低动机强度的工作效率最佳。

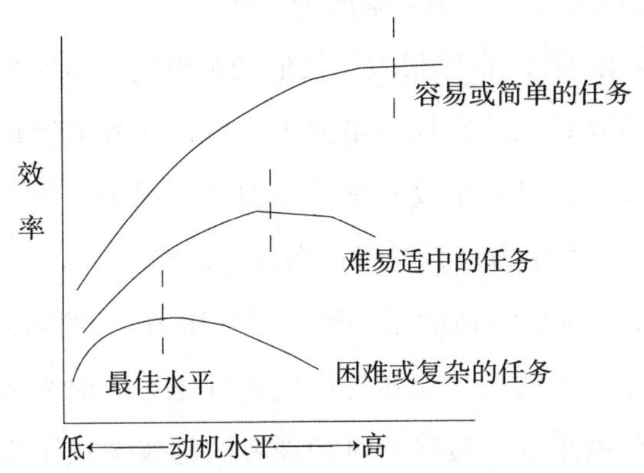

图 5–1　耶克斯 – 多德森定律曲线图

耶克斯 – 多德森定律表明，动机不足或过分强烈都会影响学习效率。

（1）动机的最佳水平随任务性质的不同而不同。

在比较容易的任务中，学习效率随动机的提高而上升；随着任务难度的增加，动机的最佳水平有逐渐下降的趋势。

（2）一般来讲，最佳水平为中等强度的动机。

（3）动机水平与行为效率的关系呈倒 U 型曲线。

耶克斯 – 多德森定律第一次概括了这种关系，这个定律认为，压力过大及过小都不利于工作效率的提高，适度的压力对心理健康及个人发展具有积极的促进作用。为此，我们避免的是极端的与令人心烦的压力。对这样的解释，也许读者会感到困惑。想想比赛与平时跑步时成绩差异，你就会很快明白这一点。

三、压力产生三个阶段

研究人员首先将一只老鼠关在笼子里，连续6天，每天都折磨它两小时。6天后，将这只老鼠与其他一些老鼠放到一起。

受过折磨的老鼠“脾气自然很大”，其他老鼠被它吓得不得了。在试验后期，研究人员让处在惊吓状态的老鼠感染流感病毒，这种流感病毒同样会感染人类。另外，研究人员让另一组没有承受压力的老鼠也感染上这种病毒。这样一来，科学家就能观察压力是否对感冒病毒有影响。

研究人员认为，他们制造的是一种“慢性压力”。例如，一个人每天都照顾躺在床上的自己所爱的人，就容易产生这种压力。研究人员已经多次证实这种压力会抑制免疫系统，最终会对护理者的健康造成不良影响。但这次试验结果显示，承受压力的老鼠却比其他老鼠更容易避开病毒感染。

直到现在，我们也没有为这种类型的压力找到合适的名称，我们只是把它称为反复遭受挫折。但是，无论将来这种压力会取一个什么样的名字，它显然可以提高被称作“T细胞”的这种特殊细胞记忆力。主管免疫系统的就是这种T细胞。具体来说，有三个阶段。

（一）惊恐反应

对压力的最初的反应是惊恐，自主神经活动功能减弱到正常水平之下，身体对压力的抗拒发生变化。

身体接受压力时，内分泌腺开始活动，肾上腺增加了肾上腺素的分泌，同时脑垂体的输出量也在增加这些激素流入血液，使血糖和血压升高，胃酸增多。

人类对于压力的典型反应就是进攻或回避，而这种反应又会引起生理方面的变化，即感到心跳加快、口干舌燥、呼吸短促、出汗等，从而产生失眠、焦虑、多疑、胃口差等情况。

（二）抵抗

如果压力继续存在，就进入了激活的最佳水平。肾上腺继续受到脑垂体腺的刺激。肾上腺和脑垂体腺分泌的激素其功能是恢复身体的平衡，防止身体由反应过强而使本身受到伤害。此时，个体比平时更加努力工作，借以保护自己。

（三）衰竭

如果压力源继续威胁身体或产生新的压力，而个体又没有准备，那么就进入到了衰竭阶段。此阶段意味着大量的刺激分泌物不能继续防御，适应性反应遭到了破坏。由于持续时间过长，防御系统逐渐削弱，个体耗尽了心理和生理能量，机体便极易受到伤害，火气大，矛盾多，破坏性强，甚至产生自残、自虐倾向。

四、压力有关的其他因素

压力虽然是由各种各样的外部因素引发的，但由于个体差异的存在，同样的外部环境刺激，每个人内心所感受到的压力程度却有很大的差别。对于压力的反映——压力感，却各不相同。有些人的压力感觉阈限（阈限——被个体感觉／反应的最小刺激值）偏低，对压力特别特别敏感，有些人的压力感觉阈限偏高，愿意接受挑战，对压力的承受能力强。而决定这一切的是个体主观因素：年龄、体质、性别、动机、意志、能力等等。

当我们谈到压力时，通常指的是来自我们周围所感受的压力，如考试成绩太差，或者是一篇毕业论文的最后期限到了。

许多人都认同这样的压力定义：当个体面对他不能处理或破坏其生活和谐的刺激事件所表现出来的行为模式。最早这个定义是由舍利提出的，他认为压力是生活环境不能满足个人需要，个人学习与经验无法与现实生活的要求相互配合，所导致的生理或心理失去平衡的一种紧张状态。其实压力是一种复杂的身心历程。任何情境或刺激具有伤害或威胁个人的潜在因素，就是压力来源。例如，人际关系的冲突，还有面临重大考试等。最重要的是，当事人认为上述事情的刺激或情境，对于个人确实有所威胁时，此时即构成压力，但如认为是种解脱或乐趣而不是威胁时，则不构成压力，此历程即为认知评估。按照常理，高考时处于特别紧张的状态，但有的同学却充满激情，轻松应对；来到大学以后，自由支配的时间更多了，却感到巨大压力。可见，外在事件是带来压力的源来，而认知因素却在压力中起来举足轻重的作用。

压力也是一种主观反应，压力是紧张或唤醒的一种内部心理状态，它是人体内部出现的解释性的、情感性的、防御性的应对过程。这些应对过程是发展的，会提高并趋向成熟。压力本身并不是问题。如果你感到不适去看医生，医生说你的额头很烫，需要做手术切除，你会觉得这个医生精神有点不正常吧？人人都知道额头很烫是身体有病的症状，可能是肠胃有毛病，也可能是感冒。症状使我们知道健康有问题，但它本身不是问题。压力也一样，它只是症状而已，可是绝大部分人把压力看作问题本身（如上述个案中，一旦出现压力，就感到焦虑并竭力排解这种压力）。事实上，压力只是提示我们，生活中出现了一些事情，需要我们去处理。

大多数人仅仅关注压力的消极方面，我们关注产生压力的刺激，以及紧张性事件对我们健康的影响。当我们体验到压力时，我们想到的是身体的和行为的问题。这些问题包括：

譬如身体强壮的人比之身体孱弱的人在抗压力能力上就要好得多，至少说，在身体反应的感受性上与耐受性上就有着明显的区别。心理承受能力的差异对于压力的感受与耐受的区别就更大。

个人的观念差异也导致个人压力感的不同。曾有两位科学家花了很长时间研究电话公司接线员的健康资料。他们发现，经常生病的接线员与保持健康的接线员最大的不同点在于：经常生病的接线员都有着良好的家庭环境与教育背景，对自己的期望水平也高，她们觉得自己做接线员的工作有失身份，而且这个工作又是那么枯燥、无聊。而健康的接线员大多来自中下阶层，她们知道自己的条件有限，对这份工作很满意。正是由于这种差异，导致她们对压力的不同感受，进而导致不同的健康状况。

机场的导航员是世界上压力最大的职业之一。据研究，在某国际机场担任指挥工作的 94 个人当中，只有两个资历超过 10 年；他们中有三分之二的人得了胃溃疡；许多人正在接受精神治疗，他们患高血压的比例，比飞行员还高 4 倍，虽然有许多职业比航空指挥员更需要准确的决定与判断，但却不像他们那样会造成严重的压力症状，因为他们的每一个决定可能会危及到许多人的性命。

五、压力理论

（一）“挫折—攻击”理论

心理学家指出，攻击行为往往是压力的结果。他们认为，攻击性行为的发生总是以挫折的存在为先决条件，同时，挫折的存在也总是要导致某些形式的攻击行为。他们曾经进行过“剥夺睡眠”的实验，实验结果表明，当被实验者被剥夺睡眠 24 小时，并不允许自由活动，他们往往采用不友好的语调相互谈论，或提出一些非难性问题等形式攻击实验者。挫折的这种作用可以在广泛的社会关系中充分体现出来。如当经济萧条或战乱之后，就容易产生每个人的挫折心理，当人们找不到工作，买不到需要的物品，生活的各方面受到限制时，各种形式的攻击行为就会到处可见。

心理学家提出了“挫折—攻击”原则：攻击行为的产生与其受挫折驱动力的强弱与范围，以前遭受挫折的频率，对攻击行为后果的估价等有关。

因此，当个体因挫折产生焦虑等消极情绪时，应当及时地找人倾诉，对象可以是亲人、朋友或心理咨询老师。还可以采用一些适当的途径发泄以减轻由挫折感所带来的心理压力。

（二）“需要和紧张”理论

这一理论是说明需要与挫折的关系，“需要和紧张”理论认为个体的需要若得不到满足，就会出现紧张、焦虑等心理状态，从而使心理失去平衡，产生失败的情绪体验，即挫折感。个体心理环境中真正影响其心理状态的是非生理需要，这种需要是推动其行为的动力。个体在其需要压力下，会产生一种紧张的心理状态，激发起一种要求满足需要的动机，以求得心理平衡。当需要得到满足时，心理紧张就随之消除；否则就会产生挫折体验。因此，“需要和紧张”理论认为，需要的满足是避免挫折的重要条件。

人的需要有很多种：正确合理的需要，健康的但不切实际的需要，不合理的过高的需要等。对于人们正当、合理的需要，社会应予以满足，以避免产生挫折反应，但对于不合理的、过高的需要则必须通过教育使个体的需要向健康方向发展，以减少其挫折体验。

（三）社会文化理论

这一理论强调文化和社会条件对个体的挫折的产生及其反应的影响，重视社会环境和文化因素对个体行为和人格特征的影响，认为挫折的产生是由于个体“向上意向”、“自我实现”受到压抑的缘故。为避免挫折的产生，新心理分析学派主张自我的整合和调节作用，强调个体的自尊以及对未来的乐观态度；人本主义心理学派强调尊重人的价值、发挥人的创造力、完善人际关系等。

（四）“心理分析”理论

心理分析学派认为，人的一切行为都是以性力为动力的。如果心理性欲的发展过程不能顺利进行，比如停留在某一阶段或遇到挫折而从高级阶段倒退到低级阶段等，都可能造成行为异常。因此，一切精神疾病的根源也就在于这种心理性欲受到压抑或阻碍，即挫折。

个体心理学则强调社会因素的作用，重视权力意志的实现。他认为人的一切行为都要受“权力意志”的支配，要求高人一等；人的一切行为动机都是指向追求征服、追求优越的。如果这种驱力受到挫折，就会形成自卑感。自卑感如果得不到补偿，则会产生反社会行为或精神病。

分析心理学则认为，每个人的人格总是不断向前发展的，一个人常常为未来的目标而奋斗不息，以求达到人格各方面的和谐完善。当一个人的自我实现不能满足时，就会产生挫折感。

人们对挫折的承受力有着鲜明的个体差异：不同的人对挫折的承受力不同，同一个人对不同挫折情境的挫折承受力也不同。对同一种挫折情境，有的人受挫折的消极影响较小，他们往往表现出勇往直前，越来越坚强、成熟；有的人受挫折的不良影响较大，甚至会因挫折而导致心理和行为的异常。个体的挫折承受力受多种因素的影响，包括生理因素、心理因素及社会因素等，但较多地受个人心理因素的影响。因此，通过教育训练，提高大学生的挫折承受力，使其获得应付挫折情境的正确理念，掌握心理调适的有关知识和技能，是提高大学生挫折承受力的关键。

（五）“动机”挫折理论

挫折在动机层面上，主要表现为以下四种：

1. 双趋冲突

又称正正冲突，指对个体同时存在两个具有同样吸引力的目标，而两者不可得兼、难以取舍的心态。双趋冲突是大学生中最常见的心理冲突。当两个目标都符合需要，并且有相同强度的动机，且又“鱼和熊掌不可能兼得”时，就出现了难以取舍的冲突。例如大学生在先升学还是先就业，往往举棋不定，难以取舍。

2. 双避冲突

又称负负冲突，指同时有两个可能对个体具有威胁性、不利的事发生，两种都想躲避，但受条件限制，只能避开一种，接受一种，在作抉择时内心产生矛盾和痛苦。如前有狼后有虎的两难境地。如在大学之中，有的同学既不想用功读书，又怕考试不及格，于是出现的“二者必择其一”的心理冲突。

3. 趋避冲突

又称正负冲突，指同一目标对于个体同时具有趋近和逃避的心态。这一目标可以满足人的某些需求，但同时又会构成某些威胁，既有吸引力又有排斥力，使人陷入进退两难的心理困境。如大学生既想担任学生干部使自己得到实际锻炼，又怕占时太多，影响学习的这种两难选择。

4. 双趋避冲突

又称双重正负冲突，指同时有两个目标，存在着两种选择，但两个目标各有所长、各有所短，使人左顾右盼，难以抉择的心态。如择业时有两个单位可供选择，而每个单位又利弊相当，就有可能举棋不定而陷入这种冲突中。

（六）习得性无助

你体验过绝望的感觉吗？那是一种极端无助的感觉，无论怎么努力也无法逃脱的感觉。绝望者是痛苦的，因为他无法改变目前的处境；绝望者是悲观的，因为他已经不再去尝试努力了，他只能等待着命运的安排。

绝望是怎样产生的呢？请看下面一个经典实验。心理学家用狗做实验，生动地演示了绝望心境形成的过程。实验者把狗分为两组，一组为实验组，一组为对照组。

程序一：先把实验组的狗放进一个笼子里，这个笼子是狗无法逃脱的，里面还有电击装置。给狗施加电击，电击的强度能够引起狗的痛苦，但不会伤害狗的身体。实验者发现，这只狗在一开始被电击时，拼命挣扎，想逃脱这个笼子，但经过再三的努力，仍然发觉无法逃脱后，挣扎的程度逐渐降低了。

程序二：随后，把这只狗放进另一个笼子，这个笼子由两部分构成，中间用隔板隔开，隔板的高度是狗可以轻易跳过去的。隔板的一边有电击，另一边没有电击。当把经过前面实验的狗放进这个笼子时，实验者发现它们除了在头半分钟惊恐一阵子之外，此后一直卧倒在地接受电击的痛苦，那么容易逃脱的环境，它们连试也不去试一下。

而把对照组中的狗，即那些没有经过前面第一个程序实验的狗直接放进后一个笼子里，却发现他们全部能逃脱电击之苦，轻而易举地从有电击的一边跳到安全的另一边。

这个实验所产生的现象，在心理学上称之为“习得性无助”。后来有很多学者采用其他动物进行重复实验，均得到了与上面相同的结果。

当然，我们不能用人来做这种残酷的实验，因为它对人造成的心理创伤也许是无法恢复的，这不符合心理学研究的伦理准则。但是，如果我们观察现实生活中的那些长期经历失败的儿童、久病缠身的患者、无依无靠的老人，会发现他们也会出现习得性无助的特征。

这个实验的结果在心理学界引起了相当大的影响。因为习得性无助而产生的绝望、抑郁、意志消沉，正是许多心理和行为问题产生的根源。

六、哪些人容易体验到压力

（一）寡人

孤独的人容易体验到压力，就像一个人走夜路，任何风吹草动，我们都会感受到害怕。我们生活在这个地球上，人类并不是最强大的动物，我们从来就不是单打独斗的，我们需要在一起的感觉，我们要与其他人建立情感支持系统。

（二）能人

能人为什么会有压力？任何一场球赛，球队的核心人物，万众瞩目，他们的压力肯定是最大的。因为他们承担了更多的使命与责任。在充满安全隐患和风险的环境下工作，要十分重视能人的心理状态，长期超负荷的运转，容易导致身心俱疲。性格要强的人也属于能人中的一种，最典型的例子就是争强好胜的人容易患上冠心病。这种关联揭示了心理上的变量对生理活动过程的影响。

（三）病人

一旦生病了，人真的会变得脆弱。就像一张缺了腿的桌子，无法支持更多的重量，容易倒塌。身体强壮的人比身体孱弱的人，在抗压力能力上就要好得多，所以说，加强体育煅炼，也能提高身体对焦虑感受性和耐受性。

（四）好人

通常好人心地善良，总觉得应该去为他人做点什么，否则会深感不安。我们要警惕在灾难面前过度利他，在帮助他人时不能超出自己的能力范围，一旦毫无节制地助人，很有可能造成不必要的麻烦。

技巧分享

一、化解压力

1. 记录好事：每天都写三件好的事情，坚持一周。无论大小，贵在坚持，生活会发生神奇的改变。

2. 培养幽默：幽默可以淡化人的消极情绪，消除沮丧与痛苦。具有幽默感的人，生活充满情趣，许多看来令人痛苦烦恼之事，他们却应付得轻松自如。用幽默来处理烦恼与矛盾，会使人感到和谐愉快，相处友好。

3. 正确饮食：合理的进食速度，饮食的目的在于滋养我们的身体，吃了一定要能消化。此外，每天至少喝八杯水，在绝大多数下，饮水有利健康。

4. 自我调适：在压力下能做自己感兴趣，同时能够让自己开心起来的事情，比如喝茶、听轻音乐等，这些活动都可以让自己的心情变得安静，同时让自己的生活变得丰富多彩，让自己获得幸福和快乐。

5. 生活目标：一旦制定了一个目标，就会从内心深处产生一种力量，努力朝着所定的目标前进。目标，是一种希望，在希望的激发之下，人才会不断地追求进步向上，设立非常明确的目标，还要有一个步骤性目标，一小步不断向前。

6. 了解压力：增加压力源，如社会环境因素中噪音、空气污染、交通阻塞、拥挤；生活环境因素的工作学习任务、人际关系；个人能力与期待有关的解决问题能力、人际关系技巧，还有重大生活事件及日常生活的困扰。

7. 放松技巧：随时可以让自己放松下来，如数秒钟之内就能闭目养神，让身体放松下来。如坐下降电梯，也可以让身体涌现出一种放松的感觉。

8. 感恩拜访：要求学生对自己的亲朋好友写感恩信，打感恩电话，并做感恩拜访。

9. 署名力量：每个人找到自己的三个优势，并充分利用自己的优点，发扬光大并信守承诺。

二、与压力共舞

1. 合理认知

行为反应的绩效与压力成倒“U”曲线，或者漠视压力带来身体不适甚至发展为过劳而猝死，或者过分敏感和关注压力从而惶惶不安产生精神上的疾病。

压力的 4A 法则即：觉察（awareness）、接纳（acceptance）、了解（acknowledge）和行动（act）。所谓的觉察即觉察身体上的变化，比如是否有不适症状的出现，如情绪上的变化、行为上的变化、观念上的变化；所谓的接纳即接纳自己的过去和现在，同时展望未来，接纳自己的失误和过错同时更新行为，接纳自己的缺点和错误同时关注优点，接纳自己的焦虑和抑郁同时看到意义；所谓的了解即了解压力的来源，在其诱因、信念和结果三者之间做好把握和调节，看到事物的多面，失去也不失为另一方面的获得。在做到察觉、接纳和了解后，就是行动。

2. 享受压力

有 22% 的受访女性表示她们享受的是“清洁工作的过程”，64% 的表示清洁之后的“结果令人高兴”，有一半人认为清洁的结果使她们得到视觉上的欢愉，并且使她们“对自己的成就很自豪”。清洁工作是一件压力事件，我们主动享受压力。

3. 增强控制

每天你完成任务的时间是固定的，只有你自己知道如何度过每一天。因此，也只有你才能决定所接受的任务可能需要多少时间和精力。

4. 立刻行动

如果你知道某件事情是有压力的，最好是尽可能快的处理它。如果你迟延，其结果是使得压力增大。最好是解决问题，使得事情朝着令人愉快的方向发展。

有时似乎每个人都需要你的帮助。做他人要求的每件事情是不可能的，如果你没有时间，你必须学会说“不”。这不是一件容易的事情，但不说“不”的代价是你会不堪重负。

5. 避免变化

有时，我们被强迫做出生活中的重要变化，比如在异国开始新的工作。新的工作不仅产生压力，而且迁移本身就会产生压力。如果一次只采取一个步骤，那么产生的压力就少一些。

我们都知道紧张性事件会产生压力，比如即将进行的讲演。如果我们能预期它并做好准备，那么它们所产生的压力就会少一些。

6. 表达感受

当你对旁人所做的事情感到生气时，不要自己暗地里生气，最好表达你的真实感受。有时，你可能想哭，哭一哭没有什么不好的。任何行为——表达你的愤怒或者痛苦——都能减轻你所感受到的压力水平。

7. 管理时间

一天只有24小时，你需要设置实际的目标和重点，这会使得你合理地利用时间和资源。分析环境和事情的轻重缓急，能将注意力集中在那些需要你即刻开始注意的活动上。如果你要完成一个复杂的任务，比如写一篇长文章，可以通过将任务分解为各个部分，一次完成一个部分就可以减轻压力。分解的过程将减轻试图一次在短时期内完成一项复杂的工作的压力。你不可能一次同时完成几件事情。因此，你应该一次完成一项任务。只有如此，你才能在一段时间内开展一系列的工作。

不论你多忙都应该有时间进行放松，这可能包括观看你喜爱的电视节目的时间。我们都应该参加的另一项活动是享受宁静，从容地做某事是非常重要的，即使是仅仅沐浴十几分钟的阳光。

自我训练

问题解决训练

1. 检查自己的担忧

找一张纸，在一个没有干扰的地方，坐下来冷静地思考，把自己所有的担忧写下来，按下列方式进行：

（1）把能想起的一切担忧写下来，不要去分析，不要想这些担忧好不好，也不要怕重复，直到认为写完为止。

（2）整理合并已写下的担忧，去掉重复的条目，把各条担扰比较一下，把实质相同的担忧合并起来。

（3）按担忧程度的大小依次排列各条目，小的排列在前面，大的排列在后面。

这一步实际是要对自己的担忧认知进行一次全面清查。它有三个作用：

首先，这种检查过程能直接减轻焦虑。

我们常常觉得我们所面对的是天下最难对付的事，简直“不得了啦！”其实到底有哪些事值得操心着急，我们往往并不了然，并且，我们似乎有意无意地回避正视我们的处境，只是一味暗示自己往消极方面看。一旦我们全面检查一遍，就会发现所担心的不过也就这么几条，我们多少会觉得踏实一些。

其次，这种检查使我们开始以一种理智、现实、不逃避的态度来对待自己的问题。这种检查行动本身似乎在告诉自己："我能够解决我自己的问题，我不是被动无能的。"这有助于树立自己的信心。

第三，检查使我们的担忧明确化、具体化，从而为下面的步骤作好准备。

2. 对担忧进行合理性分析

担忧都具有两面性，既有合理、现实的一面，也有不合理、不现实的一面，或者从一个角度看它是合理的，从另一角度看又不合理。分析一个担忧是否合理，应考虑它是否包含下面几种认知错误：

（1）无事实根据的结论

我们经常在没有根据或根据不足的情况下就草率地对某件事下结论，然后就只记住结论，把它当成一定会出现的情况，你应对每条担忧都问：

"有什么事实证明这个担忧？"

"这些事实充分吗？从它们出发一定应该得出担忧的结论吗？"

（2）以偏概全

你是否把一次考试不好就推想为我将来一定考不好？

是否把某一科、某一章没有掌握好就想象成我的所有科目都没准备好？

是否听一个人说你不行就以为所有的人都认为你不行？等等。

（3）夸大和缩小

检查你是否把自己的不足、缺点过分夸大，把自己的能力、优点过分缩小。这也是我们常犯的认知错误。

（4）情绪推理

它把一个人的情绪感觉当作结论的依据，其逻辑是"我觉得我是一个失败者，所以我一定是一个失败者"。或者"我感到力不从心，所以我肯定什么也干不好"。

你还可以找出另一些不合理之处，总之，合理性分析的要领是：千方百计找出担忧的不合理、不现实之处，从而为下面的步骤作准备。

3. 与担忧质辩

针对担忧的不合理之处，以理性的事实、常识、逻辑来驳倒它们。通常你可以这样思考：先找出这些担忧与事实不符的地方，或者违背正常的逻辑或常识的地方，然后分析这一担忧在你身上引起了什么反应，即找出它对你的不利影响。这可以称为“危害分析”。

4. 得出合理反应

以上面的工作为基础，得出对于该担忧你应该作出的合理反应和认知。

【做一做】在纸上写上你的收获和感悟：

____

____

互动拓展

五步脱困法

内心状态可以从言语中觉察，因此，改变说话方式，也可以改变内心状态。很多人的内心困境，其实往往是本人的一些错误的信念造成的。以下的五个步骤可以帮助处于困境中的你，变得积极进取，有更清晰的行动目标和途径。

第一步（困境）

我做不到 A。（因为没时间指针，说出来就像是一句永恒的真理一般，正是这样的信念，使得我们无法突破）

第二步（改写）

到现在为止，我尚未能做到 A。（那只是过去的事，未来可以改变，看到一个充满希望的未来）

第三步（因果）

因为过去不懂得……所以到现在为止，尚未能做到A。（找出具体的原因，明白问题所在）

第四步（假设）

当我学懂了……我便能做到A。（找出改变困境的方法）

第五步（未来）

我要去学……我将会做到A。（这时，不仅有改变现状的目标，还有清晰可行的途径去达到目标，所说的话，充满了动感，已恢复平常的自己控制自己人生的状态了。）

故事链接

平静地走过小桥

一位心理学教授想知道人的心态对行为到底会产生什么样的影响，于是他做了一个实验。

首先，他让10个人穿过一间黑暗的房子，在他的引导下，这10个人皆成功地穿了过去。

然后，教授打开房内的一盏灯。在昏暗的灯光下，这些人看清了房子内的一切，都惊出一身冷汗。这间房子的地面是一个大水池，水池里有十几条大鳄鱼，水池上方搭着一座窄窄的小木桥，刚才，他们就是从这座小木桥上走过去的。

教授问："现在，你们当中还有谁愿意再次穿过这间房子呢？"没有人回答。过了很久，有3个胆大的人站了出来。

其中一个小心翼翼地走了过去，速度比第一次慢了许多；另一个人颤颤巍巍地踏上小木桥，走到一半时，竟只能趴在小桥上爬了过去；第三个人刚走几步就一下子趴下了，再也不敢向前移动半步。

教授又打开房内的另外9盏灯，灯光把房里照得如同白昼。这时，人们看见小木桥下方装有一张安全网，只由于网线颜色极浅，他们刚才根本没有看见。

“现在，谁愿意通过这座小木桥呢？”教授问道。这次又有5个人站了出来。

“你们为什么不愿意呢？”教授问剩下的2个人。

“这张安全网牢固吗？”两个人异口同声地反问。

教授接着感叹地说：“很多时候，人生就像通过这座小木桥一样，暂时的失败恐怕不是因为力量薄弱、智力低下，而是周围环境的威慑——面对险境和压力，很多人早就失去了平静的心态，慌了手脚，乱了方寸。”

第十二讲

团体拓展

打开快乐的大门

团体拓展可以将关怀的触角伸向校园的每一个角落，不仅减轻学校心理教育工作者的压力，而且还能在寓教于乐中让学生接受心灵上的启迪，进而形成自我教育、自我调整的心理健康教育长效机制！

心理导航

【心理互动】

全体报数。先让大家估计一下要多少时间才能报完，然后正式报数。

在正式报数之前可以问问大家，你们准备好了吗?

【分享与成长】

（1）团体的目标对一个人有什么样的影响?

（2）个人与团体有什么关系?

（3）我们的速度还能再快一些吗? 你有哪些方法?

理论解析

团体心理素质拓展，正成为人们日益追捧的对象。理由很简单，游戏符合学生活泼好动的性格，游戏可以用最简洁、最通俗的形式说出最复杂的事情和道理，把不可言说的东西用游戏的方式清晰地呈现出来。

假如您是一位普通老师、辅导员或班级心理委员，你不需要有任何心理学基础，你可以完全按照本书提供的操作事例，就可迅速人与人之间的距离，彼此建立深层的关系，我们的生活由此会精彩纷呈。

我们或许想迫不及待的开始“团体拓展”吧? 玩这些游戏不需要任何道具，只要有可移动的椅子即可，在一个相对安静的空间，心灵游戏的威力是震撼性的，你会明白心理健康教育还可以这样的简单和有效。

一、团体心理素质拓展示例

（一）自我介绍

各位好，我是学校心理健康教育的某某老师，很开心在你们刚刚来到大学的时候就有这样一段美好的时间与你们相处。根据学校的安排，今天由我为大家主持心理素质拓展训练。这次活动主要是为了帮助大家尽快熟悉身边的朋友，尽快熟悉大学校园的生活环境，通过游戏、交流和分享来体验团队的力量和与人交往的快乐。我们希望，和往届的学长学姐一样，今天的活动能够成为你们大学生活中记忆最深刻的一部分。

（二）制定规则

因为心理素质拓展训练重在体验、交流和分享，为了使我们今天的心理素质训练取得圆满成功，使我们的团队成为全场最优秀最快乐的团队，在活动开始之前，我们来做一个口头约定。

你愿意在这个空间里参与所有的活动吗？大家不妨做一个承诺。请跟我，把右手放在胸前，既然承诺，就要做得很庄重。我说一句，大家跟随我一句，到最后说到承诺人的时候，报自己的名字。

> 我承诺，在课程中，我要好充分掌握每一个技巧，听从老师的安排，不做跟团体活动无关的事；我承诺，帮助每一个同学掌握每一个技巧，帮助同学做出突破，达到更好的效果；我承诺，当有人在发言时，我会认真聆听。承诺人：XXX。

把手放下，把目光投向在场的每一个人，同时也接受他们投向来的目光。

请全体向左转，大家要是同意刚才的约定，请用你的右手握拳，敲一下前面同学的背部。预备，你们同意吗？好，谢谢大家，现在大家都盖上了对这个约定同意的印章，那就请随我进入我们的活动吧。

请先伸出我们的左手，再伸出我们的右手，跟着我的口令，让我们的双手快速亲密接触十下。1、2、3、4……8、9、10，谢谢，我们把我们最热烈的掌声送给我们自己和现场的每一位同学。你们有信心成为全场最优秀的团体吗？然后，我们把心连结到一起，那么就请伸出你的右手，我需要你；伸出左手，我支持你。

（三）融冰之旅（生日连线）

请大家在不出声的情况下，利用动作和肢体语言按照生日的大小依次进行排队，以主持人的左手为起点，生日最小的站在主持人的左边，以主持人的右手为终点，生日最大的站在主持人的右边。生日不分阳历和阴历，只要是自己认定的那个日期就可以，整个过程不可以说话，主持人询问时，认为自己调整好了的同学举起手，只有当所有人都举手之后才可以开始说话。大家要确保自己的位置没有站错，否则自己后面的一位同学将会受到惩罚。

从生日最小的开始，请大家依次报出自己的姓名和生日，找出生日离今天最近的一位同学，请他到圆圈中间，全班同学为他唱一首生日歌。

可以简要分享，你是如何准确找到自己的位置？因为你站错了，你后面的同学受到了惩罚，你有什么感受？当全班同学提前为你送上生日祝福，你的感受如何？

（四）融冰之旅（轻柔体操）

下面，请大家手拉手围成圈，我站在你们的中间。然后，全体向左转，闭上眼睛，(这时我一般会播放浪漫温暖的音乐，如《相亲相爱一家人》《明天》)相互给对方敲打一下背或轻轻按摩一下，闭上眼睛来感受助人及被人帮助的感觉。

全体向后转，反过来为曾经你帮助过你的人敲打一下背或轻轻按摩一下，闭上眼睛来感受这种快乐。

这个环节结束后，每人用一句话或一个词语来表达心情，以促进大家彼此的接纳与互动。

（五）继续破冰（圆圈放心凳）

我会继续站在中间，请大家肩并肩站成一个圆圈，然后集体向右转，双手搭在前面一位同学的肩膀上，注意听主持人的指令。

我会读一则小故事，读的过程中所有同学匀速地绕圈向前走动，当故事中出现“乌鸦”这个词的时候，请迅速坐在后面一位同学的右腿上，后面的同学要尽可能把右腿放到合适位置，以便前面的同学坐稳。

持续进行，可要求大家加快走动的速度，当念完最后一个“乌鸦”，所有同学都坐在后面同学腿上的时候，询问大家能够坚持多久，10 秒？半分钟？1 分钟？好，请所有人举起双手，我们一起倒数一起拍掌。

这是一个欢快的热身游戏，不需做深入的分享，进行过程中当有部分人没有坐到后面同学腿上的时候，可以提示大家“有没有什么方法可以让你们做得更好？”

（六）团体分组（马兰花开）

全班同学围成一个大圆圈，集体向右转，双手搭在前面一位同学的肩膀上，主持人带领大家一起唱一首儿歌《马兰花开》，一边行走一边为前面的同学轻轻地按摩。

儿歌末尾部分，全班同学一起问“花开几朵？”，主持人答“花开 N 朵”，所有同学根据主持人报出的数字组成一个个小组抱在一起。没有成功进组的同学可以表演一个节目或者大声地做自我介绍。

重复 4–5 轮，让成员体验进入团队的归属感和无法进入团队的感受，主持人在最后一轮报出的数字最好是能够使全班每个同学都能够顺利进入小组。

（七）组建团队（队名队歌口号）

通过“马兰花开”的游戏将所有同学平均分组，每组 6 人左右，组成一个家庭。

给每个小组 20 分钟时间：每个家庭内部相互交流认识，并进行讨论，选出队长，起队名，摆队形，定队歌（或口号）。

最后一起轮流进行展示，呐喊助威。

（八）团队拓展（六足蜈蚣）

你知道蜈蚣长什么样子吧？下面将要出场的是一个六足蜈蚣，这是一种罕见的六足动物。

每个家庭派出六个人，他们必须作为一个整体穿越10米远的场地，队员身体必须直接接触，并且不能借助外物连接在一起。其他同学为参赛组员做安全保护。任何时候，每组只能有六个点接触地面，这些接触点可以是脚、手、膝盖或后背。如果游戏过程中，哪个队的接触点超过了六个，必须回到起点重新开始。

告诉各位队长："如果你们队失利了，需要接受一定的惩罚，你愿意为你们的队员承担一切责任吗？"让队员知道这是一个具有竞争性的游戏——换句话说，他们要和其他组比赛。

给每个小组5分钟游戏计划时间。建议各组在计划时间内彼此分开，防止相互偷看。

比赛结束后，请一名的家庭成员发表感想。

（九）训练解决方法（解开千千结）

各组同学分别手拉手围成一个圈，以最舒适的方式把手拉在一起，记住自己左手和右手分别拉的是哪只手。

记清楚之后，请大家在自己的圆圈范围内随意走动，主持人喊停的时候大家保持不动，并确保自己左右两边的人都已经不是原来的同学。

请大家站在原地不动，半分钟之内迅速找到自己左手拉过的手和右手拉过的手，然后紧紧拉住，在整个活动过程中都不能松开，形成一个"千千结"。

请大家集中智慧交流沟通，通过钻、跨、转等方法把这个结打开，重新回到最开始站的那个圆圈，但是任何人都不能在活动过程中松手。

当各组都顺利打开千千结后，可以将全体同学合并成一组，增加"结"的难度，重新进行游戏。因人数较多，此时搅乱结的方法可以是主持人拉着一位同学的手在整个圈中穿、跨、钻等，尽量使得结比较复杂。

请 2–3 位同学分享参加活动的感悟。

（十）结束分享

大家一起围成一个大圈，手拉手，闭上眼睛同唱一首《明天会更好》，每人一句话说出今天的感想。

把“心语纸”发给大家，所有人轮流在上面写下自己的感悟或者祝福，相互赠送留言，以示纪念。

快乐的时光总是很短暂。同学们，今天的聚会就进行到这里了，感谢大家与我共同度过难忘的两个小时，这也将成为我们美好的回忆！感谢大家的热情参与，并留下自己的联系方式，如果大家感兴趣的话，我们还会组织第二次更精彩的活动，衷心祝福你们在学校的生活充满精彩，期待下一期活动中与你们再会。

二、为何会在团体拓展中获益

（一）通过体验式训练，可提高团体的凝聚力

以身体互动取向的团队心理素质拓展，是一种喜闻乐见的形式，无形之中激发助人自助的意识。具体来说通过躯体的接触（如五人六足、连体赛跑等活动），促进内心的开放，以此获得心理的成长，在互动中促进彼此共情，建立相互信任感，构建助己助人的互助校园心理氛围。

（二）通过音乐营造氛围，会促进成员真诚交流

心理素质拓展训练借助于音乐，营造一种氛围。比如，我会用同唱《明天会更好》《朋友》等温暖的歌来营造家庭般的安全感。在这样的氛围，大家都会真诚的开放，坦率地交流，动人的诉说，说到动情处还会有感动的泪水。

（三）表达真诚与互动，促使面对真实的自我

成员们摘下面具，勇敢地学习用真实的态度与他人相处。正如一个对女生恐惧的男生在团体中，我会请他对团体的每个女生说："我喜欢和你交往，希望你能接纳我，"其他女生也对他给予积极的回应，多次练习以后，这个男生学习了一定的社交技巧，在现实生活中面对女生也很坦然，这体现了在游泳中学会游泳的道理。

（四）献计献策中，学会解决问题方法

心理困扰与道路障碍有类似之处，如果困住了就成了障碍，反之，如果一个人有很多方法可以解决问题，则不再成为障碍。

事实上，每个人潜意识会有"自动选择最好的"机制，想象你搬到一个新的地方居住，三天内你便找出从住处到学校有三条路线，分别是 60 分钟、40 分钟、20 分钟。假如所有的条件都一样，而且你只是想去学校，每次你想也不想便会走那条 20 分钟的路。假如还有一条只需要 15 分钟的路，在你知道它的存在之前，你是不会走的，但是，在知道之后，你便想也不想便选择走那条新路去学校。

在团队心理拓展训练中，可以拓展解决问题的思路，让人在绝境中看到希望，在困难里寻找到解决问题的办法。

（五）模仿学习中，可以提高相关技巧

在一次拓展之后的分享中，有同伴提到他的减压之道。说每次学习两小时，就会到户外呼吸新鲜空气，或者闭目养神三分钟，这种良好的习惯可以让他迅速获得心灵的平静。

三、如何开展团体拓展活动

（一）制定团体计划

能否计划一次有效的团体心理拓展训练的聚会将直接影响团体带领的效率。一般来说，领导计划每次团体聚会时最好慎重考虑如下问题：

* * *

①这个团体的性质是什么；

②这次团体聚会想实现的目标是什么；

③这次团体聚会将选择什么主题；

④这次聚会将安排哪些游戏；

⑤这次聚会的每个游戏所占有的时间是多少；

⑥这次聚会分几次？时间及地点；

⑦这次聚会将采用什么形式；

⑧这次聚会将会出现哪些可能性的问题；

⑨应对这些可能的问题的备选策略有哪些；

⑩游戏所需要的资源，包括人力资源、物力资源和财力资源。

（二）招募或动员团体成员

要事先对欲参加团体聚会的人员进行挑选或者是动员（比如以班为单位的心理素质拓展训练），基本的目标是应尽可能地激发参与动机，他们的加入会促进团体心理素质拓展训练的进程。

具体方式可以通过如下一种或多种方式完成，如：

* * *

（1）个别会谈及动员；

（2）欲参加成员的小组会谈；

（3）作为团体成员会谈的一部分内容；

（4）让欲参加者完成一份书面问卷。

（三）首次聚会时如何开场

团体首次聚会关系到未来的团体气氛，动力学家韦恩所说“组织者在他的每一道目光，每一个举手投足，每一个表情动作，每一句声音话语中，都在向成员表达他的性格特征，无法隐瞒，也无需隐瞒”。为此，组织者应将自己的情感、思想、经验等方面的信息告诉成员，与成员们共同分享。

在团体开始时最好传递温暖、信任、真诚、关心、助人、尊重等正性的信息，如：

> 让我用一分钟时间向你们解释一下我的角色。正如你们所知，在以后的6周中，我们将在每周三晚上聚会，这样你可以与他人交流成长的体验。在这个团体中我的角色是促进交流和提供信息。在游戏开始时，我将会向大家介绍游戏，并引导大家分享。

（四）让成员们相互介绍

组织者需要决定所选用的介绍游戏是要轻松、有趣或严肃的。常用的介绍成员的方法有：

（1）自报家门。请成员简单的介绍自己，内容可以是只说出自己的姓名，也可以多分享一些个人信息，如家庭住址、职业、专业、参加团体的原因、兴趣、嗜好、性格等。

大家第一次见面，不免有些拘束，谁先第一个介绍，可以由组织者用抛球等游戏方式来决定，然后依次类推。在介绍时尽可能将自己的本质的、典型的特征介绍给大家。

> 例如：大家好，很高兴认识大家，我叫XX，……我很喜欢大家，希望大家喜欢我。

（2）名字接龙。这是一个协助成员记他人姓名的游戏。组织者可以指定报名字的顺序，也可以不指定。当第一个成员说出了自己的姓名之后，第二个成员要说出第一个人的名字和自己的姓名，如此类推，直到最后一位成员说完自己的姓名为止。

（3）**配对介绍。**组织者请成员两两自由配对，并各自与对方分享一些组织者所建议的个人信息内容，然后面向团体介绍各自的伙伴。

成员可能会说："这位是刘明，他喜欢踢足球和钓鱼，他有两个弟弟，在学校里喜欢外语，参加了心理协会。"

（4）**重复配对。**请成员轮流和每一个成员配对，并用 2—3 分钟的时间分享他参加这个团体的动机和期望。此游戏只适用于 7 人以下的小团体，尤其是治疗、成长、分享、支持团体。

（5）**兜圈子。**此游戏适用于 12 人以上的大团体，可以让成员有机会和每一位成员接触，以加快彼此熟悉的速度。组织者安排 5 分钟时间，请成员兜圈子来互相碰面，并做简短的交谈。

"为了帮助大家彼此认识，我希望你们站起来，脸带微笑，然后在房间里自由走动和每一位伙伴碰面和接触。试着去记忆每个人的名字和他来这里的动机。现在就开始吧！"

像这样一个简单的游戏，可以为成员们提供与其他成员接触的机会并加速熟悉的过程。当组织者正在等一两位成员到达而其他成员都在独自安静地坐着时，这种方法特别有用。应用大姓名牌可能是帮助成员们记住其他成员姓名的最容易的方法。

（五）如何使用心理游戏

为促进团体讨论和提高成员参与感，促进团体聚焦，吸引成员注意力集中在团体主题或议题上。

在大学生人际关系的团体中，组织者想要成员将他们对室友的愤怒主题的讨论转移到他们对自己的感觉时，可以这样说："似乎你们对室友有许多不同的负面情绪，希望在这里我们的讨论能帮助你们以其他的角度来看待你们和室友之间的关系。我们现在要移到另一个主题，那就是你对自己的感觉如何？我要你们想想，对你自己，你比较喜欢的三项特质是什么？三项比较不满意的特质又是什么？

为成员提供体验性学习，避免仅仅在口头上谈论，组织者请所有成员将手搭在一起，围成一个紧密的圆圈，只有一位成员排除在外，这位圈外成员要尽力采取任何可行的手段试图冲破这道人墙，这个游戏主要在帮助成员体验寂寞的感觉并寻求获得他人接纳的方法。

此外，还有通过绕圈发言游戏提供有用的讯息以及增加团体的舒适水平的游戏，还有相识游戏、暖身游戏、配合游戏、团体按摩、传送面具等游戏。

（六）对心理游戏进行指导

在成员执行团体游戏的过程中，组织者需要给予成员适时、适当和必要的指导。确定成员是否遵循指导语执行游戏。

例如，组织者发现成员配对分享一些与焦点主题和游戏目的不相关的论题时，需要再次向这些成员澄清游戏的内容。

团体游戏可能会激发某些成员的强烈情绪反应，组织者要根据成员情绪反应的强度、游戏类型与团体目标来选择相应的处理策略：停止游戏并将焦点集中在这个成员身上，或与这位成员讨论他的情绪反应，或让游戏继续进行并允许这位成员安静的在旁边观察与倾听，从其他成员对问题的讨论中学习；如果组织者觉得这位成员的情绪反应过于强烈而无法处理，可请这位成员暂时休息直到游戏结束。

如果组织者觉得游戏的进行并没有产生他所期望的反应，或有其他更符合成员当前需求的主题出现时，组织者可以选择终止游戏或改变游戏方向。

一般来说，团体游戏会有一个限制性的时间。因此，组织者应该及时告知成员完成游戏所剩余的时间，以便成员调整自己的步调，并按时结束游戏。组织者也需要观察成员对游戏的反应，来决定延长或缩短预定的游戏时间。

（七）使用游戏后分享

一般来说，团体游戏结束后最好能确保每一位成员都发言，之后再将团体焦点集中在某一成员或某个主题上，避免在第一位发言成员身上停留太长的时间。可以选择五种方法来处理游戏：

（1）配对分享

配对就是将成员两两一组，讨论各自的反应、感受、想法或其他相关的要点。这种游戏可以提供成员之间彼此交谈的机会，催化成员在团体中的舒适自在感。一般来说，第一次团体聚会中使用配对游戏的时间最好控制在5分钟之内。

（2）绕圈发言

绕圈发言是团体聚会中最有价值的方式。这种游戏为每个成员都提供了一个发表意见的机会，尤其是可以激励那些在团体中很少说话的成员来分享自己的内心感受，同时也让组织者能够回应那些需要协助的成员。绕圈发言的形式有：绕圈自我介绍、绕圈谈自我感受或看法、绕圈对主题或议题评分。

（3）书写方式

接下来请你们将自己的感受写下来，希望你们能了解我们每个人都有自己看事情或问题的角度和方式，没有所谓的对或错。

（4）团体讨论

我希望花一点时间来结束今天的团体活动，让我能知道你们的反应。想想你会如何评价这次聚会，请用1—10的量尺来表示你的评价，1代表与你原来的期望相差很远，10 代表满足了你的期望。如果你的评分不是 10，请想想怎样才能使团体聚会变成 10 分？

（八）团体聚会结束

告知成员本次聚会即将结束是很重要的，可以这样说：

（1）我们必须开始准备结束了，所以希望大家思考一下今天的团体活动，想想它对你的意义是什么？

（2）因为只剩下几分钟了，让我们一起来回顾今天我们经历了什么？

（3）我想现在该是结束的时候了，接下来让我们花些时间总结今天的团体活动，同时简要的谈谈下一次的聚会。

（4）让我们进入结束时段吧！因为大约 10 分钟之后，我们必须结束这次团体聚会。

技巧分享

◆提问法

组织者可以在第一次团体聚会结束时段询问成员如下问题：

（1）这次聚会你感觉如何？

（2）现在的感觉和你参加聚会之前的想象有什么不同？

（3）这次聚会中的哪些东西对你的印象最深刻？

（4）在聚会中，有什么是你不了解或不喜欢的？

（5）你对团体有没有问题，如团体目的或将来要如何进行？

（6）今天你从团体聚会中学到些什么？

◆总结法

这是结束团体聚会的最简单而有效的方法。这种方式具体可分为：一是成员总结，请一个或几个成员来叙述团体聚会中发生的事情，其他成员做补充。

发言者可以是自愿的，也可以是组织者指定的；二是组织者总结，组织者可以强调某些特定的观点，或集中焦点于某些成员的意见和感受，其缺点是可能遗漏对另一些成员来说很重要的事情，因此，惯常的做法是组织者总结之后让成员做补充。

组织者：今天的这次聚会，我们进行了三个游戏，即……我看到各位很用心参与，互相支持，尤其是大家在分享“生命中的心情故事”时，我深切地感受到阿华、阿力的勇气，阿彪、阿康的坚强……我相信大家身上的这些勇气、坚强和智慧，一定能够帮助我们取得成功。请各位始终记住，在生活中随时发挥自己的潜能。

◆绕圈发言

组织者请成员轮流用一二句话来表达自己的收获，或者是对团体印象最深刻的事情。

我们要结束这次团体聚会了。我希望各位花一分钟时间想想看：你学到了些什么？或对什么印象最深刻？当你们准备好了，我们就听听每个人的意见。

◆配对法

组织者以配对游戏开始团体聚会的结束时段，是提高成员的参与感与活力的有效方式。

让我们花几分钟时间结束今天的团体聚会。我要你们两两一组。希望大家与你的伙伴分享今天团体活动中对你特别重要的一二件事，待会儿我们将回到大团体，并请你与其他成员分享你的看法和感受。

◆书写法

在团体聚会的结束时段，组织者可以要求成员写出对这次聚会的看法、感想与期待。

现在是上午九点，让我们做个总结来结束这个聚会。首先我要你们花5分钟时间写出你对今晚团体聚会的反应、想法或感受，然后我们将分享其中的一部分，并在上午九点十五分结束聚会。

也可以在团体聚会结束之前的5分钟，请成员将自己的感受、想法写在组织者日志中，等下一次团体聚会时再归还给成员。

采用书写日志的方式可以实现两个目的：一是组织者有机会了解成员的反应，便于针对性的调整以后的团体聚会；二是每次团体聚会结束时书写的组织者日志，提供了整个团体活动从头至尾的完整记录。

自我训练

自画像

在一张图画纸上，用彩笔画出自己。

可以有标题，也可以无标题。若有标题，如:大学生活中的我、我的梦等。无标题则让成员随自己的意思，可以用任何形式来画出自己，抽象的、形象的、写实的、动物的、植物的什么都可以。

总之，把自己心目中的最能代表自己的东西画出来。

这种方法可以使成员发现隐藏在潜意识层面的自我，不知不觉之中对自己作出评估和内省。

自画像用非语言的方法将画者的内心投射出来，是一种独特的自我探索、自我分析、自我展示的方法。可以促进深化自我认识，加深对自我的认识和理解。

分享及讨论：

【做一做】在纸上写上你的收获和感悟：

____

____

互动拓展

大风吹

1. 全体围坐成圈，在野外可划地固定各人的位置，主持人没有位置，立于中央。

2. 主持人开始说："大风吹！"大家问："吹什么？"主持人说："吹有穿鞋子的人。"则凡是穿鞋子者，均要移动，另换位置，主持人抢到一位置，使得一人没有位置成为新主持人，再吹。

例如：可"吹"之选项：带表的人、穿红颜色衣服的人、戴戒指的人、打领带、擦口红的人……

故事链接

石头汤

有这样一本绘本，绘本讲述了三个和尚，阿福、阿禄和阿寿，走在一条路上。他们一路聊着胡须、太阳的颜色，还有布施。

"什么使人幸福，阿寿？"最年轻的阿福问。

阿寿年纪最大，也最有智慧。他说："我们去找找看。"

一阵钟声把他们的目光引向山下，那里有一个村庄。他们站得太高，还看不清楚。他们不知道这个村庄曾饱经苦难，饥荒、洪水和战争让村民们身心疲惫。村民们不相信陌生人，甚至会怀疑自己的邻居。

村民们辛勤劳作，但从来只顾自己。村里有一个农夫、一个茶商、一个秀才、一个女裁缝、一个郎中、一个木匠……还有其他很多人。可他们间相互很少来往。

当和尚们走到山脚下时，村民们早已躲进家中。没有人到门前来迎接。一看到和尚们走进村庄，村民们又紧紧地关上了窗。

和尚们去敲第一家的门，没有人回答。接着，房里的灯灭了。

他们又去敲第二家的门，结果还是一样。

就这样，一家挨一家，一户又一户。

“这些人不知道什么是幸福。”和尚们说。

“可是今天，”阿寿说道，他的脸庞像月亮一样皎洁，“我们要让他们看看我们怎么煮石头汤。”

他们捡来些树枝，点起一堆火。

他们拿出一口小铁锅，盛满井水，架到火上。

一个小女孩一直在看着他们，她勇敢地走上前，问道：“你们在干什么？”

“我们在捡柴火。”阿禄说。

“我们在生火。”阿福说。

“我们在煮石头汤。我们需要三块又圆又滑的石头。”阿寿说。

小女孩帮和尚们在院子里找石头。他们找到三个正好合适的石头，然后把它们放进水里去煮。

“这些石头可以煮出极其美味的汤，”阿寿说，“可是这么小的锅，恐怕煮不出很多。”

“我妈妈有一口更大的锅。”小女孩说。

小女孩跑回家。当她要拿锅的时候，妈妈问她要做什么。

“那三个陌生人要用石头煮汤，”她说，“他们需要我们家的大锅。”

“嗯，”小女孩的妈妈说，“石头满地都是，我倒想学学怎么用石头来煮汤。”

和尚们拨了拨柴火，一时炊烟袅袅。左邻右舍纷纷探出头来。一堆火，一口大锅，支在村里的正当中，真是稀奇古怪！

村里人一个接一个走出家门，想看看石头汤到底怎么煮。

“当然啦，煮传统风味的石头汤，加点儿盐和胡椒粉，味道会更香。”阿福说。

“不错，”阿禄一边在巨大的锅里搅着水和石头，一边说，“可是我们没带……”

“我家有盐和胡椒粉！”秀才说，他的眼睛睁得大大的，充满了好奇。一转眼他就不见了，回来时拿着盐和胡椒粉，还有一点别的调料。

阿寿尝了尝。“上次我们煮这么大、这种颜色的石头时，还放了些胡萝卜，那汤可真甜。”

“胡萝卜？”站在后排的一个妇人说，“我家可能有！不过只有几根。”她转身就跑，回来时捧着许多胡萝卜，多得都快抱不住了。她把胡萝卜倒进大锅。

“再放几个洋葱，你们觉得味道会不会更香？”阿福问道。

“哦，对啊！放个洋葱进去味道也许不错。”农夫说着，快步离开。过了一会儿，他拿来五个大洋葱，把它们放进沸腾的汤中。“呵！真是一锅好汤！”他说。

村民们都点头称是，因为那汤闻起来真的很香。

“不过，要是我们有蘑菇的话……”阿寿说着，摸了摸下巴。

几个村民舔了舔嘴唇。还有几个一溜烟地跑开，回来时拿着新鲜的蘑菇、面条、豌豆荚和卷心菜。

村民中间，一件不可思议的事情发生了。当每一个人敞开胸怀付出时，下一个就会付出更多。就这样，汤里的料越来越丰富，汤闻起来也越来越香。

“我想要是皇帝在这儿，他会建议我们再放些饺子！”一个村民说。

“还有豆腐！”另一个说。

“再配些云耳、绿豆和山药，怎么样？”又有几个喊道。

“还有芋头、冬瓜和玉米尖！”另一些村民说。

“大蒜！”“生姜！”“酱油！”“百合！”

“我家有！我家有！”人们大声喊着，然后飞奔而去，不一会又都满载而归。他们能拿什么就拿什么，能拿多少就拿多少。

和尚们搅啊搅啊，汤咕噜咕噜冒着泡。闻起来可真香！喝起来一定更香！村民们一个个都变得那么慷慨好施！

汤终于煮好了。村民们聚在一起。他们拿着米饭和馒头，拿来桂圆和甜饼；他们端来了香茶，点亮了灯笼。

大家坐下来一起吃。他们已经很久没有在一起欢宴了，甚至没人记得，以前是否曾经有过这样的欢宴。

宴会结束后，他们又说故事，又唱歌，一直闹到深夜。

然后，他们敞开家门，争着把和尚请到自己家，给他们住非常舒适的房间。

在一个春天的早晨，和风送暖，杨柳依依，村民们聚到河边给和尚们送行。

“谢谢你们的款待，”和尚们说，“你们真的是太慷慨了！”

“谢谢你们，”村民们说，“你们带来的礼物，我们永远也享用不尽。你们让我们明白了，分享使人更加富足。”

“再想一想，”和尚们说，“幸福就像煮石头汤那么简单。”

第十三讲

有效沟通

提升自我影响力

成长的本质就是沟通，而困扰也多来自封闭。如若封闭嘴巴，不能与别人交流沟通；封闭耳朵，则不信任他人；封闭自己的情感，缺乏爱也不接受爱！

心理导航

【心理互动】

老师让每个同学按以下要求去做，但不许提问：

请画一个圆，在圆的右侧画一个等腰三角形，在这个三角形右侧，画一条直线，在直线下端连接一个长方形，在这个长方形左边的中点画一条水平线，线左端连接一个等腰三角形，在这个三角形的左下角连接一个正方形。

老师再次描述，这一次可以提问。

请画一个圆，在圆外画一个等腰三角形使顶点在右侧圆周上，底边与水平线垂直。向下延长底边到一个水平位置的长方形的中点，从长方形左边中点向外作一水平线段，以该线段为一边在上方画一个正三角形，下方画一个正方形，使正方形的右顶点与三角形的左顶点重合。

【分享与成长】

（1）完成第一步之后可以问大家，为什么会有这么多不同的结果。也许大家的反映是单向沟通不许提问所以才会有误差。

（2）完成第二步之后又问大家，为什么还会有误差？希望说明的是，任何沟通的形式及方法都不是绝对的，它依赖于沟通者双方彼此的了解、沟通环境的限制等，沟通是意义转换的过程。

（3）人与人的沟通需要提问，需要交流，不能够自以为是。提问越细，了解到的就越接近真实。问得越多，自己想象和创造的情形就越少……

理论解析

一、走进沟通的世界

（一）沟通的目的是使关系更亲近

沟通的目的是什么？

是解决问题，还是建立良好的关系？

在目前的沟通中存在很多有害沟通或无效沟通的情况，批判、苛责、冷战都是有害的暴力沟通，而面对他人的负面情绪，如果只是简单地说“别哭了”“没事的”，这种希冀对方快速好转但却不去和对方建立关系则是完全无效的。沟通时要有同理心，从对方的角度去思考为什么会产生这样的情绪，要接纳对方的情绪，沟通首要的目的是建立良好关系，正如有时候陪着孩子一起哭比告诉孩子别哭了更有效。

你只有变成和他一样的人，和他成为一伙，才能真正进入他的内心，体会他的感受。

在现实生活中，尤其是在家庭时，许多人把家庭当成说理的地方，而不是一个谈爱的场所。尽管彼此相爱，却以指责的方式呈现爱的呼唤，就如同拿着棍子唤狗，使对方离你起来越远。以至于彼此听不进内心的期望，一直互相听不进去的，却是真正想要告诉对方的欲望和害怕。

（二）沟通的概念

沟通是指人与人之间运用语言或非语言符号系统交换意见、传达思想、表达感情和需要的交流过程，是指一种有意义的互动历程。它含有三个重要的概念：

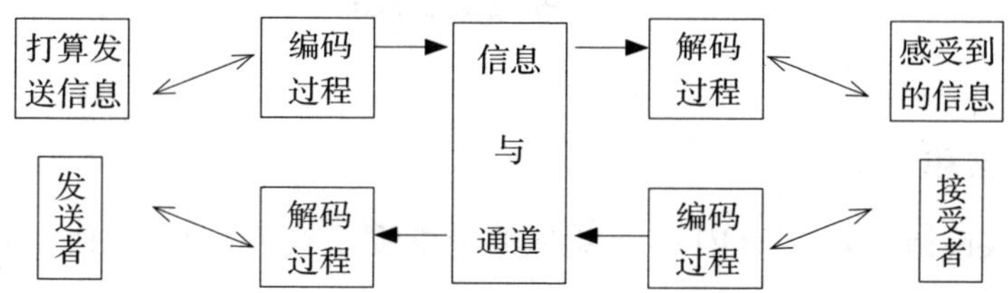

1. 人际沟通是一种历程，是在一段时间之内有目的地进行的一系列行为。与家人饭后闲聊、与好友电话聊天、与网友们对谈都是人际沟通的例子。而在每一个沟通的历程里都会产生意义，此行为都算是在进行人际沟通。

2. 其重点在于它是一种有意义的沟通历程，即编码与解码的过程。在沟通的过程中，其内容表现出的是“什么”？其意图所传达的理由是“为何”？以及其重要性的价值对应出此沟通“有多重要”？

《左耳》与左耳：一对恋人约会，约好星期天去看“左耳”。之后女孩提出分手，男孩也愤怒，为什么？女孩说：“我在电影院里等了一天！”男孩说：“你还好意思，我八点就在医院帮你挂好号！”

3. 双方在沟通历程中表现的是一种互动，在沟通的当时以及对沟通之后所产生的意义都负有责任。

例如小孩跟父母开口要钱，说：“我没有钱了，能不能给我一些零用钱？”此时在还未互动前，不能知晓结果为何。可能是“是”，也可能是“不”，而且“是”或“不”的结果又存在着许许多多的语气、态度等差别。

人际沟通有助于相互了解、化解矛盾。人们在日常生活中，教师与学生之间，教师与家长之间，家长与子女之间，学生与学生之间等，所存在的矛盾、误解，正是由于缺少有效及时的沟通而产生的。（“不打不成交”“打成一片”，说的就是由沟通导致心理相融，由心理相融而发展彼此的友情。）

二、沟通的要素

（一）亲和关系

每一次传播互动都有内容维度和关系维度：在人际传播中，无论谈话有多短，我们说什么以及怎样说都会影响传播的真正含义。

说什么是内容维度，怎样说是关系维度。内容维度是指坦率地、字面地、明白无误地表达出来的东西。我很累，我饿了，我爱你，我们都能理解其字面意义。

关系维度暗示了关系双方是如何看待他们之间的关系的，喜欢还是不喜欢这个人，自己是控制他人还是从属于他人，自己跟他人相处是舒服还是焦虑等等，也就是说人们在进行人际互动时，在双向的传达信息的同时，也在一个较高的层次上对信息做出评价，这个高层次就是关系。

在互动中，关系比内容重要。如："胖子，你帮我把书拿一下过来"。这样说话，关系好没有问题，关系不好就会产生误解。

如"我爱你"，三个字意思很清楚，但是如果用疑问句，表达会有不同的含义。你也可以用非常肯定热情的语气表达或者无可奈何的表达，都可以传达出说话者对关系的看法。这种以非语言形式同时进行的关系交谈，我们称为元信息传播。元信息不同，关系不同，传播的内容和形式也就不同。内容和方式不同，元信息不同，关系也就不同。

比如"你疯了"，如果朋友笑着说，意味着他喜欢和你开玩笑，而且知道你不会生气，如果不是朋友，人们可能不会用"你疯了"，但当你对关系伙伴说"你疯了"，并且得到关系伙伴的善意回应，我们多半可以判断你是在和朋友交谈。

在人际传播中信息的关系维度比内容维度更重要，这也可以解释为什么我们会为琐事而争吵，我们也许并不在意。

比如情人节你的女友生气了，原因是你没有买礼物给她，不是因为她在乎这个礼物，她在乎的是关系，因为你们在为你们的关系性质吵架——我在你心里到底有多重。你们是因为关系吵架，所以与对方交流中，先衡量彼此地位，然后确立关系位置，最后选择传播方式和内容。充分共情，和当事人建立亲和信任的关系。

例：学生被桌子砸到脚趾头。

* * *

●你怎么这么不小心？！说过多少遍！

●你为什么会被砸到脚趾头呢？

●你想哭就哭出来吧。

●啊？怎么回事！伤到哪里！快让我看看！

建立亲和关系比沟通更重要，其基本技巧就是要共情。

（二）沟通对象

首先是要理解沟通对象语言、文化及基本需要，否则难以沟通。

* * *

某日，一个对中文略知一二的老外去某工厂参观。半路当中，厂长说："对不起，我去方便一下。"老外不懂这句中文，问翻译："方便是什么意思。"翻译说，"就是去厕所。"老外："哦……"参观结束，厂长热情地对老外说："下次你方便的时候一起吃饭！"老外一脸不高兴，用生硬的中文说："我在方便的时候从来不吃饭！"

要"理解、尊重"沟通对象，沟通要用心、用情、不要太用力！体会"扶老奶奶过马路"，一旦对方有需要，沟通就很容易进行下去。

（三）空间

一是物理空间。包括空间距离、物质环境、周围场景等因素。试想想，为何在酒吧里聊天和在教室里聊天效果是不同的？

情人节许多人选择在电影院里度过。因为电影院是催生爱情的地方，暧昧的情调营造出浪漫的氛围；浪漫的氛围让人心跳加快，会使人认为是恋爱的感觉了，因为恋爱也会令人心跳加速，再加上黑暗效应，关系可从量变到质变。

二是心理空间。每个人都有自己的个人心理空间和领地。试想，如果一个陌生人从远到近，你有什么心理感觉？

一位年轻的妈妈带着七八岁的女儿去旅游，在旅游景点，热闹的场面，丰盛的美食……妈妈兴高采烈不断地领着女儿参观各个地方，她以为女儿也会很开心。但女儿闷闷不乐，执意要离开，母亲安慰无果后，孩子哭闹起来，坐在地上，鞋子也掉了。

母亲气愤地把女儿从地上拖起来，训斥之后，蹲下来给孩子穿鞋子。在蹲下来的那一刻，她惊呆了。她的眼前看到的是一些高高的柜子，晃动着的全是大人的屁股和大腿，而不是自己刚才所看到的笑脸、美食和鲜花。

她明白了女儿为什么会不高兴，原来，站在孩子的高度和角度，看到的是一个与成人完全不同的世界。

视角不同，看到的东西就不一样。成年人看到光鲜世界，孩子根本看不到。在他们眼中，只有大人的大腿和屁股，只有乱糟糟的场景，强迫把他们带进这样的圈子，真的是难为孩子了。

要想走进他们的世界，大人就要走进孩子的视野。不如放下我们高高在上的身段，蹲下来，和他们平起平坐。

一位心理学家曾经说过："沟通最重要的，是要把孩子当成与自己人格平等的人，给他们无限的关爱。"

蹲下来不只是一种仪式感，当蹲下来的那一瞬间，大人的视角改变了，和孩子目光平视，这时候不是隶属关系，而是朋友关系。

站在孩子的高度，大人们静静地听孩子的呼吸，通过他们清澈的眼神去探知他们的内心世界，并慢慢理解他们的诉求。

三、沟通的功能

（一）满足社会性的需求

人是群性动物，喜欢群居生活，这是天性。社会学家马斯洛也指出“社会性”是人类五大基本需求之一。每个人都希望自己有所归属，是家庭中的一分子，与朋友在一起时被接纳，在社会上被人尊重，这样才能让你感到你和他们同类，有类似的语言、生活与文化，如此生活一起，才能分享，才会产生乐趣，才能使生活有意义。

（二）促进自我了解、发展自我概念

自我了解来至自省，另外的来源则是他人。别人就像是镜子一样，当我们和他人互动时，可以从别人的反应或回馈中，发展出清晰、正确的自我画像。因此，人际网络愈广就拥有愈多的镜子，也就有多方面的回馈，让你不必只从少量的回馈中给自己下结论，这样对自己比较公平。

（三）促进个人成长

个人成长如果只靠自己的学习是不够的。我们的朋友各有所长、各有不同的才能、更具不同的经验，这正是自己所欠缺的，值得向别人学习的地方。“三人行必有我师焉”正是这个道理。与朋友在一起多听、多看、多问、多讨论、多学习，必能促进个人的成长。

（四）甘苦与共并提供帮助

“与朋友分享的快乐是加倍的快乐，有朋友分担的痛苦是减半的痛苦”。当个人的成就、荣耀、快乐被自己的朋友分享，就会更喜悦、更有意义与价值。而当个人有痛苦时，如果有家人或朋友在身边安慰、鼓励或协助，就不会感到孤单、无助，比较容易恢复信心，也较有勇气从失败、痛苦中再站起来。

（五）促进身心健康

良好的人际关系对于个人生理与心理健康都有很大帮助。有人说寂寞会置人于死地，美好的人际关系可以创造生命、延年益寿。很多医学研究发现：积极、支持性的人际关系使人长寿，提高肌体免疫力，使人较少患病，也帮助疾病的复原。同样的，寂寞、疏离等会导致心理疾病。令人痛苦的事莫不过没人理会、没人爱、被放弃、疏远等，这些使人感到焦虑、沮丧、挫折、失望、自贬，会造成心理的失落、创伤。所以，积极的、支持的人际关系使人感到安全、自尊、自信、愉悦，成为快乐健康的人。

四、沟通的法则

（一）必须知道说什么

“如果别人对我这样说，我会作何感想？”“我的批评是有害的，还是有益的？”只有先解决别人的问题，增加对方的价值，才能提高别人的参与度，从而达到沟通的目的。理解对方的意图，要明白表达的意思。

有一个笑话：父亲说：“帮我拿一个计算器来。”儿子说：“你算什么东西？”然后就挨打了。

另一个故事：有一个古老的村庄，在每年收获葡萄的季节里，都要举行盛大的狂欢活动。狂欢节的高潮是由诗人们朗诵诗篇，从中选出优胜者，为他戴上缀满葡萄叶的桂冠，用葡萄酒染他的嘴唇，称呼他为诗神，并抬着他巡游。

在一次盛会上，一个诗人走上了众人瞩目的讲台，他开口说：“太阳啊！你这个好逸恶劳的神，独自溜走，把黑暗留给我们……”

这位诗人刚把话说完，迎接他的是暴风雨般的斥骂声。“让他下来！”人们喊，还有人把石块投向他。

那位诗人抱头鼠窜，他在村外躲了一会儿，听到巡游开始的呐喊声，便忍不住要去听听那位优胜者的诗作，于是他竖起领子，又挤进人群里。

“哎，亲爱的兄弟，您能告诉我，刚才那诗神朗诵了些什么？”诗人问到。

“你没有听到？太可惜了，我给你朗诵一下吧。”那位村民说：“太阳啊！你这个勤劳的神，与黑暗搏斗了太久，把温暖和光明带给我们……”

同样是描述太阳的两句话，而且都是实话，但由于描述的角度不同，态度不同，收到的是完全不一样的效果。人们喜欢听到对太阳的赞美，因为太阳象征着温暖和光明。体现着对美好生活的向往，人们讨厌对太阳的诅咒，因为这会使人想到寒冷和黑暗，那是对悲惨生活的提醒。这个故事告诉我们：要想到你的听众，必须要明白在特定场合下，他们喜欢听什么，不喜欢听什么，合理地选择你讲话的内容，这样才能像第二位诗人那样博得桂冠，赢得好评。

（二）必须知道什么时候说

知道在什么时间什么场合说很重要。在公共场所，或有其他朋友、同事在场时，应避免谈论涉及隐私或一些敏感的话题。还有当对方感到烦躁时，也尽量避免继续谈论下去。在日常生活中，不同的场合、不同类型的人交谈时所使用的语气、词汇和语法是明显不同的。

一家饭店刚招来一个服务员，第一天上班，饭店来了一拔食客。服务员招呼他们落座后，为首的客人道：“服务员，茶！”

服务员开始数人：“1,2,3,4,5,6,7,8,9,10。”然后回答：“十个。”说完侍立一旁。

等了一会，客人见茶还不上来，又喊：“服务员，倒茶！”

服务员倒着数了一遍人数：“10,9,8,6,5,4,3,2,1。”答道：“还是十个！”

客人感觉很纳闷，问：“我让你倒茶，你数啥？”

服务员以为客人问她的属相，便脱口而出：“我属（数）猪！”

这个服务员先把“茶”听成“查”，“倒茶”理解为“倒着查”，又把数数的“数”理解为属相的“属”，让客人啼笑皆非。因为她还没有适应新的语言环境，不能正确解析客人的话。

（三）必须知道对谁说

对上级、长辈和老师说话时应该用尊敬的语气、高雅的词汇和正规的语法；

与朋友、同事交谈时应该用随和的语气、通俗的词汇和一般的语法；

与情人、恋人、家人交谈时应该用亲切的语气、甜蜜的词汇和情感化的语法；

医生与病人交谈时要用同情、关心的语气、通俗易懂的词汇和正规的语法。

有一个秀才去买柴，他对卖柴的人说：“荷薪者过来！”卖柴的人听不懂“荷薪者”（担柴的人）三个字，但是听得懂“过来”两个字，于是把柴担到秀才前面。

秀才问他：“其价如何？”卖柴的人听不太懂这句话，但是听得懂“价”这个字，于是就告诉秀才价钱。秀才接着说：“外实而内虚，烟多而焰少，请损之。（你的木材外表是干的，里头却是湿的，燃烧起来，会浓烟多而火焰小，请减些价钱吧。）”卖柴的人因为听不懂秀才的话，于是担着柴就走了。

五、经典的沟通理论

（一）沟通的四维度理论

沟通四维变理论把信息分为四个维度。

一是事实维度：我们听到了什么？

二是关系维度：我怎么看其他人？我们之间的相互关系如何？

三是诉求维度：我希望你做什么？

四是暴露维度：我自己是什么样的？

有一位心理学教授讲课时提到，很多父母经常和孩子讲："我说那么明白的道理，别人都能听明白，为什么你就听不明白？"每当听到这些话，我都会很好奇父母是用的什么教育方式使孩子把"耳朵堵上"的？

不仅是亲子之间的沟通，夫妻之间、职场之间的沟通，都会出现类似问题，究其原因，是与一方只注重发出信息，没有注重这个信息是否被接受有关。而这种沟通，也就是我们常说的"无效沟通"。

任何简单的一句话都包含了四个维度的信息，捕捉到这四个维度的沟通，才是"有效沟通"。

例如，一个太太晚上要参加聚会，为了打扮自己耽误了时间，她的先生开车送她，在路上碰到红绿灯，红灯亮了车停下来，过了一会儿太太说"绿灯亮了"。这样一句话就包含了四个维度的信息。

一个是事实维度，说话的人传达了一个事实，这个事实就是绿灯真的亮了；第二个是诉求维度，指的是说话的人对听者是有诉求的，这个故事里面的诉求就是希望先生快点开车；第三个是自我暴露的维度，这个信息暴露说话人的情绪状态，在故事里能感受到太太可能很焦虑有些不满；最后就是关系维度，同样一句话不同关系就有不同的意思，比如驾驶者如果是太太的领导，那么她可能就不会这么讲了，太太这么讲的原因是和先生的关系很亲密，所以可以直接表达不满。

但通常来说，我们在沟通中只会对一两个维度有觉察，其他维度很容易被忽略。例如，儿子放学回家兴高采烈告诉妈妈："妈妈，我考了九十分。"

这一句话也有四个维度：一是事实维度，儿子考了九十分；二是诉求维度，儿子期待妈妈的表扬认可；三是自我暴露维度，儿子很开心很满意，希望和妈妈分享；四是关系维度，儿子考得很好，希望妈妈鼓励他，所以在妈妈那里，儿子最在意的就是关系维度。

如果妈妈把这四个维度的信息都搜集到了，就会给他鼓励为他骄傲，在沟通中,在每一句话都会包含一个信息,满足对方逻辑层面和情感层面的需求。

沟通是双方互动的过程，不仅仅是说，更重要的还要听，用耳朵听，用心听，这样才会既有效又让人感觉温暖舒服。我们可以尝试有效沟通的练习方法：练习的第一步是，给孩子五分钟时间表达，家长控制住不要插嘴干扰，五分钟其实说长不长说短不短,但是很多家长其实都做不到;练习的第二步是，让家长总结写下来孩子刚才这五分钟讲的三个核心要点，家长写下来后让孩子来审核打分。这样的练习就是教育家长去倾听孩子的需求,然后和孩子核对。

（二）萨提亚沟通理论

表里一致型是心理学家萨提亚所倡导的目标，她把沟通模式可分为五种：

一是讨好型：只关注到情境他人

讨好型的人忽略自己，内在价值感比较低。言语中经常流露出“这都是我的错”、“我想要让你高兴”之类的话。行为上则过度和善,习惯于道歉和乞怜。

“我不知道你不喜欢，你想要什么样的？我下次不会这样对你说话了。”

“怎么，我送给你的礼物你不喜欢？我真是太没用了，明天我再去重买。”

讨好型沟通，表面一团和气，但缺乏一种人与人之间真挚的爱，而且会养成一个人依赖而又固执、软弱而又任性等不良人格特点。在这种讨好型沟通模式中，更容易形成的是自我。假如孩子自己很少迁就父母，久而久之，对家庭成员缺少包容力。

二是指责型：只关注到情境自己

指责型的人则常常忽略他人，习惯于攻击和批判，将责任推给别人。“都是你的错”“你到底怎么搞的”是他们的口头语。究其内在经历，指责型的人通常孤单失败，但他们宁愿与别人隔绝，保持权威。

比如：“啊呀！你看你又不关寝室门！成天跟在你后面关门，我是你的佣人啦！”“你看你又忘了带笔！”……

这些语句体现出一个共同特征——指责和埋怨。这种沟通往往使人与人之间形成“相互指责”的状态，每个人都有可能有一个较为固定的指责对象，往往在相互指责和埋怨中不了了之、不欢而散，问题最终并未真正解决，成为一个未了结事件遗留下来。在家庭中，这是一种很具破坏功能的沟通模式，被指责者或逆来顺受，或一味逆反、攻击性强，对子女人格的成长不利。

三是超理智型：只关注到情境

超理智型的人极端客观，只关心事情合不合规定，是否正确，总是逃避与个人或情绪相关的话题。他们告诫自己：“人一定要有理智”“不论代价，一定保持冷静、沉着，决不慌乱。”这类人表面上很优越，举动合理化。而实际上，他们内心很敏感，有一种空虚和疏离感。

超理智型沟通有两大特点：一是在亲密关系中，往往并不是“超理智”；二是“教育”意识、“规范”意识过强，戴着过滤镜看他人，他人的一切成就、优点都被过滤掉，剩下的只有缺点和危险，在任何时候都不忘了敲打、警示、规范对方的行为。

这是一种严重缺少感情的沟通，特别容易产生交流障碍。在家庭教育中，有时会看到不少眼前的“良好”效果，但从长远来说，对人格的成长是非常不利的，亲子矛盾往往在孩子进入青春期后爆发出来。

有些人在整个中小学期间都可能是一个十分规矩的“好学生”，但在进入社会以后，可能出现种种适应障碍。刻板、缺少热情、固执、偏执、社交不良等等，也往往会成为在超理智型家庭沟通下长大的孩子的人格特点。

四是打岔型：人与情境都没关注到

打岔型的人则永远抓不着重点，习惯于插嘴和干扰，不直接回答问题或根本文不对题。他们内心焦虑、哀伤，精神状态混乱，没有归属感，不被人关照，还常被人误解。

举个家庭教育的例子：孩子说：“妈妈，今天比赛跑步，我得了第一名，真开心！”妈妈说：“哎哟，你看你这身汗，脸上脏的，快去洗洗，穿上衣服，别着凉！”虽然有问有答，但各说各的，没有互动。打岔型人最大的特点是，听到别人的一句话，立即进入自己的个人世界，看是在处理别人的事，实际上是在处理自己纷乱的情绪。

打岔型沟通主要表现在母亲以及一些过于琐碎的父亲身上，一般情况下，这样的父母不太关心别人真正的情感，自己被许多意义不大的琐事缠绕，给孩子最大的感觉是唠叨、烦人。

表面上，双方都在说话，而且可能持续较长时间，但信息根本没有交流；另一种情况就是，家长在喋喋不休，另一种是孩子则陷入烦躁、焦虑，盼望着这种唠叨早点结束，家长说了什么根本没有听进去。

这种毫无效果的沟通，不但解决不了实际问题，还会使孩子过早出现对亲子关系的逆反和抵触，容易在成人后出现自信心不足、安全感缺失等问题，以及对应的一些行为问题。

五是一致型沟通：关注到自己、他人、情境

只有第五种模式建立在高自我价值的基础之上，达到自我、他人和情境三者的和谐互动。这种模式下言语表现出一种内在的觉察、表情流露和言语一致，内心和谐平衡，自我价值感比较高。

刚刚考试完，某某一脸不开心的样子，同学这时对他说："看到你一脸的不开心，我知道你平时学习很努力，希望可以取得好成绩，希望付出努力可以换来收获，你愿意和我分享一下你的心情，可以一起分析一下，看看问题出在哪里吗？"

在一致性沟通的状态下，我们尊重自己、他人与情境。这与自我是自我觉察、负责任的、开放的、关怀自己与他人的心态有关。对于我们沟通的对象，也是有生命力和自信的。

（三）非暴力沟通理论

在双方沟通的过程中专注于彼此的观察、感受，通过交谈和聆听，把矛盾点向良性循环推进，心理学家提出非暴力沟通有四个要素：

首先就是观察。观察是实现非暴力沟通的第一步，我们与他人沟通时，所有的表达与判断都是基于观察。但是做到客观地观察并不容易，因为我们肉眼看到的是一个动态的世界和过程，我们表达的途径却是静态的语言。大多时候，在观察的过程中，人们会形成自己的判断和评论。

非暴力沟通就是让我们去区分观察与评论，将自己所看到的现象，用客观的语言具体地表达出来。观察不是评论，作为非暴力沟通不可或缺的要素，它能够让我们更加客观地看待一切。在交流当中，观察能够有效地避免冲突和矛盾，这是实现非暴力沟通的前提。

其次是了解感受。这是非暴力沟通的第二个要素，日常生活中的所有交流都是基于感受的表达。感受决定了人们的交流方法和交流时所使用的语言，非暴力沟通的感受要素，能够让我们在沟通中更好地认知自己、体察他人，而通过对自己与他人感受的体会，可以让我们更加清晰地去了解自己、倾听对方。

人的情绪是多变的，在不同的情绪作用下，我们内心的感受也有所不同，如果能够确切地将这些感受表达出来，那么沟通中就会少很多无谓的猜想与质疑。体会与表达自己的感受，是一种沟通能力与技巧，它并不像我们所想象的那样容易，而通过非暴力沟通，我们可以更快地获得和自如地运用。

第三是需要。每一种感受的背后都隐藏着需要，沟通不过是通过语言的交流，让他人意识到自我的需要，从而使它们被满足。非暴力沟通可以让人们通过观察来体会自我与他人的情绪感受，进而解读这些感受背后的需要，寻求满足的办法。而为了更好地实现沟通，我们需要勇敢地说出自己的需求。

非暴力沟通的目的，就是通过建立一种联系，让人们在交流中看重并且理解双方的需要，然后去寻求能满足双方的办法。也就是说，非暴力沟通的模式，可以帮助人们建立人与人之间健康的联系，让相互帮助和友爱成为现实。

第四是请求。非暴力沟通还能够让我们在交流当中很好地表达自我的请求，这是非暴力沟通的第四个要素。我们了解了自己的需要，就会明白怎样去做才能满足这些需要，于是有了请求。如何提出请求，是非暴力沟通重点关注的课题，因为在现实生活中，很多人将请求等同于命令，因此引发了很多冲突。

我们要告诉对方，我们希望他们做什么。并且要用非常具体的描述来提出请求，讲的越清楚，越有可能得到理想的回应。并且我们还要请求他人的反馈，看看对方是否已经理解了我们的意思。这里的请求有别于命令，一定不能让对方觉得我们在命令他们，要注意表达的语气。

某一天晚上，小刘因为家人来了，回寝室已经很晚了，回来时影响同学休息。

同学小王："你都不替别人着想！为什么你又这么晚回来影响我休息？你只会想到自己！"

小刘："不要对我大吼大叫。你又在抱怨，又在把事情闹大了，我已经很小心了……可是你永远都不满足！"

小王："哼，你好自私！拜托，把同学摆在第一位行不行，一次就好！你从不做寝室里的事，你就是想要每件事都让我做！"

小刘把门一关："不要再找麻烦了！我很累，想要休息一下。就只会指责我！"

小王勃然大怒。

在这样的沟通情境中，都带有指责的意味，使对方急于为自己辩护，从而产生争执。假如按非暴力沟通，效果就不一样了。

小王："小刘，昨天晚上你回来得很晚（描述）。我本来睡眠就不太好，后来，吵醒后一直没有睡着，当时我心情非常不好（感受）。这段时间学习压力很大，我需要好好休息，我希望你以后遇到这种情况，回寝室的时候小声一点（请求）。"

小刘："哦，对不起。我没想到你有那种感觉。很抱歉给你造成这么大的影响。以后我会注意一点。”

你是否感觉到调整后增强了正向沟通的渴望？因为这些话绝对不是意味着辩解与争执，而是意味着理解与接纳。

经过这样的处理后，刚刚激烈的指责意味的话就会调整为温和而合理的语言。这种沟通方式在实际生活中很实用，因为它能降低防卫心。每个人都要诚实明白地说出自己的感觉，降低攻击性，打开沟通之门。

技巧分享

一、先跟后带沟通

“先跟后带”是一种沟通方式与技巧，避免否定或批判对方所说的话，代之以认同和肯定的话。

（一）内容上跟。即复述他的话，“你说的道理啊，我是这样理解的”。“你这么有创造力，可以试一试”。从对方说过的话中，找出可以接受的部分加以肯定。所谓话不投机半句多，如果两个人的谈话中没有交集，相信也不会有什么结果。一个人说了 10 句话，你只认同一句，那也请说出来，肯定对方。这样就为谈话的继续奠定了基础。要通过聆听复述 、简化语言、积极回应等技巧配合。

（二）情绪状态上跟。这也是同理心的一种表现，先融入到对方的情境中，感受对方的情绪，并让对方知道，近而拉近彼此的距离。能够感知对方的情绪，既是一种态度（专注、投入、重视）；也是一种能力（正确感知对方的情绪）。

你的朋友被误会了，你可以说：“这时，你一定觉得很委屈吧？”“你是说，他当着众人的面指责你，让你觉得很没面子？”让对方觉得自己被人理解了。

（三）语气语调上跟：声调不同，说话的效果也不一样。声调在沟通中有什么作用？声调有这些特性：声量、频率、音调、语气。想一想我们平时用什么样的语气与人沟通的？有人声调太高快，让人感觉被控制。

（四）身体动作上跟：当一个人悲伤得难以自持的时候，也许他不需要太多的劝解和安慰、训诫和指明。有一句成语叫促膝谈心，需要的只是能有人在他身边陪陪他。

（五）动机上跟：虽然有些人说话不中听，但可能是为了你好。也有些人很努力去做事了，但效果却不尽如人意。这时，我们的肯定就如雨后的彩虹，让对方的心情豁然开朗。

（六）带出自己的观点。“你的方法也不错,我有个建议,你要不要试一试”。也可以用假设法，“如果你向前走一小步，看看会怎么样？”还可以用隐喻表达法，“两朵花，你的选择？”

二、录像机沟通

想想，录像机摄入一件事情，它会带怎样的一些语言和文字，它会带着什么样的语言和情绪？它是中性的,没有感情色彩的。它看到什么,听到什么,就录下来什么。

请一个人上台，摆出一个也许你觉得大家会有一些误会的姿势。

“你这个坐姿真难看”“你这样很傲慢”，这是主观批判性语言，会让对方产生排斥。

“你刚才用手指着我说话”，这是录像机法沟通。

用半个小时的时间来做练习，可以 ABC 三人一组（A 做沟通对象，B 模仿沟通者，C 记录员），自由组合。找到一个比较舒服的空间，A 先用主观批判性语言与 B 沟通一下，B 用你习惯的主观批判性语言先说 A，说说内心感受，然后再用录像机法，再一次给予反馈，C 观察员用心感受，感受哪一句他听着不舒服。三个人分享感受再互换。

三、扩大视野法

2+8=10　12+9=13　23+21=34

这一组数字，你最先看到是什么？可能有人先发现做错的部分。扩大视野法的沟通技巧是要关注对方优势、优点和其他视角。每个人身上都有无数的闪光点，重点在于寻找你自己的闪光点，并将其构成亮丽的人生风景线。

四：SOFTEN 沟通

S——微笑（Smile）

O——准备注意聆听的姿态（Open Posture）

F——身体前倾（Forward Lean）

T——音调（Tone）

E——目光交流（Eye Communication）

N——点头（Nod）

五、简短沟通

回答时恰当说不。如："我不知道，但我会找到答案的。""我将尽力弄清这个问题。""我将仔细找出问题的解决办法。""我将获得这方面的信息。"

六、精简说话

要找到深层价值，可以三人一组。

A 说一次过去没有做好的一件事，八到十句。B 就把 A 说的话概括到三到四句。C 就把三四句缩到一二句。目的是找出 A 这件事的深层价值是什么。

自我训练

人生曲线

指导者先说明用人生曲线探索自己人生过程的意义，然后要求大家划一个坐标，横坐标表示年龄，纵坐标表示生活的满意程度（如图）。然后找出自己生活中的一些重要的转折点，连成线，边看着线边反省，并对未来人生的趋向用虚线表示。最后在小组内（5—6人）交流，每位成员以坦诚的心情向他人介绍自己的人生。通过相互交流可以了解到每个人不同的人生经历。交流结束时，每个小组派一位代表上台总结自己游戏的感受。

为了使曲线起伏明显，可以把过去最不幸事情的满意度定义为0，最高兴、最成功的事情，满意度定义为100%。

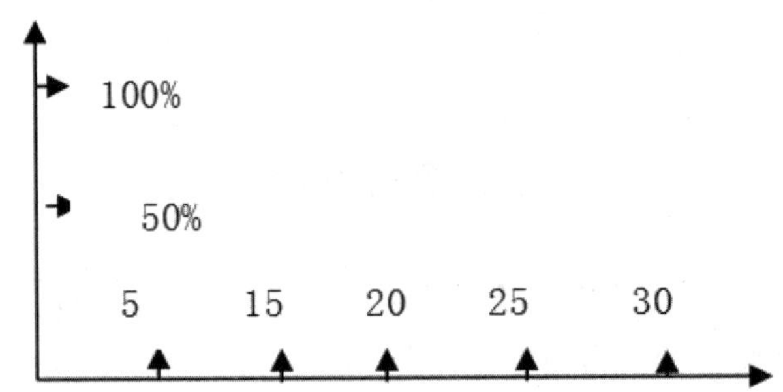

分享及讨论：

【做一做】在纸上写你的收获和感悟：

互动拓展

突破重围

1. 组织者说明游戏规则，然后团体围成一个圈，手臂互相勾结紧，形成包围圈。

2. 选一位组员站在圆圈中央，扮作被围困的人，他可任意选用钻、跳、推、拉等办法突围。

3. 圈上的组员各尽全力，想方设法不让被围困者逃出。

4. 当被围困者灰心时，队员们又要鼓励他努力突围出去。

5. 轮换组员在圆圈中央当被围困者。

6. 每个人分享在突围时的感受。

故事链接

这个世界上只有你能欣赏我

第一次开家长会，幼儿园老师对一位母亲说，你的儿子有多动症，在板凳上连三分钟都坐不了，你最好带他去医院看看。

回家路上，儿子问老师都说了些什么，她鼻子一酸，差点流泪，因为全班 30 个小朋友，唯有对他，老师表现出不屑。

然而她还是告诉儿子："老师表扬你了，说宝宝原来在板凳上坐不了 1 分钟，现在能坐 3 分钟了。其他的家长都非常羡慕妈妈，因为全班只有宝宝进步了。

那天晚上，儿子破天荒吃了两碗米饭，并且没有让她喂。

儿子上小学了，家长会上老师说，全班 50 名同学你儿子排第四十名，他可能在智力上有些障碍，您最好带他去查查。

然而，回到家里，她却对儿子说："老师对你充满信心，说你并不是笨孩子，只要细心些，会超过第21名的你的同桌。”

说这话时，她发现，儿子黯淡的眼神一下子充满了光，沮丧的脸也一下子舒展了。

上初中后，又一次开家长会。她坐在座位上等着老师点她儿子的名字，因为每次家长会，儿子的名字都会在差生行列中被点到。

然而，直到结束都没听到儿子名字。她有些不习惯，去问老师。

老师说："按你儿子现在的成绩，考重点高中有点危险。"她怀着惊喜的心情走出校门，儿子在门口等她。

路上她扶着儿子的肩膀，心里说不出的甜蜜，她告诉儿子："班主任对你非常满意，他说只要你努力，很有希望考上重点高中。"

高中毕业了。

当儿子把一封印有"清华大学招生办公室"字样的特快专递交到她手里，她却突然跑到自己房间大哭起来。

儿子边哭边说："妈妈，我知道我不是个优秀的孩子，可是，这个世界上只有你能欣赏我。"

对于孩子来说，最原始、也最重要的权威，是父母。你对孩子有什么样的期待，发出什么样的预言，对他的成长是件非常关键的事情。

（来源于网络）

第十四讲

激发动力

探索奋进的意义

每个人都有一套自己的心理系统，一旦打破就会失序或失衡。比如一个做事很谨慎、性格内向的人，当有人建议他要外向些，这会让他陷入更为焦灼的状态，我们要欣赏他的谨慎及内向，并处处表现出好奇和欣赏，这是一种无条件的尊重！

心理导航

【心理互动】

让同学们看一下由九个点组成的图形（如下图）。请他们照原样把这九个点画在纸上，要求用一笔、四条直线把九个点连起来，线与线之间不得断开。

给大家几分钟时间，让他们试着画一下。然后问有多少人成功地解出了这道题，并请一位自告奋勇的同学走到前面，画出正确答案，或者用幻灯片给出正确答案。

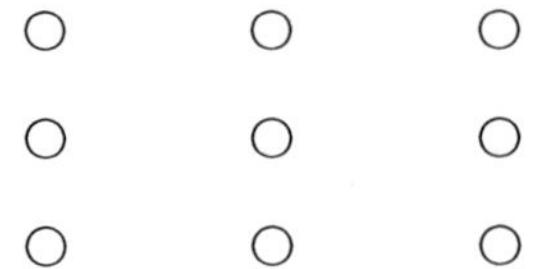

【分享与成长】

（1）这九个点组成的图形最初在我们头脑中留下的印象是什么？

（2）解这道题的关键是什么？（如何跳出我们自己或他人为我们画的框框）

（3）这个游戏对于我们学习和生活有什么启示？

理论解析

一、了解心理动力

（一）主动与被动

与初次见面的人探讨“我该如何称呼你？”，用他自己想要的词语来称呼他，既是对他的尊重，也更能激发大家的动力。

不知大家有没有发现，有人坐车是晕车的，但是你发现那个开车的司机永远不晕车，想想我们为什么会晕车呢？因为当我们坐在车上的时候，我们不知道什么时候会加速，也不知道什么时候会刹车，感觉一切都不是我们自己掌控的。所以我们有莫名的恐慌和压力，这种压力带来紧张的情绪就会特别容易晕车，如果我们是开车的人，什么时候踩刹车，什么时候提速，一切尽在掌控之中，我们心理就会有成就感，这就是主动与被动的关系。

像鸡蛋从外打破，是食物；从内打破，是生命。人生，从外打破，是压力；从内打破，是成长。

假如我们把听课当成一个任务，就无法激发我们的动力。情同此理。要激发学生的动力，我们不是去催促学生，因为在老师的督促下的成长，是被动的。

（二）动力与成就感

我们还是几岁孩子的时候，大人要让我们走路甚至跑步，就是要激发我们的内在动力。父母可以奖励我们，给糖吃或夸赞，这些都可能是有效的方法。但如果我们吃糖太多了，或得到了很多的夸赞，那这种方法无法激发我们走路的动力。

家长会怎么做呢？就会与我们赛跑，假装很努力，一会儿跑在我们的前面，一会儿让我们追大人。这样就越跑越带劲，这就是激发内在的动力。

> 笔者也有类似的体验，孩子2岁左右的时候，要走上六楼，对他来说的确不是一件容易的事。每次上楼都要我们大人抱。每当此时，我总会百般劝慰，但效果不太好。他总要闹着要我抱。我正准备抱起他来，突然灵机一动，说：“你能帮爸爸提一件物品吗？”

他吃力地拿着给他的袋子，同时欢呼着一路小跑上楼。他自己因此高兴得手舞足蹈。我在一边为他鼓掌，他从我的表情中得到了肯定之后，也得意地笑了，那种灿烂的笑容让我惊喜无比。我曾认为，辛劳感和成就感相比，前者更为本质一些，因为人首先是生物性的存在，然后才是社会性的存在。但孩子的表现却证明这种看法不一定正确。劳作和劳作以后的收获，除了物质的以外，还有无法测量的精神上的成就感。对很多人来说，后者可能更有价值。

二、激发动力几种理念

（一）先情后事

要激发动力，先要建立关系。沟通的目的是让师生关系变得更亲密，不是要去解决事情。当建立了感情，事情也就顺其自然。就像谈恋爱的人，先是建立关系，然后牵手，结婚，生子，一切都是顺其自然。

心理学研究者来到一所小学，他们从1到6年级中各选3个班，在学生中进行了一次“发展测验”。他们以十分赞赏的表达方式，将班级里很有潜力的学生名单通知相关老师。8个月后，他们又来到这所学校进行回访测试,结果表明之前“潜力”名单上的学生成绩有了非常明显的进步，而且性格也变得更开朗，自信心更强，求知欲望和学习兴趣也显著增强，与同学和老师的关系也特别融洽。事实上，这次有潜力的学生名单是随意挑选的。这个测试告诉我们，对一个人传递积极的期望，会使他进步得更快，发展得更好，尤其在儿童阶段。

我们都期待被人欣赏，被人赞美。传播学中“镜中人”理论指出，自我认知是在与他人的社会互动中形成的，我们凭借他人对自己的态度和评价来认识自己，所以会不由自主地想象自己在别人眼中是什么样。也就是说，当我们感受到信任时，我们也会信任他人。

当我们被欣赏时，我们会更愿意与人亲近，人际关系会更加融洽。

良好的人际关系是最重要的精神营养，一旦从他人那里得到了情感滋润，我们内心会变得丰富起来。同样，我们也会不辜负他人的期待，从而驱使自己不断努力以迎合老师的期许。

我们身为父母，比谁都懂得这一点。我们小时候，愿意多花时间在哪门功课上，不是因为这个老师多强势，而是因为这个老师和我们关系很亲密，老师信任并尊重我们，我们内心会产生一种强烈的情感反应。换句话来说，我们更愿意主动追随他，听从他的建议。

（二）先己后人

首先，我们要照顾好自己

我们在飞机上，空姐总是提醒我们，如果有意外发生，先给自己戴上氧气罩，然后照顾身边的孩子。情同此理，作为父母要学会照顾好自己，学会及时调整自己的情绪，只有自己有了更好的状态，孩子在我们眼中才会有更好的状态。

当我们开心的时候，孩子在我们眼中可能是可爱的；当我们烦恼的时候，孩子的一些捣乱的行为会让我们生气。假如父母生活没有规律，睡得很晚，不停地刷手机刷微博，这样便会消耗大量的资源。这就意味着我们同样需要花点时间更加专注自己的状态，照顾好自己，恢复正常的生活规律！

其次，我们要不断成长

对于大人来说，应该不断地学习。有些家长，缺乏相应的心理知识，批评孩子的时候，经常感到词穷，所讲“道理”只是你的道理，就像6和9，站你的角度看是6，站在他的角度来看是9。如果强行让孩子接受，孩子内心肯定是不认同的。

比如说孩子边听音乐边做作业，因为他看书上说，听音乐可以提高记忆的效率。而父母或老师要求孩子不能三心二意。先是讲道理，后是训斥，再是生气，最后惩罚。这常用的四部曲解决不了孩子根本的问题。

我们不能讲出所以然来为什么不能这么做。孩子自然是不服气的。甚至他会反问：“那你为什么可以一边哼歌一边做事？”

当孩子内心有情绪的时候，他会采用三种方式攻击父母或家长。第一种是直接攻击（当然我们小时候是不敢直接攻击，再说攻击大人也是不安全的），那么孩子会以潜意识采用第二种方式——父母要我们好好读书，我们偏不好好读。通过这种方式来气父母，来攻击大人，这种方式就是你不好我也不好。第三种方式，因为受了批评以后，是有负面能量的，他通过把这种能量进行转移，转移攻击更加弱小的对象，因为攻击大人是不安全的，所以他会去攻击小猫、小狗，通过这种方式，来宣泄负面的能量。

有些严厉的老师，他会困惑："为什么我付出这么多，孩子还不喜欢我？"有些家长也不明白，孩子为什么成绩不好，做作业会拖延。

假如你懂心理学，可以让他自己动手来做个实验体验一下。请他拿出两支笔，左手一支右手一支，左手在纸上画一个圆形，右手在纸上画一个正方形，请记住，是同时进行。

画完以后，让他看看会是什么结果，可能发现圆不圆，方不方。这个实验告诉我们：有时我们很难同时做好几件事，因为每个人心里都有个心理资源，如果说我们心里的资源有 100 个，画圆可能需要 70 个，画方可能要 60 个，两个资源加在一起是 130，130 大于 100，所以这样效果不好。

（三）先道后术

道，一是道路，二是生命本源之意。从道路来说，这是一个隐喻，你要到哪里去？我们与孩子沟通的目的是什么？一个父亲因为孩子叛逆，一直在批评孩子。孩子越不听，他就越批评孩子，这种感觉就像拿着棍子唤狗，离我们越来越远，爱也变成了伤害。

道是万物之源，是生命的本性。我们要做一个有情怀的人。孩子在学校时，对学生好一些，更温暖一些，因为他们将来会遇到很多困难，我们给予他的温暖，可以抵御人生路上风雨。希望所有的学生，内心都有一个温暖的角落。我们也曾经是孩子，我们都期待教师的肯定与支持，我们更期待家长给我们实实在在的帮助。假如一个人背200斤的东西走上坡路，我们说："加油，你要保持阳光的心态，要努力！"，这是他所需要的吗？他或许需要我们帮他一把，或者肯定他，你现在可以了，已经做得很好。

三、要扮演好几个角色

激发内在的成长，对大学生来说，是最深刻的一次集体修行。不仅有助于心理健康，更有助于激发内在力量的成长。我们要学会做"五员"型大学生。

（一）做生命的安全员

首先，我们建立安全感。中学之前，课后有老师安排好作业，也可能需要参加各种学习辅导班。课后的时间被各种作业和学习填满，就像吃饭：吃多少？怎么吃？都已经被安排。大学之后，被动的安排变成主动的自我管理，一个人突然走在自由成长的路上，不免会显得手足无措，既可能有自由支配时间的无所适从感，也可能会有对学习的焦虑感。此时，提供安全感极为重要。举个例子：孩子在玩耍时，会不时地回到父母身边，他仅仅是需要一个拥抱吗？不，他是回到父母身边获取能量或者触摸基地，从父母那得到关注、赞许或一个温暖的拥抱，孩子又会兴高采烈地独自玩耍去了，这多像是孩子到父母那去充电接受能量，并将发展成独立快乐的个体。

其次，我们接受安全教育。这里所指的安全教育，是一种广义的安全，包括生命安全、心理安全及网络安全。大学生时间和精力相对是富余的。每年夏天，都会发生一些和学生安全有关的事故——溺水、车祸、网络游戏被骗甚至被侵害。每当看到这样的新闻，心都会被狠狠刺痛，发自内心地觉得：增强生命意识，加强自我保护，是送给自己最珍贵的礼物，而且也应该是终身必修课。**珍惜生命，懂得保护自己，是每个大学生的基本责任。**

（二）做好生活服务员

比如，我们看到一个乞丐，我们很有爱心，给了他一个面包，乞丐会吃得特别香甜，并对我们充满感激之情。我们继续给他第二三四五个面包，他已经吃得非常饱了，我们还继续给他面包，希望他继续吃下去，他已经实在吃不下第六个面包，吃了一半把面包就扔掉，内心充满愤怒——“想撑死我？！”我们可能也会非常生气，会怪乞丐不懂得珍惜和感恩。这只是一个隐喻的小故事，希望我们懂得，恰当地满足对方的要求是很有意义的。

心理学认为，真正的快乐不是感官的享受，而是内心的满足感。假如一个人每天吃“糖”，这样做只会越来越没有乐趣。而是要学会适当吃“苦”，偶尔喝白开水都是幸福的。记得我儿子上小学时，花了好几天完成一幅美术作品，儿子对它爱护有加，倍加珍视。在学校展出后被学校收藏了，儿子很开心地向我展示收藏证书。他付出了精力与努力，这种成就感会泛化为更积极的心理体验。所以，我们要参与劳动，做一些力所能及的事，才能激发内心的成就感。

一位先哲曾说，**有生存理由的人几乎可以忍受任何遭遇**。我很喜欢这句话，存在主义认为，每个人都有存在的意义，每个人正如世界万物或如树木。有的树木长得高大成参天大树，有的树木长成歪脖颈树。在木工看来，参天大树很有价值，而在园艺师的眼中，歪脖颈树也极有价值。因此，要教会学生发掘自己独特的存在价值。不必为偶尔成绩下降而烦恼，也不必为暂时挫败而自卑。

（三）做人生的领航员

首先，要树立高远志向。一纸分数决定不了一个人的一生。成功有时候需要持久的等待与忍耐，生活有时候会把最好的留在后面。最幸福的人，往往是跌倒都能站起来的人。当有了高远的志向，我们不仅要在学习本身上下功夫，更要在日常生活与人生修养上锻炼自己。成为一个坚强纯净的人，做勇敢的自己，用最温柔的方式照顾好内心，成也好，败也罢，不急不躁，优雅前行。

其次，要建立合适的目标。高远的志向是借助一个个小目标而实现的，因此定力尤其重要，定力就是咬定青山不放松的韧劲。定力分为对内和对外两方面。就外在来说，要面对更多现实和网络的诱惑，要坚定意志不为所动。而内在的定力是一种良性循环。一个人只要体验一次成功的快乐，便会产生喜出望外的激奋心理，从而增强自信心，这又使其去追求更高层次的成功，即形成“**成功—自信—又成功—更自信**”的**良性循环**，在社会心理学中，这种心理现象被称之为“成功强化效应”。

（四）做心理的保健员

我们要重视心理建设，塑造信心，随时注意观察生活，感受生活中还有非常多的美好存在。可以通过运动的方式来增加自我效能，提升自信心。前不久，我做过一个研究，发现爱运动的学生更懂得自我鼓励，拥有更幸福的心态。上大学了，时间更充足，要让学生多一些户外活动。拥有健康的身体和心理，我们才能在未来的人生道路上乘风破浪，驶向幸福的彼岸。

要培养乐观心态。乐观，是心理健康的基础。所谓乐观就是正向积极看待生活的细节。我们改变不了现实，但是我们可以改变对问题的看法。流感来袭，不幸感冒了，若有人建议你休息。“他对我真好，关心我的身体”，心中就会掠过一阵暖意，你就会对他心存谢意；“他让我回去？！无非是怕感冒传染给他。”这样一想，心情一下转阴，愤怒的情绪随即产生。可见同一件事，想开了是天堂，想不开是地狱。

（五）做学生学业的指导员

所谓习惯，既是管理时间的一种方式，也是平时养成的学习态度。有的学生还没写完语文，头脑里又冒出了数学；刚坐下来写作业，又想起了游戏。常自我教育“不能这样”！尽管这样会起到短期的效果，但深层的坏习惯并没有得到根除。任何试图通过强制的态度去消灭不良习惯的结果都会导致能量的内耗。我们应该从细节开始，建立做事的秩序。当一些不同于以往的生活细节发生改变后，生活将向良性发展，我们应该对这种改变持有坚定的信心，并充分体验这种收获，如果能将这种收获扩展到生命中的其他领域，好的改变就开始了。

其次，要培养系统思维能力。我们理性认识到，教育不再是简单机械地知识性学习，更要看重学生思维能力的训练。有人说，“等我心情变好了，我就会努力学习。”但也许更可取的是，带着困惑去积极学习。积极必然意味着倾情投入学习，面对困难并采取有效的行动，这种脚踏实地的感觉，就是变好的过程。等待心情变好，是将自己置于被动，会形成系统的恶循环。历经岁月，我们都会发现，良好的习惯及系统思维能力，才是未来无往不胜的硬实力。

四、激发内在动力技术

（1）建构技术

假如小时候考了 95 分回来，父母会怎么和我们对话？一般的家长会表扬我们：“不错。”接下会问：“你班最高分是多少？”我们没有办法，告诉父母说是 100 分。父母接着问“楼上的小明考了多少？”“考了 98 分，我班还有考 50 分的。”这个时候父母会很生气：“看你这个出息样，怎么和最差的比，不和最好的学？”心情自然也会失落，慢慢地就关闭了与父母沟通之门。

从建构的角度来说，95 分可以等于 100 减 5 分，也可以等于 90 加 5 分，如果我们关注失去的 5 分，为什么没有考到满分，那么就会产生沮丧失望的心理，如果父母问:“为什么不是 90 分，而是考到 95 分，那 5 分是怎么来的？”我们自然会燃起信心和希望。

（2）叙事技术

叙事就是话语体系，比方说，“调皮”有三种讲述方式。一是调皮的人很聪明，的确很多小时候调皮的孩子长大后很有出息；二是缺乏教养；三是可能是多动症。到医院检查后，十有八九结果是多动症。因为医院是治疗倾向，是预设有病的。从此以后，这个人“得了精神病，整个人都精神多了”，因为“有病”可以不用承担责任，做作业也可以网开一面，但未来就会被毁了。

（3）赞美技术

传统的做法，小孩哭了，我们大人就去抱他，久而久之，孩子就习得了“按闹分配”的行为模式，得不到就闹。赞美技术应该是，当孩子哭的时候，要了解为什么哭，如果是生理性哭闹，我们就要冷处理。任何批评与安慰，都是一种强化。记得我儿子小时候，不小心摔了一跤，眼泪在眼眶里打转，我跑过去问他“你需要哭一会儿吗？”儿子笑了，很灿烂，扬起头自豪地对我说：“男子汉，我才不哭呢”。赞美是一种看见，是一种欣赏，是对细节的关注。

（4）正向技术

游戏之所以有吸引力，是以光、声、音乐、即时互动、及时奖赏全方面的感觉享受，不断刺激感官，人的身体就产生了一种如醉如痴、如梦如幻的感官体验，即时涌起的快感，让人产生欲罢不能的兴奋感。更可怕的是，大脑对快乐感受有一种适应效应。就像有的人抽烟，一开始是一天一根，后来是一天一包，甚至一次吸两根才有感觉。玩游戏也一样，一开始就娱乐放松的心态，慢慢地就欲罢不能。更为严重的是，比如，由游戏所带来的其他负面影响，因浪费时间影响学习，在学习上缺乏成就感后更会到网络游戏里去寻求快乐。还有和父母的亲子关系冲突中，不良的家庭氛围也在推动网络游戏成瘾，最后形成了恶性循环。

正向技术是什么呢？讲个故事吧。

有一天师傅把三个徒弟叫到了身边，特别和蔼地问他们：“假如一块地里长满了草，你们有什么办法把那些的草弄干净，以后让那地不再长草呢？”

大徒弟说：“那很容易啊，用锄头把那些草连根刨掉就可以了。”二徒弟说：“用火把那些草都烧了。”老三说：“我把地翻个遍让太阳把那些草晒死就可以了。”师傅听完了笑了笑说：“你们的办法都不错，那么你们就按你们自己说的去做吧……”三个徒弟听了师傅的话就都按自己的办法做了。

可是第二年那地里又长满了草，而且比第一年更加茂盛。他们又去找师傅，师傅什么话也没有说，只是把他们领到自己的田地，田地里长出绿油油的庄稼。徒弟们明白，要让地里不长草，唯一办法就是在土地里种满庄稼……

（5）共情技术

首先是感同身受，换位思考，就像 6 与 9, 站在我们角度可能是 6，站在另一个人角度就是 9。我们要学会换位思考。

共情会令人体验到一种至深至情的感受，感受到生命建立起共生共感共情的关系。这种感受似乎是早年与母亲之间依恋的再现，让人沉醉与痴迷。

一是语言的共情。就是通过倾听来了解对方内心所思所想想，一个简单的技巧就是复述对方的话语，就会有被深深理解的感受。

二是行为的共情。心里怎样想就怎样去呈现，将心比心，感受对方的感受。如看到室友烦了就让他歇着，先帮他把饭菜打好，再把寝室的事务都担下来。行为互动是一种相对不太容易曲解的交流，但还得日久见人心，有时候自认为好的东西对方不一定领情。

三是心与心交流。这是一种难以言说的共情和默契，表面上风平浪静，心与心之间却有千丝万缕的联系。很多信息不必要说，也不必刻意去做，一个眼神、一个微笑就尽在不言中。

心与心的交流才是一种人类高级的交流，有一种互相共情与互相融入的感觉。有些东西说出来就轻了，含在口里，融在心里，心心相印那才是真正的交流。这种共情可以用这样的词汇来形容：包容，欣赏，无条件接纳，感恩，全方位分享。

陪伴与倾听，能够给人们温暖、关心和特别重要的稳定感。在困难无助时，感受到被人支持，内心就会充满力量。这是一种高超的心理技术，每个人的一生都在追求成长，寻找生命的意义，并得到权威的认同。

每个人都藏着改造他人的梦想，这是毫无希望的战争，只有激发一个人内在的动力，才是无往而不胜。

技巧分享

心理学家提出 GROW 法。其中有四个步骤：

第一步：Goal，即目标，通过一系列启发式的问题找到自己真正期望的目标；

第二步：Reality，即事实，围绕目标搜索相关事实，这个过程需要拓展思路，找到超出自己目前所能看到的内容和维度，发现更多的可能性；

第三步：Option，即方案的选择，由于看到了更大的现实可能性，从而开启思路探索到更多的方案选择，从而找到最佳的方案。

第四步：Wrap-up，即总结。在实际训练过程中，要激发热情去行动，并予以支持和检查，直到达到目标。

（一）目标确定

* * *

○从长远看，你要达到什么目标？

○你怎么可以知道你达到目标了？你会看到什么，听到什么，感觉到什么，才能让你知道你取得了进展？将会完成什么样的行动或者结果？

○对于这个 / 这些目标，你个人有多大的控制或影响力？

○在达到这个 / 这些目标的过程中，有什么可以作为里程碑？

○你想到什么时候达成这个目标？

○这个目标是积极的、有挑战性的、可达到的吗？

○你怎么来衡量它？

（二）现状分析

* * *

○ 现在的情况怎么样？现在的现实情况是什么：什么事，什么时候，在哪里，有多少，频率等。

○直接和间接涉及到的人有谁？

○ 如果事情发展得不顺的话，还会涉及到谁？

○ 如果事情发展得不顺的话，对你来说会发生什么事情？

○ 到目前为止你是怎么处理的，结果如何？

○ 这种情况中缺少了什么东西？

○ 是什么使你裹足不前？

（三）方案选择

* * *

○ 要解决这个问题，你有哪些办法？

○ 你还会做哪些事？

○ 如果在这个问题上你有更多时间的话，你会做什么努力？

○ 如果你只有更少的时间的话呢？那你将会被迫做什么尝试？

○ 想象一下，如果你比现在更有精力和信心，你会做什么尝试呢？

○ 如果有人说“钱不是问题”，那你会做什么样的尝试呢？

○如果你拥有所有的力量，那么你会做什么事情呢？

○ 你应该怎么做呢？

（四）总结与具体行动

○ 你选择哪个 / 哪些办法？

○ 这可以在多大程度上达到你的目标？如果不能达到，那么还缺少什么？

○ 你关于成功的标准是什么？

○ 准确地讲，你将会在什么时候开始并结束每项行动或步骤？

○ 采取这些措施，你个人有什么阻力？

○ 你需要什么支持，由谁来提供这些支持？

○ 要完成这些行动，按 1–10 分打分，你的承诺是几分？

自我训练

自我检测

在下列五个方面填入你一个月内必须做到的事情，尽可能要具体，写好以后与小组成员讨论。

1. 从现在起要改掉这些习惯；
2. 从现在起要养成这些习惯；
3. 用这些方法来增加自己学习工作效率；
4. 用这些方法来增进同学之间的和谐；
5. 用一些途径来修养自己的个性。

【做一做】在纸上写上你的收获和感悟：

互动拓展

心有千千结

让参与者从游戏中体会到协作的重要性，增强团队成员的归属感，激发学生的奋斗精神，认识到合作与奉献对整个团队成功的促进作用。

时间：20分钟

操作：

1. 各组牵手围成一圈，一定要记住左右手牵的同学。

2. 各组重新打乱顺序，再次牵手围成一圈。注意要牵第一次围成一圈时与你牵手同学的手，左右手不要混淆。

3. 每组同学想办法解开这个结，恢复圆圈状，但手始终不可以断开。

相关讨论：

1. 生活中是不是会碰到很多结，举个例子？有没有心结？

2. 大家是通过什么方式解开这个结的？有什么体验？

3. 这个游戏可以体现什么，有什么收获？

总结：

1. 这个游戏可以让参与者认识到有解不开的心结是在所难免的，让其正视它，勇于解决。

2. 这个游戏可以让参与者学会把自己的心事说出来，通过师长、朋友的帮忙，一起解决。

3. 可以教会参与者怎样与人沟通，怎样排解矛盾。

故事链接

让能力大于位置

A对B说："我要离开这个公司。我恨这个公司！"

B建议："赞成你报复这个破公司，一定要给它点颜色看看。不过你现在离开，还不是最好的时机。"

A问："那什么时机比较好？"

B说："如果你现在走，公司的损失并不大。你应该趁着在公司的机会，拼命去为自己拉一些客户，成为公司独当一面的人物，然后带着这些客户突然离开公司，公司才会受到重大损失，非常被动。”A觉得B说的非常在理。于是努力工作，事遂所愿，半年多的努力工作后，他有了许多的忠实客户。

再见面时B问A："现在是时机了，要跳赶快行动哦！"

A淡然笑道："老总跟我长谈过，准备升我做总经理助理，我暂时没有离开的打算了。"其实这也正是B的初衷。

一个人的工作，永远只是为自己书写简历。只有付出大于得到，让老板真正看到你的能力大于位置，才会给你更多的机会替他创造更多利润。

（来源于网络）

第十五讲

常见困扰

积极应对与关照

追求心灵的成长不单单是进行心理调适，而是实现心灵成长的任务，因为我们所面对的并不是狭义的疾病，而是无限丰富的人性！

心理导航

【心理互动】

心理困扰就像道路障碍一样，可以通过创造性练习得以解决。然而，大多的时候，往往被一些诸如“我没有办法”“这个我们去年就已经试过了”或“我们一直就是这么做的”的话所扼杀。

我们可以进行头脑风暴的演练，头脑风暴的基本准则应当是：

1. 不允许有任何批评意见；
2. 欢迎异想天开（想法越离奇越好）；
3. 我们所要求的是数量而不是质量；
4. 我们寻求各种想法的组合和改进。

将全班人员分成每组4—6人的若干小组。他们的任务是在60秒内尽可能多地想出“如何释放压力？”

每组指定一人负责记录想法的数量，而不是想法本身。在一分钟之后，请各组汇报他们所想到的主意的数量，然后举出其中“疯狂的”或“激进的”主意。有时，一些“傻”念头往往会被证实为很有意义的。

【分享与成长】

（1）当你在进行头脑风暴时还存在一些什么样的顾虑？

（2）你认为头脑风暴最适合于解决哪些问题？

（3）你现在能想到的在生活中可以利用头脑风暴的地方？

理论解析

一、常见心理问题

孙正（化名）和其他大学生一样，对浪漫的爱情充满了向往。可是，与女孩交谈时他会产生莫名的紧张，更不用说结交异性朋友。后来，一个朋友对他说，其实像你这种情况应该去接受心理咨询。

这又不是什么心理问题，用得着看心理医生吗？孙正想。

后来，他还是来到学校的心理咨询室，经过交谈，心理老师分析他是受过一次情感的挫折，在高三的时候曾偷偷地喜欢过一个女孩，但遭到女孩无情地拒绝，从而产生了对异性的恐惧和不信任。孙正感觉老师分析得很有道理，而且在向他倾诉之后觉得感觉好了许多。

孙正接受了两个月的心理辅导之后，问题基本解决，与女同学交往不再感到焦虑不安，性格也变得开朗了不少。

当我写完上面这段文字时，有一点小小的担心，因为很多人会产生疑虑，大学生怎么还会有心理问题？大学生到底有些什么样的心理问题呢？是啊，过去人们喜欢用“象牙塔”这个美妙文雅的词语来形容大学校园，在人们的心目中，这里是一方没有世俗杂质所污染的乐土，学子们可以心地单纯地“安居乐业”，然而情况并非人们想象的那么简单，同样有七情六欲的大学生们有着各种情感困惑和苦闷；如今的象牙塔也并非像平静的港湾，社会多元化价值体系的形成无情地将昔日的举人们抛入市场激励竞争的行列。社会变化的不适应，理想与现实碰撞之后的困惑，竞争带来的失落，这一切犹如汹涌的浪潮，一次比一次更为猛烈地撞击着学子们的心灵堤岸，侵蚀着心理健康的大门。于是一种叫作“心理障碍”和“心理疾病”的东西正在这里悄悄蔓延。

写到这里时，我的心情是沉重的，因为我眼前不断闪过一名咨客——因爱女突然自杀而陷入极度悲伤、绝望而又困惑的母亲的模样。这位母亲的女儿长得漂亮且就读于省重点大学。她因考试不及格，就轻轻地去了，不带走一丝云彩。她不可能想到自己的轻生给父母、亲人、朋友留下了怎样的悲伤。

我是一位在高校从事心理咨询工作者，在我的来访者中，有许多这样的宝贝，这一切都让人心灵震颤。那么，哪些因素会影响大学生的心理健康呢？

（一）学校教育

造成大学生心理健康水平较低的原因五花八门，但最根本的是他们的心理素质太差。心理素质差当然和学校有关系。这里所说的学校不仅仅指的是大学，还包括中小学，甚至还包括幼儿园。大量事实表明，不抓学生心理健康的学校，最易因为学生的心理问题学生各种恶性事故。对自杀的大学生的追踪调查表明，这些学生在中学甚至在小学、幼儿园时期，不少人就出现了心理障碍，表现有严重的心理障碍。可见，大学生心理障碍的产生并不是偶然现象，是不良的心理素质恶性发展的必然结果。

一是缺乏应用重视

在目前的教育中，大多是一种被动灌输式，学生置于被动接受的地位。这会带来一个致命的问题，就是习惯了忽视自己的需要。从生命的本质来说，假如我们付出了，我们就会在乎自己。否则，不管老师讲得多么重要，我们只是被动的接受而已。

二是创可贴式快乐

因为一种快乐没有得到满足，你不开心了，痛了。为了减轻这疼痛，你用另一种努力来代替它。暂时赢得了掌声和认可，似乎也不再痛了。这种满足，是一种创可贴式的快乐，因为它忽视了你内心真实的需要。有些人通过努力学习来掩盖人际交往的缺陷，在中学时过得快乐，但到了大学后，这些问题就浮现出来。

三是体验习得性无助

一头大象小时候被一根铁链拴着，它曾拼命挣扎过，失败了。等它长成一头高大有力的成年大象，只要轻抬脚掌就可以挣断那根铁链，但它不会再去尝试。我们常常也被过去的那根细细的铁链困扰着，以为自己不管怎样都挣不脱，其实限制我们的正好是已知的经验。学习在未知境界中去遇见自己，这是一个成长中必须学会的本事。

（二）家庭教育

后独生子女时代，我们的特殊身份使我们从小缺乏与同辈人交流，缺乏最基本的人际交往的训练。很多大学生是在孤独、封闭的环境中长大，形成孤僻任性的性格。另外，父母不良的人格特点以及教育方法也会严重的制约着我们心理健康的发展。

家庭教育中常出现四种错误，它会导致我们出现分裂状态，可称之为四个分离：

一是远离自然

不少大学生是在一种拟态环境中长大，缺乏对大自然最基本的尊重与敬畏，缺乏对自然规律的认识，比如青春期异性相处，父母把它称之为“早恋”，这一污名化的标签，让青春烂漫的少男少女陷入自责之中，使原来正常而纯结的感情为之夭折。

二是远离自我

父母想“塑造”孩子，无视孩子自己的兴趣、爱好、意愿和独立人格。打着“为你好”的旗号，堂而皇之的入侵孩子的心灵空间。

三是远离生命

在我们小的时候遭受挫折，大人们不是关心，而是加以指责，“你怎么这么没有用”“你把我气死了”，这些话会让我们感受到生命不被珍惜和尊重。

四是否定创造

从小要求做一个听话、懂事的孩子，却勿视自我的成长和意志，例如把青春期的积极成长的力量，视为“叛逆”。

（三）社会因素

人不能脱离社会而存在。我们一生出生，就开始受到社会的影响。社会的价值观念都会在心理上打下烙印。我们要活得健康和快乐，有两个条件：一是活出自己的价值，另一个是获得安全感。要能很好地解决这两个问题，才会成为真正健康的人，遗憾的是，在当前社会背景下，要想活出自我价值不是一件容易的事。

一是难以获得自我价值

社会作为外部环境来判定一个人的价值，现实的社会倾向多是从一个人所占有的地位和拥有的资源来判定其价值，对学生来说，判定其价值的是学业成绩。许多学生以优异成绩考上大学后，发现自己不再优秀了，从而丧失自我价值，从而产生强烈的焦虑感。

二是不再有安全感

安全感是一种不用自我警惕和随时准备实施自我保护的放松状态，当我们过马路时汽车给我们让道，司机还示意请我们先行的时候，我们体会到是安全感。开家长会，老师给父母分享我们在校时的良好表现，不用担心老师会向父母告状，我们体会到的是安全感。现实是，我们是缺乏安全感的，从衣食住行到日常学习，时时让我们提心吊胆。

（四）文化因素

在社会上存在着一种错误的看法，认为学习心理健康知识，看心理医生是见不得人的事，因而有心理障碍的人往往被另眼相待，这就导致了许多人错过了心理辅导的关键期。

许多人有这样或那样的心理健康问题，与其说是压力所致，更多的是一种文化使然。我们再苦再累也要“更上一层楼”，却忽视身体和心理的健康。追求“更快、更高、更强”，习惯于将自己置于压力之下，生命的旅程注定有翻不过的山，永远也克服不完的艰难险阻。这是文化体系中被权威主义和简单的功利主义所诱导。心理健康教育就是要了解自己的局限和能力，正确的发挥自己的潜能，活出自我。

二、哪些问题值得关注

大学生的心理正值一个发展时期，是青少年不成熟的人格状态向成熟状态转变的过程，他要面临复杂的角色转换问题，是各种矛盾的思想相互斗争时期，是狂风暴雨的时期，在此之前，他们只在生理上对父母依赖，而现在是从精神上摆脱依赖。因而大学阶段正是各类心理问题的高发阶段。

（一）学习问题

大学生首先面临的是适应问题，而学习适应是最主要的方面。从中学到大学，教学方式有很大差异。大学的课堂上，内容密集，信息量大，教师往往只做粗线条讲解，如果仍然采用中学应试教育中十分灵验的题海战术，结果投入大而效率低，甚至出现不及格，造成很大精神压力。如果把学习比作吃饭，那么中学时吃什么、吃多少、什么时间吃，老师都安排好了。但在大学，连作业都不那么具体了。为此，学业问题始终困扰着大学生。主要表现在以下四个方面：

一是学习动力不足

我曾做过一次调查，结果表明，有69.6%的新生和54%的老生感到“学习难度加大，非常困难”。在座谈中问到学生为什么学习时，不少学生是为学习而学习，感觉学习始终不能进入状态，总感到是在巨大的考试压力下被动地学，而静下来想为什么学时，会感到很苦恼。特别是一年级学生，认为“学习负担重，难以应付”的占70.4%。

二是学习目的不明确

自习路上永远有匆匆的身影，但仔细考虑学生的学习目的却不能得到令人满意的答案。很多同学为了应付不得不参加的考试，不能不做的事而学习。有的学生甚至直截了当地回答——为了能够考试过关。至于为什么学心中没有底，出现学习动力的“真空带”。高中时目标非常单纯，就是要考大学，而一旦进了大学,原有的目标消失了,读研或就业都还远,出现了“理想间歇期”。

三是学业挫折

许多大学生在原来的学校或地区是佼佼者，但在新的尖子云集的环境中，自己不再突出,甚至落后。主观上的自责、焦虑、自卑,夸大了客观困难的程度,于是感到前途暗淡，心灰意冷。

四是学习动机功利化

市场经济的利益杠杆直接影响着学生的学习，对于学习，学生表现出空前的功利意识。对还没有学的课，学生问的第一个问题是“我学习这门课有什么用？”因而出现了专业课、基础课门前冷落车马稀，而技能类课程如计算机、外语、股票等各种各样的证书班摩肩接踵、门庭若市的明显对比。“考证热”正是学习功利化的直接表现。学生充分了解到市场对各种证书的青睐，因而放弃了专业课的学习去追逐各种有用的证书。

（二）情绪问题

一是抑郁情绪

抑郁是一种以情绪低落为突出特征的一种症状，常常伴有身体不适、睡眠不足等，心情压抑、沮丧，无精打采，什么活动都懒于参加，什么事也提不起精神来，逃避参与。严重时，会感到强烈厌世，甚至有自杀念头。家庭经济状况差、家庭亲和感差，某种原因如连续的考试失败、失去亲人、失恋、同学感情失和等都是抑郁的直接诱因。

二是焦虑情绪

青年时期比任何年龄更关注自己在他人尤其是异性心目中的形象，学生受很多因素的影响，如长相、胖瘦、高矮、能力、魄力、魅力，会产生各种各样的焦虑，有的学生担心自己长得不够漂亮，不能获得异性的好感，甚至部分女生因没有男生追求而苦恼；有的学生总感到自己的先天条件不够理想，因而非常自卑，不能建立自己的社交形象与公众形象。

（三）人际关系问题

良好的人际关系是学生成长与社会化过程中的重要组成部分，也是保持良好心理状态的必备条件。

一是人际不适

进入大学，远离原来熟悉的生活与学习环境，面对新的人际群体，学生多少有些不适。部分学生对大学的师生关系、同学关系、异性之间的关系显得很不适应。一位新生感叹说："在大学，没有一个可以谈得来的朋友，心里真的感到好孤独。"有的学生从未离开过家庭，在父母的呵护下成长，对于如何关心别人、得到朋友的关心想得较少；而另一方面，学生又希望别人的认可。"心里话儿对谁说？"成为学生普遍的困惑。

二是社交不良

大学生活在一定程度上给学生创造了一个小社会的环境，可以充分地展示自我，展示大学生的风采。部分学生缺乏在公众场合表达自己思想的能力与勇气，面对各种各样的活动，充满了兴趣，却又担心失败，只是羡慕而积极参与的不多，久而久之，开始回避参与，感叹"外面的世界很精彩，外面的世界很无奈"。特别是到周末，学生普遍感到无处可去，甚至出现了"周末恐惧症""盼周末，又怕过周末，那种孤寂的感觉真难受"，直接影响了学生潜能力的充分发挥。

（四）情感问题

一是情感困扰

爱情虽然在大学并非一门必修课，学生仍然可以从各个方面开始自己的情感之旅，正确处理爱情与学业的关系是学生的一门必修课。恋爱，成为大学生活中重要的一章在书写着，甚至有人发出了"围墙"已变成"爱情走廊""专业恋爱，业余学习"的情况并不是个别现象。有的学生说"爱是情感，不是规范""每周一哥""普遍撒网，重点培养，择优而谈"。面对爱情，学生更多的想到的是"不在乎天长地久，只在乎曾经拥有"，爱情与婚姻分离是一种较为普遍的现象。

二是性心理问题

青春期性心理与性生理密切相关，对异性的好感，希望在异性心目中确立良好的形象，获得对方的认可。有的大学生认为，“爱，不能没有性”“禁欲是对美好爱情的打击”。由于性生理的成熟与性心理的不够成熟的矛盾，使更多的人面临这样的局面：最初的恋人可能不是最终的选择，性关系无论从道德上还是从心理上都使对方更多了一份沉甸甸的责任，“面对男朋友的性要求，如何选择才既不伤双方感情，又保持了自身的尊严？”“既不破坏社会公德，又不影响他人，健康的性行为为什么不可以呢？”性的好奇、性无知、性贞洁感的淡化，甚至性与爱的困惑、分离以及由于性行为引起的后果及产生的心理压力，都是值得引起重视的问题。

三、为什么要自我关照

（一）红绿灯的隐喻：神经系统是如何应对创伤威胁的

（1）安全：当交通信号灯是绿灯的时候，大家都会走动起来，因为绿灯代表着安全，你可以去过马路，可以去通行。此时，身体是放松的，会开始有很多社会性的交流，包括眼神的交流，包括面部表情，更多的处于放松流畅的状态。

（2）危险：当信号灯变成黄灯的时候，从神经系统的角度来讲，这代表着危险发生了。当危险发生的时候，我们整个的神经系统被激活了，我们会出现战斗逃跑的反应，我们想要去搞明白该做什么、怎么应对。

（3）生命威胁：而在红灯的时候，就会感受到强烈的焦虑和不安。很多需要心理疏导的人，都有一段被“红灯”威胁的时光，一旦从这种情境中脱身，就能自主地成长。心理辅导起到的作用，就是用新的关系，去取代旧关系，把原来不好的关系稀释掉。心理咨询师关注内在受伤的咨客，给予接纳与允许的过程就像用“绿灯代替红灯”。

（二）边界：生命河流模型

如果我们把生命想象成是一个河流，那这个生命的河流可以代表着我们心理的健康以及我们身体的健康。每一条河流都有它的河岸，河岸护卫着河流，而我们每一个人也有自己的边界来保护自己。所有在这个河岸里面流动着的水，是我们可以去应对的情境。当我们感觉到安全的时候，我们感觉到自己是被容纳的,感觉到自己是流动的。当我们处在这个生命河流的堤岸里面，并往前流淌的时候，我们感觉自己是平衡的，我们可以去照顾好自己，可以去调整自己的状态行为等等。

人们都需要有两个空间，一是心理空间，二是生活空间。心理空间是一种自己说了算的自主空间，生活空间是不受工作污染的私人生活领域。假若生活空间受到了工作等其他事物的严重侵袭，那意味着心失去了爱的滋养，需要心理空间来补偿，会变得迷恋权力、权威和力量，那时人就会变得偏执甚至疯狂。

（三）花香蝶自来

我们要照顾好自己，照顾自己是一生的修行。我们首先要学会照顾好自己，学会及时调整自己的情绪，学会照顾好自己，只有自己有了更好的状态，我们的世界才是一个更为美好的世界。同样面对太阳，失恋了，可能感受到是刺眼的阳光；心情好时看到的可能是灿烂的阳光。同时，我们本身就是一个发光体，当我们学会了照顾好自己，我们传播出去的就是正能量，“花香蝶自来”。

心理学中有一句话，你能走多远，你就能带领着你的学生走多远。作为一名大学生，当我们有更好的状态，身边的家人和同学也会从中获得很多感悟和成长，原来我是可以照顾好自己的，这是富有生命气息的关怀，这种隐喻会令身边的人产生灵性的自我联结。

四、自我关照顾三层次

（一）第一个层次是量力而行

这个层次是“做自己可以做的”，即要知道自己能做什么、不能做什么。因为当我们想做的事情已经超出了我们自身能力的时候，很有可能会导致身心疲惫，这个时候不仅可能会无助于目标的实现，也可能会伤害到我们自己。

（二）第二个层次是随心而行

这个层次是“做自己应该做的”。现实生活中有很多事情值得我们去做，但并不是所有值得做的事都要去做。作为一名大学生，我们首先需要滋养自己的生命，关怀自己的内心，遵循自己的内心，有选择地做一些我们能做的事情。

（三）第三层次是用心而行

这个层次是自我关照的最高境界，把功夫放在心上，获得心灵的慰藉和成长。知道用一种什么样的方式来满足自我的需要。我们可以把它分为健康和不健康的两种方式。有的人自我关照，比如在压力大的情况下，拼命去吃东西，或者熬夜去追剧、上网、打游戏，看起来好像是在放松，好像在说我要对自己好一点，但实际上是一种非常不健康的方式。这样虽然注意到了自我的需要，也尝试去满足自己的需要，但用了一些不健康的方式，变成了一种放纵；从长远的角度来看，反而会损害我们自己，会带来身体和心灵上的伤害。

五、自我关照练习

与自己重新连接，你可以问问自己，现在我的身体会有什么样的感受？世界卫生组织认为健康是“身体、精神以及社会活动中的完美状态”。因此，抑郁的根源既在脑也在心。最新对大脑功能的研究证明，位于大脑边缘系统基底神经节，包括杏仁核、尾核头部等，控制着大脑、语言及情绪。一旦这一区域出了问题，人就会产生抑郁感。

观察自己，觉察身体，你可以开始觉察你的身体层面会发生什么，你可以问问自己：我的身体想告诉我什么信息？我们要学会接纳负性情绪，并从中得到成长和发展，而非简单地贴上一个标签。

自我关怀，保护自己，你可以问自己：我怎样能够去照顾自己、保护自己、保护我的身体？我们不要与问题较劲，要学会接纳和善待生命中出现的一些“问题”。还包含了积极主动地安慰自己，就好像对待陷入窘迫的好友一样。它意味着我们可以被自己的痛苦所打动，告诉自己：“眼下还真是困难啊，我怎么才能在此刻对自己投以关切和抚慰之情呢？”因为有了善待自己，我们受苦的心灵得到了平息和安慰。只有向自己传递出了温暖、友爱和关怀的平和之举，真正的治愈才可能会发生。

自我教育，你开始利用你的思维能力来问问自己，我应该做什么去保护我自己以及保护我所爱的人。接纳不如意的现在，接纳不能改变的，改变可以改变的。改变会带来成长，而成长是生命的本质，如果不追求心灵的持续永恒的成长，就有可能出现心理障碍。此外，运动对人的身心健康也非常重要。临床做过的实验表明，坚持锻炼能消除抑郁症状，甚至比吃药的效果更好。因运动能释放神经递质多巴胺，它是使人幸福和愉快的激素，做一轮运动就像吃一点百忧解。运动还可以促进整体健康，增加对疾病的抵抗力。

技巧分享

一、自我审视

一个清单，包含了很重要的自我调节因子，大家可以自己审视一下在这几方面做得怎么样？

（1）**身体感觉：**有些人因为其他事情引发的创伤，给身体带来非常强烈的负面感受。你可以把自己的身体想象成一个容器，在这个容器里容纳了所有创伤的效应。有些人可能会有呕吐恶心的反应，有些人会发烧，有些人会出现各种的身体的疾病；还有些人会觉得自己身体站不稳，感觉到头晕；还有些人处于冻结的状态，觉得身体完全没有反应了。

（2）**情感**：有些人特别想要去保护自己，他们会感到很愤怒，比如对社会愤怒、对别人愤怒；有些人会感到非常害怕，想要逃跑；还有些人感觉到容易被扰动，或者易激惹。你不妨问问自己，新冠肺炎疫情对你的情绪造成什么样的影响？当你能够觉察到新冠肺炎疫情对你的身体感受和情绪造成什么样的影响，你就走在一条正确的道路上。

（3）**行为**：新冠肺炎疫情对你的行为有什么样的影响？你的行为是符合理智，还是有很多非理性的行为？你也可以看看你的家人，他们是有正常的反应，还是看上去无精打采？

（4）**关系**：这个创伤对于你和别人的关系造成什么样的影响呢？这里的关系包括你跟认识的人的关系，还有你跟那些素昧平生的、完全不认识的人的关系。

（5）**印象**：新冠肺炎疫情是否影响到你对于外部世界一些感知印象的加工。

（6）**思维**：你是否会有一些非常消极的念头，甚至有自杀的念头？还是会有一些非常善意的念头，想要去帮助别人？

（7）**心之洞见**：这是我们新皮层的一个重要功能，关系到你能不能逻辑地去思考和行动。

（8）**全身心的在场感**：你能否活在当下，你的身心是否能够聚焦在当下的感受？

你可以去看看这八个不同的调节因子，你也可以去问问自己，我的生命信号灯是处于一个什么样的状态呢？是绿灯？黄灯？还是红灯？在这种情况下也不妨去听听，或者问问别人对于你怎样调节自己的一些看法，也许他们也可以帮助你做一些判断，或者告诉你在他们看来你可以自我调节的一些信息。

二、问题清单练习

〇安排好自己的饮食起居。认真吃好每一顿饭，保证每天充足的营养摄入和足够的睡眠。

〇制定一个适合自己的日常身体锻炼计划并有效实施。比如冥想、正念、有氧运动、瑜伽、太极、站桩等等。

〇合理安排工作时间。合理安排工作学习时间的原则就一条：今日事今日毕！

〇注重人际关系。疫情期间是你与家人、朋友等建立、修补或增进良好关系的好时机，也是主动与那些很久没联系的，或关系不大好的人表达关心的好时机。

〇汲取知识营养与文化智慧。你会拥有时间用来看书、看电影、看电视剧等等。亦可阅读中国传统文化资源，比如经典诗词、成语典故等。

〇每天有意识的离开工作一段时间与自己在一起，用冥想、正念、锻炼，给自己留一点点时间。与家人、朋友、音乐、歌曲、宠物、花草等在一起。

〇保持积极乐观的态度。积极情感具有扩大心胸与视野、吸收正能量的作用。相信事情总会好起来的，相信，是对你自己和求助者最好的赋能。

〇做好自我设置。你要清楚自己愿意做什么和不愿意做什么。自己不愿意做的坚决说“不”，这既是对自己的负责，更是对学生负责。

〇建议大家制定一个自我关爱的计划，你渴望每天可以做的两个自我关爱活动是什么？

〇你能列入一周计划的两个自我关爱活动是什么？

〇你认为哪几个同学/同行适合作为你的自我关爱同盟？

〇你认为哪两个人适合协助你实施自我关爱计划？

〇为了保证实施这个计划，你需要做哪些准备？

自我训练

自我放松

在很多时候，你感到情绪低落、压力沉重，这时可以进行自我放松，以消除不适感，发挥潜在能力，经常对照下面的方法进行练习，还可增强记忆力，精力充沛，使自己具备创造性的气质和情感，使大脑的机能得到最大限度的开发。当然，这种训练，最好在安静的、光线较暗的房间中练习，要全身放松，找一个最舒服的姿势，四肢和手指轻轻地舒展，以配合呼吸。

第一步：身体放松

闭眼，呼吸调控后进入浅眠状态，自我暗示以下五句话：

“右腕沉重，像铅一样沉重。”

“右腕非常沉重，沉重……”

“我的左腕沉重，像铅一样沉重。”

“左腕非重沉重，很沉重……”

“左右两腕像铅一样沉重。”

这样暗示反复进行，从腕到手指，从手指到肩膀，直到身体的每一部分都放松为止，使其处于一种被动听命的状态。所需时间约 10 分钟。

第二步：感受放松

采取深腹式呼吸法，横躺或仰卧在睡椅或床上，两手置于腹部肚脐处。想象自身坐在阳光明媚的公园里，或者是夏日海滨的沙滩上。自我暗示以下几句话：

“腹部温暖，温暖，我的整个腹部非常温暖。”

“像太阳光照在肚子上，暖洋洋，暖洋洋的。”

“腹部温暖，非常轻松。”

“腹部轻松、舒适，非常温暖。”

以上暗示反复进行3次。当腹部确实有一种充实的温暖感后，可以结束所有练习，自我暗示3次："一切正常。"然后睁开眼睛，苏醒。

第三步：减压放松

"数三下，一,二,三，眼前出现云雾，云雾在身体周围缭绕，我看见了云雾、云雾……"

"右手的小指动一下，数三下，一,二,三……"

"这些云雾对我的生活、学习等，构成了障碍……它代表不满、失败、压力、挫折，它影响了我的生活……"

"这些云雾让人感到困惑、为难，使我的情绪感到不快。"

"现在，在这些云雾的上空，出现了太阳，有些朦胧，有些看不清楚。但它的确存在……"

"阳光逐渐明亮，它代表成功、创造和智慧，阳光穿过云雾，穿过云雾……"

"云雾开始蒸发，我肩上感到轻松……"

"太阳照射云雾，将云雾完全驱散，驱散，只剩一轮红日，一轮红日。"

"太阳光照在身上，暖洋洋的，暖洋洋的。太阳光照射进大脑中，大脑中一片光明，一片光明……"

"我把这些太阳光分别命名为'自信''集中力''成功力''创造力'以及我所希望的名称"。

"我把太阳光充分吸收进体内，使自己的身体充满光明，甚至发光……"

"我数二十下，一,二……二十，睁开眼睛，苏醒，一切正常。"

【做一做】在纸上写上你的收获和感悟：

互动拓展

将全班同学分成人数一样的几组队伍，每人发下一个吸管，每支队伍中的第一位同学同时发下一条橡皮筋。

说明活动规则：各组同学进行对抗，口含吸管（注意不可以用手）将橡皮筋从第一位同学传到最后一位，最快的队伍获胜。如橡皮筋掉到地上，则必须从第一位同学再重新开始。

在活动开始前，先给予一分钟的时间让小组讨论策略或方法。

当最快传完的小组产生后，即可终止活动；或是规定一定的时间，看哪一组进行的最快，来决定胜负。

活动结束宣布获胜的队伍，并说明活动的目的。

故事链接

平衡幸福

有位成绩优异的学生曾说："我的生活不外乎两种状况，不是累就是无聊。"

一个人是不是有紧张的习惯，从脸上就可以轻易看出来。他们的表情多半是时时处于戒备状态，一有风吹草动就决定"要打还是要跑"，而且前额和嘴角也会显现久经压力的线纹，即使是在解除戒备轻松一下，或是睡眠的时候，他们脸上仍然会持续挂着紧张的表情：两颊紧绷，习惯性的磨牙。

依靠压力荷尔蒙过生活，就像是鼻子前悬着胡萝卜的驴子一样，就算侥幸吃到一口，感觉却是大失所望。我们突然发觉自己其实并不想要，而且到手之后，它并未如预期地让我们欣喜不已，甚至还会觉得有点怅然。

因为一场耗费大量体力的追逐战就这么没有了。我们会立刻着手寻找另一根红萝卜,结果是让自己成为“红萝卜追逐者”,而不是“红萝卜享用者”。这可以说是现今许多成功人士在心理上及生理上崩溃的主要原因。他们的人生只有在高压下追求刺激,一旦目标达成,那同时也是噩梦的开始。“紧张反应”不只是一种心理状态,它也会造成生理上的损坏。长期处于紧张反应的情况下,无异是在慢性自杀,因为它会减弱免疫系统的功能,对心脏造成压力,以及加速身体各器官的老化。

但是压力并不完全是不好的。有些良性的压力对健康和治疗是一种好的刺激。关键并不是在有没有压力,而是在你如何学习面对压力,利用它来增进健康。我们的生活中需要一点点紧张来平衡幸福,也需要一点点不如意来平衡如意。快乐处方不是一套让你“觉得”舒服的疗程,而是要你能“享受”舒适。不论生活提供什么给我们,它都要教你如何寻得欢愉,即使是在神经紧绷的时候。体验被压力冲击的感觉其实蛮有趣的,只要我们能完全地和压力结合,而不是把它视为失败的象征。

心理神经免疫学专家常用跷跷板来解释“紧张”与“幸福”两种反应之间的关系。试着想象两名孩童坐在跷跷板上的情形。他们不用耗费太大功夫便能维持跷跷板的平衡。我们的神经荷尔蒙也正是以这样的方式来平衡压力和轻松。这种均衡的状态,认知神经学家称之为“良性的间歇转换”。相反地,我们如果过着充满高度压力的生活,情况就有如两头大象分立跷跷板的两端。他们要很小心才能维持跷跷板的平衡,如果一方稍有不慎,另一方便会冲入云霄或跌个四脚朝天。这时候,我们的“紧张”与“幸福”就会变成一方过多,另一方过少。

（来源于网络）

第十六讲

生涯规划

拥抱未来与幸福

生涯规划就是要调动所有的资源，在成长中获得幸福，让所有的力量汇聚到一起，创造一个更加安心的现在和一个更加美好的未来。

心理导航

【心理互动】

请在脑海中想象一棵大树，树根是你的价值观，树干是你的目标，树的主枝是你的主要任务，树的细枝和叶子是你的次要任务。你所做的一切应源于你的价值观，它是树根。你的目标支撑着各种各样的任务，它们都是为实现你的目标服务的。树的姿态和生长方向由它的主枝表现出来，同样，你通过主要任务来实现你的目标。树叶为树的生长提供养分，你通过完成各种次要任务，保持你现有的生活。

拿出一张白纸，画出一棵树，如下：在树根处写上你认为最重要的价值，在树干处写上你的目标，在几个主枝中写上你的主要任务，在叶子和细枝旁写上各种次要任务，完成这幅图。

【分享与成长】

（1）树根。写下了什么你认为最重要的价值？如果你对这一点比较模糊，不能清楚地说出自己最想要的是什么，请试一试这个办法——重新拿一张纸，写下所有想要的东西，如健康、金钱、幸福的家庭、爱情、事业、自由自在、旅行、安定……写完之后，划去你认为最不重要的一项，再在剩下的项目中划去一个最不重要的，一直划下去，直到只剩下一项，它就是你最重视的东西。

（2）树干。你的人生目标是什么？注意，你的人生目标应与你的价值观是一致的，如果不一致，你写下的树根确实是你最珍视的东西吗？或者，你写下的人生目标真的是你最大的希望吗？

（3）主枝。你几个最主要任务是什么？这些主要任务应是直接为你的目标服务的，实现这些任务有助于达到目标。如果不是这样，请思考是否有必要在这个任务上面投入时间和精力。

（4）树叶。当前的次要任务又是什么？有些次要任务是实现主要任务的手段，有些次要任务用来维持现在的生活。次要任务是不可缺少的，没有树叶的树无法生长，但它们不应占据你的主要精力。

一、走进心理世界

（一）认识生涯

五年后，你将会做什么？十年后，你又会是什么样子？

“生涯”源于希腊文的Career，有疯狂竞赛的精神，隐含有未知冒险犯难之意，Career当作名词有向上的职业流动之意。

“生涯”是一个不断流动的概念，有的人早早明晰，有的人迟迟未立。但不论哪一种蓝图，都必须在一步一前行的尝试过程中，一次次修正、应验。

有人的生涯模式，是“一本蓝图绘到底”。这是第一种生涯模式。即使有对未来的彷徨和怀疑，不过是为达成目标的历练和挑战罢了。这是生命的愿景与愿望，“愿”的心理学含义是造访生命的原乡。“愿”是原心，是原本的心性，意指人的本性或潜能，是原初的那一页。如原来是“如从所来”若不能如愿就会有怨。

“生涯”是保持原来的心性。自性是自己心生的特性，自信则是人言的肯定之词，先有自己心生的性情才能活出自我，才会得到人言的自信或别人的肯定。换句话说，有了“自性”才会有“自信”。找到“愿”才能成为一个自性充满的人，有自性才会有自信。因此，知道你是谁才会知道你要去哪里。

第二种生涯的模式，是“骑驴儿看唱本”，边走边瞧。不害怕新的尝试，生涯的探索也不须急着终止。

第三种是“即兴演出”型。不知道要什么，但会很清楚知道：不要什么。他的生涯蓝图没有办法预先设计，必须在涂涂抹抹的过程中，让它逐渐明确清晰。

第四种是“脚踏两条船”型。他对工作的定义很单纯，只是谋生安定的工具；他的“生涯”，则跟嗜好结合，放在第二副业里。生涯模式无关价值判断，早开的花儿迎风美，迟开的花朵也自有其香味，没有人能说：直通的路途就比迂回曲径有趣味。

生涯无所谓对错，但并不意味着可以放弃探索，每个人仍然要为生命的过程摸索、定位。“生涯”是把自己的性格、能力、兴趣和价值观与未来要从事的工作结合，所以了解自己跟了解未来一样重要。更重要的是，生涯的追寻，谁也不知道何时是终点。

心理学对生涯的态度大致分为两种，一种持有决定论：昨天的一切成就了今天，今天的努力代表着明天；另一种非决定论，昨天的一切不等于今天，今天的一切也不代表明天。决定论认为，如果没有好的过去，现在就不会有真正的幸福，更不太可能出现闪耀的未来。像这样的理论有一个假定，即人都是一样的，有一个机械的固定模式。

积极心理学更接受一种非决定的态度，认为人是不一样的，人的成长是一个逐步选择与适应的过程，未来不是一种简单的原因而是一种可选或者可多重赋义的资源。非决定论的理论认为生涯是一种叙事方式或解释方式，而非真实存在。未来是多样性、多因素并存，未知与复杂并存……

二、生涯叙事理论假设

第一个假设：人从来就不是问题，问题才是问题。

生涯的自我探索就是扩大知觉的能力与范围，尤其是对自我的知觉展开对生命的探索。从“现在的我”成为“未来更好的我”，是要全方位、无条件、无先占假定去接纳存在的一切，并用知觉自己内在的方式去知觉整个世界的过程。例如，我有问题，但我不等于问题；痛苦是我的，但我不是痛苦。一个人远比现在所有的一切更丰富和多元。

第二个假设：未来或问题是在文化脉络中建构的。

比如性格内向是建构起来的，什么才是内向？是少言寡语，还是有深刻思想的人是内向的？我们对自我的感知、对现实的感知来源于我们内心的建构，每个人都会有自己的经验，觉知到的现实是我们当下心境的产物。未来幸福与否在于我们内心的选择，我们选择幸福，那么会有一千个理由让我们愉悦满足。我们选择痛苦，也会有一万个理由让我们悲伤失落。既然如此，我们为什么不选择更好的未来。幸福是不存在的，只存在人们对未来的不同解释。好的生涯规划对自我生命的一种尊重与珍惜，一种扩展与延伸。

第三个假设：每个人都是自己生命的专家。

任何生活的经历都是生命的构成，没有多余的，也没有不恰当的。一个人，远比我们想象的要复杂，假如用一个简单的词语来概括一个人，这无疑是非常荒唐的。人与人之间的矛盾大多来自于我们没有意识到个体阅历与他人阅历间存在着差异，生活法则并不存在所谓的同一性或通约性。人生这条道路上没有专家，每个人都是自己生命的专家。

生涯规划要表达一种积极的心态，不是传播技巧，而是分享一种智慧，一种谦卑请教及未知的视角，对未来持有好奇心。因为我们相信，每个人都是自己生命的专家，每个人都是最了解自己的人。也许眼前的这把“锁”，他弄丢了钥匙，但没人比他更清楚事情的来龙去脉。生涯规划，我们要做的是用我们所学的专业知识技能，与他一起去探索，去尝试打开这把锁。正所谓“鸡蛋从外面打破是食物，从里面打破是生命”，只有他自己最清楚自己要什么。

第四个假设：故事是经验的基本单位。

通过了解一个对未来生涯规划的故事，可以了解一个人。因为个人创造了故事，故事反过来又塑造和定认一个人的生命。故事和人是分不开的，人的一生会有很多故事，而故事不外乎就是由时间、地点、人物、事件构成的，这些都离不开人。反过来，我们自己是一个怎样的人，我们怎样看待自己，或者我们怎样评价别人，这些往往是由与人有关的故事决定的。一个人背后有着怎样的故事，他曾经做过什么，经历过什么，透过这些经历我们就会给他贴上各种标签。比如，他曾经非常热心地去帮助别人，我们就会认为他是一个热心的人；他应对困难时从不轻言放弃，我们就会觉得他是一个坚强的人。

做生涯规划时，我们需要去帮助学生发现他们人生中那些无法被问题故事涵盖的故事。所以，通过讲述不一样的故事，能够达到延展及丰富生命的效果。当他们能够看到自己还有不一样的故事时，他们对自我的定义就会发生改变，就能在这个过程中看到更多不一样的自己，看到有力量的自己，发现自己所拥有的那些资源，这样就会有改变的可能性。

第五个假设：学会打开多元的视角，看到更多的可能性。

完美的人生需要这样的改变，在有限的生命中活出无限的体验来。就存在的意义来说，看问题的角度越多元，生命的内涵也越丰富。作为生涯规划设计师，要通过多元的视角，引发学生看到更多的可能性，从而打开更广阔的视角，发现自己拥有的丰富资源，唤醒各种力量，从而激发他们内心对未来的梦想。

我们不能把自身的经验和解决问题的方法直接给学生，因为这些东西代表的是我们的人生经历，可能这些方法对于我们来讲是有用的，但对于他人可能就不一定适用了。文化是多元的，每个人的人生经历、处境都不一样，所以，我们要去充分挖掘对方自身所拥有的资源，从对方过往的人生经历中去寻找。我们可以这样问他，“在你过往的经历中，哪些经历给了你启发？有没有遇到过类似的一些情境？当时你是怎么做的呢？”我们需要耐心地和他一点点探讨，因为这些其实都是他自身解决问题的方法。我们帮助他回忆，帮助他去寻找这样的一些资源。所以，我们要尊重学生自己的经验与智慧，帮助他去挖掘他自身的资源，来解决他当下的困境。

通过介绍以上五个主要的假设，你特别同意哪一个假设？请以你的经验来诠释这个假设。当然，也可以谈谈你特别困惑于哪一个假设？这个假设跟你的生命经验存在哪些矛盾？通过不断自我探索，才会在未来的路途上遇见更好的自己。

三、生涯与时间

人的生命有两个端点：出生与死亡，生涯就是使我们的人生更富有意义。生涯简单地讲就是在时间的维度里丰富生命。生命本身是一种存在，它唯一的特性就是时间性。生命的时间序列有一种循环的意义，看起来它是直线渐进式的，实际上它是弧形回旋式的。诞生，发育，幼稚，成长，成熟，爱情，生育，抚养，中年，疾病，衰老，死亡……生命的循环最终回到原点。

生命的质量取决于两个因素，一是在时间中生命的质量；二是生命存在时间的长短。生涯本来的意义是让生命在每一个时间序列中自然地按照生命本身的状态去实现生命的意义。因此，生涯具有以下特征：

一是终身性。生涯发展是一生中连续不断的过程，是一个需要终身学习、终身发展的；

二是独特性。生涯是个人依据其人生规划与人生目标，为自我实现而开展的独特的生命历程，不同的个体具有不同的生涯历程；

三是发展性。生涯是动态变化与发展着的。不同发展阶段有着不同的生涯规划与生涯发展任务；

四是综合性。生涯以个体发展为中心，包含了各个层面的社会角色。

运用时间进行生涯规划，重点是对时间进行建构，具体来说有三种方法：

（一）时间透视

时间透视是一种未来视角，即构建梦想的未来。

你想要什么？什么才是对你最重要的？你想拥有怎样的人生？假如问题解决了，会不会有不同？一旦将目光转向充满希望的未来，就会找到生命中最本质的需要，为未来点亮一盏明灯。

透过时间，描绘未来的蓝图，未来越清晰，内心越会充满希望。“如果你的生活可以一直这样随心所欲、自由自在过日子，想想看等你到老的时候，回头看你这一生，你会怎么形容你的人生？”

（二）时间分化

将时间分解及具体化。对未来的蓝图“以终为始”，珍视当下一小步的改变，学会对未来做任何细微的改变，认真对待每一个时段的小目标，才会让自己有能力掌控未来全新的生活。

接下来，优先启动的一小步是什么？一小步技术，是将生涯规划转化为行动的具体方法。这是基于积极心理学多元价值取向而提出的。让描述未来愿景之后，如何优先启动一小步，才能持久地激发自身的潜能与能量？大多数问题解决并不容易立即实现，如同爬楼梯一般，优先启动哪一项工作才能激发更多的资源？优先观会给予我们突破的契机。

（三）时间统整

只要迈上了成长的道路，每一步都会有每一步的真实收获，走几步就足以应对你现实生活的方方面面了。要是有更高更深的追求，也可以选择一直往前走，将心理成长当成生活的一部分，启动自己更多的潜能和智慧，都是自我选择的结果。

生涯规划就是慢慢的走过每一个过程，每一个过程都夯实经历了，内在就越来越稳定，面对过去、现在和未来就能一气贯通，一点点的锤炼心智的成熟和内心的智慧，很多事情就不在话下了。是的，我们每一天都在自我更新，每天都要会纳入新的经验与感受来更新旧的自我，稚嫩的树苗早晚会长成一棵参天大树。

小互动：请写一封信给20年后自己，不少于500个字，然后按以下提示进行分享。

1. 你看到怎样的现在我，会让你觉得满足愉快？
2. 怎样过日子会使你走向你想要的人生？
3. 有什么会阻碍你过满足愉快的生活？
4. 谁会跟你一起分享这20年的生活？
5. 你有哪些宝贵的特质能帮助你度过人生阻碍？

6. 这些特质 20 年后会扮演什么角色？

7.20 年后你会如何记得、感谢年轻的你？

四、生涯规划与未来推手

首先，时间是有力推手。

生涯是一个流动着的概念，每一个时间节点都在改变着生命的内涵，让人意识到过去未曾意识到的东西。例如，一般人必经的人生栅栏：小学、初中、高中、大学、工作、结婚、生子、退休。具有良好生涯规划的人，对时间会保持一种更具现实感的生活，俗话说在合适的时间把精力投注应该的事上，在现实世界里大展宏图。

其次，文化是隐形推手。

每种文化都有一套自在的对言语的解释与理解系统，很多人不了解这点，以为自己的理解一定等同于他人的理解，自己的感受一定是全天下人的感受，这也是人类容易引发分歧、争辩的首要原因。例如，文化认为女性更多从事幼儿教师、护士、会计等工作，男性从事建筑、设计等职业。

再次，关系是间接推手。

人是一种人际关系“动物"，必须生活在人际关系层面，人际关系的互动构建生涯观。完美主义是一种自我发展的动力。人每时每刻都会对身边的他人存在着“关系联想”。关注别人的评价和看法看成是一种通过压抑自我来寻求融入他人的能力,如小时候会比较在乎父母的看法。当人成长到一定的阶段，精神丰满了，与社会的适应也日趋完善，知识和经验也让我们有了取之不尽的内在资源和动力，生涯规划会更多重视自我价值的体现。

第四，能力是基础推手。

能力是生涯规划的基础，这是前置性条件。比如对自己文化水平、能力素养、心智层次有更深刻理解，就会从不同人生发展历史总结相应的规律，慢慢的就会对能量场的理解和领悟越来越深。我们就可以在脑海对于生涯规划进行虚拟性的推演模拟。我是谁？我从哪里来？我要到哪里去的深度自我探索过程，保持一种对于外界保持界限和一定程度的联结，能够建设性的适应社会和人生的每个阶段，慢慢的活出自己，成为一个有生命力的人。在能力还不怎么强的时候，我们关注别人的看法，进而压抑自我以达到融入社会的目的。当内在有力量,不再在乎别人看法。学会根据能力发展水平审视自我，重视个性，发展与众不同的职业生涯。

分析未来推手的目的是进行自我探索，性别角色对我们有什么影响？成功或失败是如何来定义的？什么才是好的未来、好的生活？

在此有几个小建议：

一是接纳才能不断成为更好的自己。无条件接纳过去的所感所受，认为过去的一切都是生命美好的资源，从中获得滋养的智慧，才能把经历过的痛苦变成发展的动力。

二是好与不好是构建的。任何时候的优劣都不长久。何况生活是动态变化的，今天好的未来未必好。你永远不能预见未来是什么样的。每个人都玩过迷宫游戏，往左还是往右，你必须在每一个交叉口做选择，得与失同时并行着。

三是以系统的视角思考生涯规划的意义。这是由“我”到“我们”的一种系统观。职业生涯好与坏，是社会价值参照的结果，如果你选择的价值系统适合你，那么就能实现你的价值，你一定会觉得生活异常美好。

五、生涯规划与积极重构

生涯规划的重要意义是激发力量，使我们更加自律，每个人对自己的生活负责。主要有以下方法。

首先，生涯规划就是找到生命闪亮的时刻。

透过例外的经验，引导学生寻找过去经验中的闪亮的时刻，或者问题没有发生的例外情形，在找回这些正向、有能力感、自信的情节，以破除旧有故事的强势，以创造新故事的可能空间。

这有点像中国古老的太极图：在黑色的区域里隐藏着一个白点，这个白点不仔细看还看不到。其实白点和黑面是共生的。如果在人的内心，当白点由点被扩大到一个面的程度，整个情形就会由量变到质变。找到白点之后，如何让白点扩大呢？积极重构采用的是“由单薄到丰厚”的策略。积极心理学认为，有效的资源有时会被自己压缩成薄片，甚至视而不见。如果将薄片还原，在意识层面加深自己的觉察，这样由薄而厚，就能形成积极有力的自我观念。请看下面的例子：

学生：老师，我不知道我的未来要什么？

老师：你自己觉得你是个怎样的人？

学生：我不知道……

老师：同学怎么称赞你？

学生：（笑）他们说我很认真。

老师：怎么说？

学生：就是上次的义卖会啦……

老师：你可不可以谈一下那一次的经验。

学生：上次校庆举办的义卖会，只要我在场，就会硬拉很多人来，我们班级的摊子面前可真是人山人海。同学们都不知道我怎么把他们找来的。我有办法让她们掏出钱来，大家都说我们班的摊位没有我是不行的。

老师：在这件事里，你觉得你有哪些天分？

学生：我……好像……有推销的天分。

老师：过去是不是还有类似的经验？说来听听……

学生：我在初三的时候……老师，我在想，我好像的确有推销的天分，我妈妈也这样说我。

学生：初一的时候，妈妈在摆地摊。有一次她生病，身体不舒服，我刚好考完试，她要我替她一下。那一天我卖得比妈妈还多。好多逛街的人原来只是看看，并不想买，我好像有办法让他们买……

学生：老师，其实我将来可以在这方面发展。

在上述对话中，学生的第一个“不知道”并不是真正的不知道，而是内在的经验没有被学生觉察到。当与推销的天分有关的事件叙述出来的时候，随着故事的叙说，会带出厚厚一叠有关的经验。

其次，生涯规划就是发现生命的意义。

学生在进行生涯规划时，我们所面对的不是一种可以置身事外的“工具”或“技术”，而是他们的生命故事，反映的是他们的生命态度、生命要求和生命抉择。在这里，对待生命的积极态度很重要。因为同样的事实，因为不同的解读，就会释放出不同方向的力量。我们每个人都有历史的痕迹，有许多的故事，故事中积极的资源被发现，向上的动力就会源源不断。例如，单亲家庭如果认为是“成长的缺陷”，那么只是看到负性的一面，是向下的沉沦，但是如果看成是逆境的磨练，那么会成为成长的动力。生命经验的转化，就在于对生命故事的咀嚼：“如果妈妈还活着，她希望你怎么做？”“你从这件事情中学到了什么？”“这件事教给你什么？”正是这些咀嚼，使学生发现了生命的意义。这种发现并非无中生有，是让学生得以经验现身，让他们自己去发现。正如英语中“discover”（发现）一词，cover是盖住的意思，在cover上加了“dis”，是不让它盖住，让原有的展现出来。生涯规划原本就是要让我们每个人成为自己的心灵捕手。

再次，生涯规划就是重新编排和诠释故事。

在做生涯规划时，要让学生先讲出自己的生命故事，以此为主轴，再透过老师的重写，丰富故事内容。对一般人来说，说故事是为了向别人传达一件自身经历或听来的、阅读来的事情。不过，积极心理学家认为，说故事可以改变自己。因为，我们可以在重新叙述自己的故事甚至只是重新叙述一个不是自己的故事中，发现新的角度，产生新的态度，从而产生新的重建力量。简单地说，好的故事可以产生洞察力，或者使得那些本来只是模模糊糊的感觉与生命力得以彰显出来，为自我或我们所强烈地意识到。面对日常生活的困扰、平庸或是烦闷，把自己的人生、历史用不同的角度来“重新编排”，成为一个积极的、自己的故事。这样或许可以改变盲目与抑郁的心境。

好的故事不仅可以改变抑郁的情绪，而且可以从中寻找自信和认同，透过令人愉悦、感动的隐喻故事，我们可以重新找到面对烦恼的现实状况的方法，正视我们的过去，并且找到一个继续努力、正向发展未来的深层动机和强大动力。

为了创造生活的意义，人面对了一项任务，那就是他必须安排自身时间经验的时间顺序，建立自己和周遭世界前后一致的一份记录。他必须把过去和现在，以及未来预期会发生的事件经验连成线性顺序，才能够建立这一份记录。这一份记录可以称之为故事或自我叙事。这个叙事如果成功，人对生活就会有连续感，觉得生活有意义。简单地说：若要创造生活的意义，表达我们自己，经验就必须“成为故事”。

“在读书的时候打瞌睡”很不好，但是“在瞌睡的时候还想着读书”就显得很认真。可见，怎样“讲故事”很重要！

最后，生涯规划要将问题与人分开。

将问题与人分开，把贴上标签的人还原，让问题是问题，人是人。如果问题被看成是和人一体的，要想改变相当困难。问题外化之后，问题和人分家，人的内在本质会被重新看见与认可，转而有能力与能量去创造更有希望的未来。

例如有位老师反映，“对于一个成绩一直落后的学生，想尽办法鼓励，都没能让他有成就感，如何是好？采用进步奖励的方式，但是每次考试的难易标准不一，看不出进步；如果采用百分等级或排名，这些学生永远都在后面，该怎么办？”把成绩不好等同于学生，是把问题内化。怎样才能把问题外化？有的老师把问题与人拉开距离，采用多元智能的观点，找出学生成绩以外的优势，在优势上予以鼓励。学生的自尊心一旦建立起来，成绩也就有可能慢慢提升到合理的位置。这就是把问题外化的思维方式。

技巧分享

生命线与鱼骨图

请在下图中描绘你的生命历程。

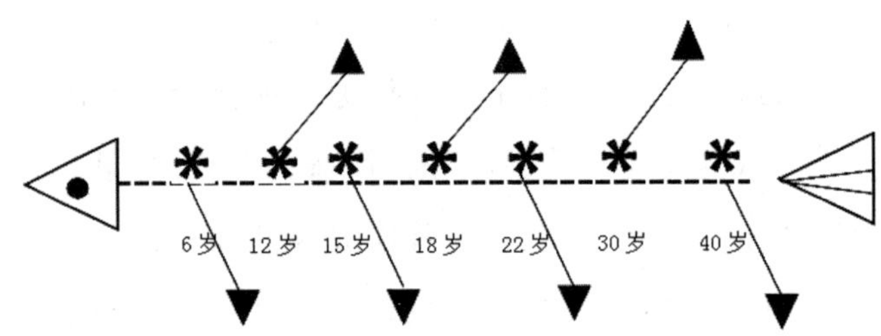

首先，请在鱼骨图上的各个阶段标明生活事件及感受。6岁上小学，过得非常快乐。然后依次写下相应的生活事件：

1. 高峰经验，即生命历程中正面的事件式记忆。

2. 谷底经验，即生命历程中负面的事件式记忆。

其次，为每一项写出来的事件定一个标题，这很重要，同时要给自己一段话来描述。

再次，写下重要成功经验所累积的正向功能。

1. 用两三行字简述成功经验。

2. 这件事对你来说，意味着什么？

3. 主角的身份做了什么？

最后，请用三种方式描述你的行动——你要解决的问题。

1. 你做了某种行动使问题解决。

2. 结果改善了之前的情况。

3. 哪个经验使你觉得乐在其中。

4. 你生活中的哪一个阶段出现高光时刻？

5. 感觉一下你的生涯因此有何改变？

自我训练

SWOT策略分析法

SWOT 策略分析法，又称态势分析法，该分析法把公司所处的环境分为内部环境和外部环境，其中内部环境分析包括 Strengths(优势)分析和 Weakness(劣势)分析，而外部环境分析包括 Opportunities(机会)分析和 Threats(威胁)分析。

运用 SWOT 分析法进行选择分析，就是将与你密切相关的各种主要内部优势、劣势以及外部机会、威胁，通过调查罗列出来，并依照一定的次序按矩阵形式排列起来，然后运用系统分析的思想，把各种因素相互匹配加以分析，从中得出结论。在进行 SWOT 分析时，应遵循以下四个基本步骤。

（1）评估自己的长处和短处。每个人都有自己独特的价值观、性格、兴趣和能力。客观全面地分析自己的优势所在，包括自己的能力、专业、学历、成功经验等。同样，通过列表，你可以找出自己不是很喜欢做的事情和你的弱势。找出你的短处与发现你的长处同等重要，因为你可以基于自己的长处和短处做两种选择：一是努力去改正你常犯的错误，提高你的技能；二是放弃那些对你不擅长的技能要求很高的职业。

（2）找出你的职业机会和威胁。充满了许多积极的外界因素的行业将为求职者提供广阔的职业前景。也会面对各种各样的挑战和威胁。这是我们无法控制的外部因素，但是我们却可以弱化它的影响，这些因素包括：就业市场的不景气、就业竞争加剧、金融危机的影响等。请列出你感兴趣的一两个行业，然后认真地评估这些行业所面临的机会和威胁。

（3）提纲式地列出今后 5 年内你的职业目标。仔细地对自己做一个 SWOT 分析评估，列出你从学校毕业后 5 年内最想实现的 3 个职业目标。这些目标可以包括：你想从事哪一种职业，或者你希望自己拿到的薪水属哪一级别。

（4）提纲式地列出一份今后 5 年的职业行动计划。这一步主要涉及一些具体的东西。请你拟出一份实现上述第三步列出的每一目标的行动计划，并且详细地说明为了实现每一目标，你要做的每一件事，何时完成这些事。如果你觉得你需要一些外界帮助，请说明你需要何种帮助和你如何获取这种帮助。

决策者可以根据自己的实际情况，将个人的内部和外部因素实事求是地罗列到表格中，具体事项可以有多项，不一定仅仅局限于表格所列的 3 种。

表 SWOT 分析示例表格

外部因素 / 内部因素	机会	威胁
	（1） （2） （3）	（1） （2） （3）
优势	优势机会策略	优势威胁策略
（1） （2） （3）		
劣势	劣势机会策略	劣势威胁策略
（1） （2） （3）		
分析之后的整体结论：		

故事链接

跳出你心中的高度

有人曾经做过这样一个实验：他往一个玻璃杯里放进一只跳蚤，发现跳蚤立即轻易地跳了出来。又重复几遍，结果还是一样。根据测试，跳蚤跳的高度一般可达它身体400倍以上，于是，跳蚤成为动物界的跳高冠军。

接下来实验者再次把这只跳蚤放进杯子里，不过这次放进后立即在杯子上盖一个玻璃盖。

“嘣”的一声，跳蚤跳起来重重地撞在玻璃上。跳蚤十分困惑，但它不会停下来，因为跳蚤的生活方式就是“跳”。一次次跳起，一次次被撞，跳蚤开始变得聪明起来了，它开始根据盖子的高度来调整自己所跳的高度。后来，这只跳蚤再出没有撞击到这个盖子，而是在盖子下面自由地跳动。

一天后，实验者开始把这个盖子轻轻拿掉，跳蚤不知道盖子已经去掉了，它还在原来的这个高度继续地跳。

二天后，这只跳蚤还在那里跳。

一周以后，这只可怜的跳蚤还在玻璃杯里不停地跳着。

跳蚤还能跳出这个杯子吗？让这只跳蚤再次跳出这个玻璃杯的方法非常简单，只需拿一根小棒子突然重重地敲一下杯子，它就会“嘣”地一下跳出去了。

有时候，我们就像这只跳蚤，在心里面默认了一个高度，这个高度常常暗示自己，成功是不可能的，这是没有办法做到的。对你来说，那个“小棒子”是什么？

参考文献

[1] 蔡秀玲 . 杨智馨 . 情绪管理 [M]. 合肥 : 安徽人民出版社 ,2001.

[2] 崔华芳 . 挫折教育 : 让孩子在逆境中成长 [M]. 北京 : 中国时代经济出版社 ,2003.

[3] 段鑫星 . 赵玲 . 大学生心理健康教育 [M]. 北京 : 科学出版社 ,2005.

[4] 樊富珉 . 郑洪利 . 大学生心理素质训练教程 [M]. 上海 . 上海交通大学出版社 ,2005.

[5] 樊富珉 . 团体咨询的理论与实践 [M]. 北京 : 清华大学出版社 ,1996.

[6] 高希庚 . 孙颖 . 大学生心理健康的理论与实践 [M]. 天津 : 天津大学出版社 ,2004.

[7] 郭薇 . 心理危机干预概论 [M]. 成都 : 四川科学技术出版社 ,2007.

[8] 郭召良 . 心理咨询的八大谎言 [J]. 健康博览 .2006(11):45

[9] 贺淑曼 . 大学生心理优化辅导 [M]. 北京 : 高等教育出版社 ,2005.

[10] 胡凯 . 大学生心理健康概论 [M]. 长沙 : 中南大学出版社 ,2004.

[11] 黄希庭 . 心理学导论 [M]. 北京 : 人民教育出版社 ,1991.

[12] 黄辛隐 , 戴克明 , 陶新华 . 校园心理剧研究 [M]. 苏州 : 苏州大学出版社 ,2003.

[13] 吉红 . 王志峰 . 大学生心理健康与调适 [M]. 北京 : 中央编译出版社 ,2006.

[14] 江光荣 . 心理咨询中的价值干预 [J]. 心理学动态 .2001.9（3）:248–252

[15] 乐国安 . 咨询心理学 [M]. 天津 : 南开大学出版社 ,2002.

[16] 林孟平著 . 辅导与心理治疗 . 上海 : 商务印书馆 ,1993.

[17] 刘勇著 . 团体心理辅导与训练 [M]. 广州 : 中山大学出版社 ,2007.

[18] 孟慧 . 职业心理学 [M]. 北京 . 中国轻工业出版社 ,2009.

[19] 冉超凤 . 黄天贵 . 高职大学生心理健康与成长 [M]. 北京 : 科学出版社 ,2005.

[20] 石红 . 心理剧与心理情景剧实务手册 [M]. 北京 : 北京师范大学出版社 ,2006.

[21] 舒曼 . 塑造阳光心态 [M]. 江西 : 江西人民出版社 ,2005.

[22] 孙科炎 . 自助力 : 激发无限潜能 [M]. 北京 : 中国铁道出版社 ,2014.

[23] 陶国富 . 王祥兴 . 大学生社会心理 [M]. 上海 : 华东理工大学出版社 ,2005.

[24] 王建平 . 梁耀坚 . 变态心理学 [M]. 北京 : 高等教育出版社 ,2005.

[25] 王群 . 大学生心理健康教育 [M]. 上海 : 复旦大学出版社 ,2005.

[26] 吴彦宁 . 大学生职业发展与就业指导 [M]. 北京 : 科学出版社 ,2015.

[27] 武汉大学危机干预方案 . 武汉大学心理危机干预领导小组 ,2004.

[28] 夏欣欣 . 调节心态的智慧 [M]. 上海 . 上海古籍出版社 ,2004.

[29] 肖永春 . 齐亚丽 . 成功心理素质训练 [M]. 上海 : 复旦大学出版社 ,2005.

[30] 许又新 . 心理治疗基础 [M]. 贵阳 : 贵州教育出版社 ,1999.

[31] 李焰等 . 精研互鉴，育心育人 [M]. 沈阳 : 东北大学出版社 ,2021.

[32] 张大均 . 吴明霞 . 刘衍玲 . 大学生心理健康教育 [M]. 北京 : 科学出版社 ,2010

[33] 张鹤 . 和焦虑保持距离 [M]. 北京 : 经济管理出版社 ,2004.

[34] 张小乔 . 心理咨询的理论与操作 [M]. 北京 : 中国人民大学出版社 ,1998.

[35] 张旭东 . 车文博 . 挫折应对与大学生心理健康 [M]. 北京 : 科学出版社 ,2005.

[36] 郑日昌 . 大学生心理咨询 [M]. 济南 : 山东教育出版社 ,1999.

[37] 中国心理卫生协会 . 心理咨询师 [M] 北京 : 民族出版社 .2001.

[38] 中国心理学会. 中国心理学会临床与咨询心理学工作伦理守则 [J]. 心理学报 .2007.39(5):947–950

[39] 中华人民共和国劳动和社会保障部 . 心理咨询师国家职业标准（试

行）. 北京：中央广播电视大学出版社 ,2001.

[40] 周鸿 . 创新教育学 [M]. 成都：四川大学出版社 ,2001.

[41] 朱丹 . 大学生网络心理咨询效果的实证研究 [J]. 中国健康心理学杂志 .2010.18（4）:501–503

[42] 朱建军 . 邓基泽 . 大学生心理健康教育 [M]. 北京：清华大学出版社 ,2004.

后 记

中共江西省委教育工委、江西省教育厅站在为党育人、为国育才的政治高度，专题审议并决定“编写高校心理健康教育‘学校—院系—班级—寝室’四级学生工具用书，以提高朋辈心理健康素养及校园四级预警运行效率”，以构建既符合中国国情又兼具科学性和系统性的学校心理健康教育体系。

中共江西省委教育工委宣传部、江西省教育厅社政处统筹谋划，职业教育与成人教育处、高等教育处、学校安全稳定工作处（信访处）、研究生教育与科学技术处（省人民政府学位委员会办公室）、语言文字工作与教材处（省语言文字工作委员会办公室）等委厅相关职能部门积极参与，深刻把握工具书编写的重要意义。编写工具书既是加强校园四级预警体系建设的基础环节，也是整体提升学生心理健康素养的重要举措。

工具书主编为华东交通大学心理研究院常务副院长、江西省高校心理素质拓展和实训中心（省教育厅主管）执行主任舒曼教授。工具书既是江西省高校心理健康教育工作多年成果的体现，其中许多思考与实践也是众人智慧的结晶。

感谢清华大学李焰教授、广州大学郭斯萍教授、中央财经大学赵然教授、中国科学院心理研究所史占彪教授、上海交通大学心理咨询中心总督导杨文圣教授、武汉大学学生心理发展中心主任赖海雄教授。他们不仅参与了审校，还为本书提出了建设性意见。

《心理教练：心理健康教育与训练》主编为华东交通大学舒曼，参与审校人员：第一讲（南昌大学欧璠，南昌工程学院焦晶，江西应用工程职业学院陈爱军）、第二讲（江西师范大学王敬群，江西工业职业技术学院王细燕）、第三讲（南昌航空大学许悦、赵军，江西工业工贸职业技术学院梁思晨）、第四讲（江西农业大学朱国海、张军华，江西环境工程职业学院于俊红）、第五讲（江西财经大学林峰，南昌交通学院线水芳，江西陶瓷工艺术美术职业技术学院魏一凡）、第六讲（华东交通大学高旭，赣南医学院刘小珍）、第七讲（东华理工大学徐俊莎，赣南卫生职业技术学院龚超）、第八讲（江西理工大学郭修凤，江西电力职业技术学院刘爱萍）、第九讲（江西科技师范大学刘珊珊，新余学院林麟，景德镇学院郑勇军）、第十讲（赣南师范大学伍仲颖，景德镇陶瓷大学刘家金、韦莺）、第十一讲（上饶师范学院姚智军，江西外语外贸职业学院井凯）、第十二讲（江西旅游商贸职业学院李昭华、雷瑜，南昌师范学院王坚，江西服装学院唐新强）、第十三讲（九江学院朱俊婉，江西应用技术职业学院赵薇、常春英，江西工程职业学院罗娅萍）、第十四讲（江西交通职业技术学院贾炜荣，萍乡学院刘寅华，南昌医学院唐春燕）、第十五讲（江西现代职业技术学院周燕琴，宜春学院刘天牧）第十六讲（南昌职业大学杨晓蓓，江西财经职业学院王美娟、张亦弛，江西水利职业学院戢焕启）。

感谢所有对本书有帮助的海内外专家学者及同行们，在编写过程中引用他们的研究成果，除在参考文献中总体注明外，在此顺致编者最诚挚的谢意！

如在使用本丛书过程中，有任何疑问或建议，均可通过邮件与编者保持联系（sm927@126.com）。

编者

2022 年 7 月